Ich fordere die sofortige
Ausreise meines Sohnes
mit Familie nach
West-Berlin.
Peter Rudolph
1058 Berlin/DDR
Wolliner Str 3

KAI-UWE MERZ

STILLSTAND AUFSTAND BERLIN

EINE KULTURGESCHICHTE DER 1980ER-JAHRE

ELSENGOLD

EINLEITUNG

Stillstand Aufstand Berlin – Ruhe nach dem Sturm, Ruhe vor dem Sturm

Die Sonne blieb also mitten am Himmel stehen
und ihr Untergang verzögerte sich,
ungefähr einen ganzen Tag lang.

JOSUA 10,13

Insel der Seligen? West-Berliner Kleingartenidyll mit Sonnenschirm und Gartenstühlen 1982 im Schatten der Berliner Mauer.

S ***STILLSTAND AUFSTAND BERLIN.*** Die 1980er-Jahre stehen in der Doppelstadt im Zeichen von Konsolidierung, Besinnung, Ruhe. Im Ostteil wird zum Ende des Jahrzehnts der *Aufstand* gegen den *Stillstand* manifest. Der allseits beschworene *Status quo* wird es nicht überleben. Der *Aufstand* ist vor allem getragen von Ost-Berlins Kulturschaffenden. Er ist das Präludium für die Öffnung der Mauer und für das Ende der Teilung von Stadt und Land. Die meisten der vorangehenden jeweils eigenständigen Bände der Buchreihe zur Kulturgeschichte Berlins im 20. Jahrhundert hatten in ihrem Titel den Namen der Stadt mit einem einzelnen Begriff verbunden: *Vulkan, Monster, Wüste, Eiszeit, Zement* und zuletzt *Revolte.* Doch dieser Band über die 1980er-Jahre hat einen Titel mit zwei Begriffen, der dem historischen Geschehen im Ablauf der Epoche entspricht – *Stillstand Aufstand Berlin.* West-Berlin ist raus aus den Schlagzeilen der Weltpresse. Das ist *per se* nichts Negatives. Kontemplation dient der Selbstvergewisserung, ist nützlich, auch wenn der Zeitgeist in den 2020er-Jahren eine selbstvergessene digitale *Vita activa* und die damit einhergehende Hyperaktivität als Norm betrachtet. Berlin dagegen betrachtete sich damals selbst. Es suchte eine Vision, Perspektive, Zukunft in seiner als *Normalisierung* deklarierten Anomalie der Teilung. Wie aufregend waren dagegen die 1970er-Jahre gewesen. Der Aufbruch nach 1968, die Studentenrevolte, die bunte Moderne, die Rockmusik. Das skizziert der Vorgängerband der Reihe zur Berliner Kulturgeschichte mit dem Titel *Revolte Berlin* von 2023. In welcher Konstellation lebte die Stadt in den darauffolgenden 1980er-Jahren? Der Journalist Jürgen Engert weiß die Antwort. Im Grunde unterscheiden sich die existenziellen Koordinaten wenig vom vorangegangenen Jahrzehnt. Aber nun werden mit dem Einfahren der Früchte der Entspannung kulturelle Auswirkungen der selbstverständlich gewordenen Teilung der einen und doch doppelten Stadt spürbar. Engert stammte wie Rudi Dutschke aus dem Osten. Der Dresdner ist ebenso wie der Studentenführer Wahl-Berliner, weil das DDR-Regime ihn nicht studieren ließ. 1954 kam er an die Freie Universität FU, wird Chefredakteur des Senders Freies Berlin SFB. Er wird einer der wichtigen Fernsehjournalisten der Zeit, vor allem als Berichterstatter von Mauerfall, Einheitsprozess, Zusammenwachsen. *Mein Gott, Berlin* – der Ausruf ist Titel seiner 2001 erschienenen Autobiografie. So ironisch sein Tonfall ist, so treffend beschreibt Engerts Metaphorik die Lage der Stadt, wie sie sich ihm in den 1980er-Jahren darstellt:

Die Oststadt war Haupt eines Staates, die Weststadt war eine Insel. Und auf der wurde peinlich darauf geachtet, das Meer nicht zu reizen und zugleich so zu tun, als gäbe es sie noch, die eine Stadt unter gleichen Bedingungen. Widersprüchlichkeit war das Merkmal. In der Oststadt wurden Männer zu Soldaten, und die paradierten auch. In der Weststadt durfte keiner die Uniform anziehen, den Paraden derer aus Amerika, England und Frankreich wurde zugeschaut.

Als *Polaukes* und *Krawuttkes* karikiert Engert die West-Berliner. Die einst für ihre Geschwindigkeit berühmte Metropole? Keine Spur! „Das Tempo, das sprichwörtliche, es geriet aus der Mode, gepflegt wurde die Gemächlichkeit. Bräsigkeit anstelle produktiver Nervosität." Die *Polaukes* und die *Krawuttkes* hatten Kissen aufs Fensterbrett gelegt und guckten mit verschränkten Armen auf die Straße, auf der nichts geschah. Sie betrachteten sich von innen, fragten sich, was aus ihnen werden soll. Antwort: „Irgendwas." Die Fliegen liefen rückwärts. Die Leute hätten ihren Witz durch Nöligkeit und Ruppigkeit ersetzt: „Sie wollten nur noch sein, nicht mehr werden." Stillstand also. Auf den Autos klebten Schilder mit dem Slogan *Berlin grüßt den Rest der Welt*. Provinzler seien die großen Städter geworden. Wer ging, dem sei Fahnenflucht vorgeworfen worden. Engert variiert den statusmäßig für West-Berlin gefährlichen Terminus der Sozialistischen Einheitspartei SED von der *selbstständigen politischen Einheit*, womit die lebenswichtigen *Bindungen* West-Berlins an die Bundesrepublik Deutschland infrage gestellt wurden, und merkt an: „Ja, eine selbständige soziale Einheit, das war die Weststadt geworden." Der Regierende Bürgermeister dieser Stadt hieß von 1981 bis 1984 Richard von Weizsäcker. Er vermittelte den Insulanern, so ironisiert Engert, dieses Gefühl: „Ich bin nicht die Richtung, aber ich weiß sie." Mehr Psychologie als Politik sei das gewesen. „Und an keinem anderen Platz hätte das passieren können." Das Berlin im *Stillstand*, das war ein einzigartiges Idyll der Bewegungslosigkeit, allerdings vor höchst brisantem Hintergrund. Im 21. Jahrhundert wissen wir, dass dieses Jahrzehnt ein Wartestand gewesen ist, der am 9. November 1989 mit Mauerfall und damit beginnender Zeitenwende vorbei war. Wenn wir aber nach dem Lebensgefühl dieser 1980er-Jahre fragen, müssen wir dieses erlösende Ende ausblenden. Sonst wird die Schilderung diesen Jahren und den Berlinern dieser Zeit nicht gerecht, die ebenso wie wir in unserer Gegenwart in ihrem Alltag nicht wussten, wohin das alles führen würde mit ihrer vertrackten Stadt. Denn hätten sie von dem Ausgang gewusst, dann wären sie nicht in ihren Gärtchen geblieben und hätten ihren immerwährenden Sonntag genossen, von dem Engert erzählt:

Krawuttkes und Polaukes rückten die Liegestühle in den Schlagschatten der Mauer, und vor dem Beton, der die Sonne auffing, reiften sie besonders schön, die Tomaten. Hin und wieder wurde geschossen, aber das galt den anderen, ansonsten war es himmlisch ruhig, und es schlug die Nachtigall. Über Brachen holte sich die Natur zurück, was ihr die Stadt genommen hatte. Über Straßen und Gleise, die von irgendwo herkamen und nirgendwo hinführten, wucherten seltene Pflanzen, und mittendrin war seltenes Getier. Auch das war Westberlin: Ein Biotop. Bis 1990.

Stillstand auf andere Weise war die *Oststadt*. Hauptstadt war sie. Die Mauer war infolge der Entspannungspolitik, der Reise- und Besuchsregelungen, des *Wandels durch Annäherung*, wie der Architekt der Entspannungspolitik, der Freund des Bundeskanzlers Willy Brandt schon aus dessen Zeit als Regierender, Egon Bahr, es formuliert hatte, porös. Das Westfernsehen strahlte und wirkte ohnehin über den ständig zu seinem menschenfeindlichen Zweck modernisierten Sperrbau hinweg. Im vorderhand mit Zensur und Unterdrückung erzwungenen Stillstand bereitete sich der Aufstand allen voran Ost-Berliner Künstler vor. Seit der Ausbürgerung des Berliner Liedermachers Wolf Biermann und des darauf reagierenden behutsamen Protestes einiger Kulturschaffender 1976 hatte die SED mit Repression und Privilegien, mit zeitweisem Ziehenlassen oder Ausreise die Szene ruhigzustellen versucht. Aber das Rumoren geht weiter in diesen 1980er-Jahren, die Ruhe ist nur scheinbar, umso intensiver wird neben der Mauer die Überwachung durch die Staatssicherheit gerade im Kulturbereich perfektioniert.

Begonnen wurde das Buch *Stillstand Aufstand Berlin* am 5. März 2023, einem Sonntag. Es ist der 80. Todestag von Josef W. Stalin. Es ist auch das Wochenende, bevor nach der aus peinlichen Ursachen nötigen und in der Geschichte nicht nur Berlins singulären Wiederholungswahl vom 12. Februar 2023 die Koalitionsverhandlungen beginnen, in deren Ergebnis am 27. April nach 22 Jahren mit Kai Wegner erstmals wieder ein christdemokratischer Regierender Bürgermeister ins Amt kam. 26 Jahre hatte es sogar gedauert, bis nach dem 1955 ausgeschiedenen Walther Schreiber am 11. Juni 1981 mit Richard von Weizsäcker wieder ein CDU-Bewerber Regierender wurde.

Nach den Bänden über die Kulturgeschichte der Stadt in den 1920er-Jahren, während Drittem Reich und Nachkriegszeit, in Kaltem Krieg und nach dem Mauerbau, während Studentenrevolte und den 1970er-Jahren ist die Reihe endgültig in einer Epoche angelangt, die der aus West-Berlin stammende und in Ost-Berlin lebende Autor mit vollem Bewusstsein selbst erlebt hat. Erzählt wird Berliner Kulturgeschichte anhand von Menschen und ihren Geschichten. Die Reihe legt in erster Linie biografische und autobiografische Literatur zugrunde. Wichtig sind für die Periode schon längst zahlreiche Videos und Interviews der Protagonisten. Die Reihe zeigt im nunmehr als siebentem erschienenen Band, dass es lohnt, einzelne ausgewählte kulturelle Bereiche mit Persönlichkeiten zu verbinden, die für die jeweiligen Felder als repräsentativ gelten können. Auswahl impliziert den Verzicht auf Vollständigkeit. Manchem wird manches fehlen, sowohl an Kulturgebieten als auch an Figuren. Die Reihe kann andererseits beanspruchen, ein erster Versuch zu sein, um einen fundierten kulturgeschichtlichen Überblick über einzelne Zeitabschnitte des 20. Jahrhunderts in Berlin zu erarbeiten. Kulturgeschichte wird erzählt, und sie wird mit ausgewählten Fotos sichtbar gemacht. Dank für die Gestaltung des Layouts gebührt der Berliner Grafikerin Goscha Nowak, wie so oft der Lektorin Tanja Krajzewicz und dem Verleger Dr. Dirk Palm sowie Heidi Bohley, Tanja Dückers, Norbert Kaczmarek, Jörg Rohmer und Dr. Detlef Stronk für den Austausch. Die elf Kapitel von *Stillstand Aufstand Berlin* befassen sich mit Stadtpolitik, Kabarett, Parteien, Literatur, Theater, Film, Oper, Rock, Malerei, Architektur und dem in beiden Teilen der Stadt begangenen Stadtjubiläum. Nach dem Vorbild des Kulturhistorikers Hermann Glaser

Stammte aus dem Osten: Jürgen Engert, hier 1980, war ein scharfzüngiger West-Berliner Journalist, der seine Mitbürger *Krawuttkes* und *Polaukes* nannte.

liegt der Reihe ein handhabbarer Kulturbegriff zu Grunde, der auf kulturtheoretische Begründung verzichtet und *Kultur* begrifflich von *Natur* unterscheidet. Kultur bezieht sich in diesem weitläufigen Verständnis auf alles, „was der Mensch als gesellschaftliches Wesen in unterschiedlichster Weise produktiv bearbeitet oder gestalterisch hervorbringt."

Der Verkehrsträger S-Bahn ist ein Berliner Kulturträger. Im westlichen Teil des *Stillstand Aufstand Berlin* ist die S-Bahn zu Beginn der 1980er-Jahren heruntergekommen. Im östlichen Teil ist sie Rückgrat des Nahverkehrs, läuft auf Verschleiß. Zum Auftakt des Jahrzehnts bricht bei der S-Bahn in West-Berlin ein bizarrer Arbeitskonflikt aus. Der Beginn der Dekade steht damit im Zeichen eines allenthalben weggeschwiegenen *Aufstands*, wie er einzig und allein in dieser seltsamen Stadt geschehen konnte. Wieder begegnen wir einem Journalisten mit Ost-Hintergrund. Hans-Ulrich Jörges gehörte später der Chefredaktion des *Stern* an und zählt zu den einflussreichen deutschen Journalisten. Von Mai 1979 bis September 1981 leitete Jörges das West-Berliner Büro der britischen Nachrichtenagentur *Reuters* am Savignyplatz in Charlottenburg im ersten Stock des Pressehauses, in dem auch der Berliner Landesdienst der *dpa* mit seinen vielen Mitarbeitern saß. Im Alter recherchiert er die Ereignisse des September 1980 nach. Es entsteht ein Tatsachenroman. *Stille Invasion* von 2021 ist der politische Schlüsselroman dieses Berliner Jahrzehnts. Es ist die Geschichte eines in das Geschehen involvierten jungen Reporters. Sein Buch lässt sich für die 1980er-Jahre genauso als Zeitroman lesen wie der mit Richard Burton verfilmte Welterfolg des britischen Geheimdienstlers David Cornwell, der als Autor John le Carré hieß und als Zeitzeuge mit *Der Spion, der aus der Kälte kam* 1963 den politischen Berlin-Roman des Mauerbau-Jahrzehnts vorgelegt hatte.

Hal
lin-Halensee

Stille Invasion – Die S-Bahn, der Streik und der junge Reporter

Besetztes Stellwerk, S-Bahnhof Halensee, 19. September 1980: Auf DDR-Territorium in West-Berlin verhandeln DDR-Bahnpolizei und ein Zivilist mit einem der streikenden S-Bahner.

DIE S-BAHN VERBINDET DIE HÄLFTEN BERLINS während der Teilung auf komplizierte Weise. Vom Westen wurde sie nach dem Mauerbau 1961 boykottiert. Der Senat projektierte und baute U-Bahnlinien parallel zu S-Bahnstrecken. Oft unrentable Buslinien boten Alternativverbindungen. Der aus dem Osten gekommene Friedenauer Schriftsteller Uwe Johnson veröffentlichte am 10. Januar 1964 in der *Zeit* seinen Essay *Boykott der Berliner Stadtbahn*. Eine der Parolen in West-Berlin habe gelautet: „Jeder Westberliner S-Bahn-Fahrer bezahlt den Stacheldraht am Brandenburger Tor." Johnson bringt die Situation des Verkehrsmittels in den Westsektoren auf den Begriff: „In Westberlin fuhr die S-Bahn eingesperrt." Das erste an den Senat gerichtete Pachtangebot für das für Ost-Berlin kostenträchtige Westnetz verlautbarte die östliche Seite am 26. März 1976 im SED-Zentralorgan *Neues Deutschland*, erzählt der West-Berliner Lehrer Wolfgang Kiebert in seinem Band *Die Berliner S-Bahn 1924 bis heute*. Er beschreibt die Situation des Netzes in den drei West-Sektoren zum Jahresende 1980 so:

Streckenlänge 145 km, davon 70 km seit dem Streik im Herbst 1980 stillgelegt. 39 von 77 Bahnhöfen geschlossen, eingeschlagene Scheiben, gestohlene Schilder, zugenagelte Türen. Drei Zuggruppen [...], zwischen denen der Fahrgast am Bahnhof Friedrichstraße wechseln konnte. Betriebsschluss um 21.00 Uhr mit Ausnahme der Stadtbahn. 9000 Reisende täglich, der Anteil am öffentlichen Personennahverkehr unter 5 %. Geschätztes Defizit: 100–140 Millionen DM jährlich.

Nur auf der Stadtbahn fuhr die S-Bahn bis in die Nacht, denn der Grenzübergang im Bahnhof Friedrichsstraße mit dem exterritorialen Bahnsteig zum Umsteigen mitten in Ost-Berlin sollte erreichbar bleiben. „Die S-Bahn gehört zu unseren Intimitäten", schrieb Johnson 1970 für eine SFB-Sendung über die identitätsstiftende Bedeutung der S-Bahn für die Berliner: „Wir erkennen das Geräusch ohne Nachdenken, die klirrende Durchfahrt, nachts das atmende Bremsen und Anfahren, singende Beschleunigung." Dazu gehört das weiße S auf grünem Grund. Bis heute. 1927 gehört die S-Bahn zu den Hauptdarstellern in Walter Ruttmanns bahnbrechendem Film *Berlin – Die Sinfonie der Großstadt*. Nach 1945 war der wiederaufgenommene Betrieb Hoffnungszeichen. Angelica Domröse fährt 1958 mit der S-Bahn zu den ersten Probeaufnahmen in die Studios nach Babelsberg. Ihre Mutter verkauft im Kabuff am Nordbahnhof S-Bahnfahrkarten. Die Funktion der S-Bahn als Verkehrsmittel der Flucht auf die *Insel* West-Berlin hat die Ost-Berliner Schriftstellerin Christa Wolf in *Der geteilte Himmel* als Szene kurz vor dem Mauerbau beschrieben:

[Rita] *trat an den Fahrkartenschalter. Zum erstenmal mußte sie preisgeben, was sie tun wollte.*
„Zoologischer Garten", sagte sie.
Gleichmütig wurde ihr eine kleine gelbe Pappkarte zugeschoben.
„Zwanzig", sagte die Frau hinter der Glasscheibe.
„Und wenn man – zurückkommen will?" fragte Rita zaghaft.
„Also vierzig", sagte die Frau, nahm die Karte zurück und schob eine andere durch das Fensterchen. Darin unterschied sich diese Stadt von allen anderen Städten der Welt: Für vierzig Pfennig hielt sie zwei verschiedene Leben in der Hand.

Der Ostflüchtling Uwe Johnson schreibt dem Verkehrsmittel 1970 eine mahnende Rolle zu. Die S-Bahn müsse das Ihrige tun, um den Menschen die Lage der Stadt zu vergegenwärtigen. Sie gehört immer noch zur Identität der Gesamtstadt: „Aber sie ist ein Teil, ein lebendes Glied der Stadt geblieben, auch der halben Stadt." 1980 sehen wir die S-Bahn in Konrad Wolfs Film *Solo Sunny* über die Ringbahn in Prenzlauer Berg fahren. Dieses Verkehrsmittel hatte 1936 das Verkehrsaufkommen Olympischer Spiele bewältigt, und sie hat in den 2020er-Jahren ihre maximale Netzausdehnung noch lange nicht wieder erreicht. Anfang der 1980er-Jahre war ihr West-Berliner Teilnetz Sinnbild des *Stillstand Aufstand Berlin*. Die S-Bahn gehörte dort mitsamt dem Bahngelände nach wie vor zur *Reichsbahn* der DDR. Deren von der Staatssicherheit gestellte blau uniformierte, mit Schlagstöcken ausgerüstete und ansonsten unbewaffnete Bahnpolizei übte auf dem Gelände die Polizeigewalt aus. Wer das Bahngelände betrat, unterlag der Hoheit der DDR. Davor wurde in West-Berlin gewarnt. Diese Konstellation war alliierter Regelung nach dem Ende des Zweiten Weltkriegs geschuldet. Die vier Mächte waren die eigentlichen Inhaber der Betriebsrechte, und die westlichen *Schutzmächte* achteten darauf, dass die Reichsbahn ihren Betriebspflichten nachkam. Während die West-Berliner sie mieden, waren die meisten S-Bahner gegenüber dem SED-Regime loyal. Viele gehörten der *Sozialistischen Einheitspartei Westberlins* an, der SEW, die in allen West-Berliner Bezirken Büros hatte und deren Parteiorgan *Die Wahrheit* hieß. Oder sie gehörten zu marxistischen und maoistischen Splittergruppen wie dem *Kommunistischen Bund KB* oder dem *Kommunistischen Bund Westdeutschlands* KBW. Zeuge des Streiks bei der West-Berliner Reichsbahn war im September 1980 der damals 29 Jahre alte Hans-Ulrich Jörges. Er wurde am 8. Dezember 1951 in Bad Salzungen in Thüringen geboren. Die Familie flüchtet 1957 in den Westen, erzählt er 2021 in seiner Autobiografie *Der Schrei des Hasen. Lebensbeichte eines*

Vier Tage nach dem Mauerbau, 17. August 1961: West-Berliner rufen am Bahnhof Charlottenburg zum Boykott der in DDR-Regie betriebenen S-Bahn in West-Berlin auf.

Kolumnisten. Den wahren Grund der Flucht bekommt der Sohn erst nach Wende heraus. Der Vater war denunziert worden, wurde dazu gepresst, für die Staatssicherheit zu arbeiten. Niemals hatte er davon erzählt. Der Westen ist für den Sohn nicht *golden*, der Vater denkt ob der bitteren Armut an Selbstmord, das Wirtschaftswunder erlebt Jörges von seiner Schattenseite, erst im Dorf hinter der Grenze, dann mit der evangelischen Familie als Außenseiter im katholischen Fulda, danach in Frankfurt am Main. Er radikalisiert sich dort als Nachgeborener der Studentenrevolte, wirft Steine bei den Hausbesetzerunruhen, ernüchtert sich gerade noch vom Gewaltrausch und nimmt Abstand vom Terrorismus. Als Freizeit-Linksradikaler und Student der Gesellschaftswissenschaften volontiert er bei dem Wirtschaftsnachrichtendienst *Vereinigte Wirtschaftsdienste*. Für ihn ein *Spagat*. In Interviews schwärmt er rückblickend, dass das Leben in der Wohngemeinschaft ohne Privatbesitz funktioniert habe. Die Jungs teilten Betten, Wäsche, Geld. Sie hatten alle wenig. Mit 27 hat er beide Eltern verloren. Der Lebensentschluss fällt gegen das Studium aus, für den Journalismus. 1977 startet er als stellvertretender Inlandschef von *Reuters* in der Bundeshauptstadt Bonn. „Freiheit suchte ich zunächst in Berlin", schreibt er in den Erinnerungen. Er bewirbt sich auf den Korrespondentenposten in West-Berlin und bekommt ihn. Die zweieinhalb Jahre nennt er die „intensivsten, spannungsreichsten und glücklichsten meines Lebens". Die Geschichten hätten auf der Straße gelegen: „Berlin war ganz nach dem Herzen eines Journalisten." Nach dieser Zeit bewirbt er sich nach München. Sein von ihm geholter zweiter Mann im West-Berliner *Reuters*-Büro entpuppt sich als Stasi-Agent, der ihn ausspioniert. Während des Streiks hatte Jörges spitzbekommen, dass außer der Stasi auch die Westalliierten sein Telefon abgehört hatten. Es war Zeit zu gehen, die Stadt ging ihm nach all den Turbulenzen auf den Nerv, wie er im Anklang an Peter Fox' Berlin-Song sagt: „Farewell, Berlin. Du kannst so hässlich sein ..."

Das Genre des Dokudramas wird in den 1980er-Jahren aus den USA kommend auch im deutschen Fernsehen üblich. Jörges erzählt in *Stille Invasion* mit vergleichbaren Mitteln, mischt Fiktion und Überlieferung. Bei Dialogen, Gesprächen, Telefonaten war Jörges nicht dabei. Da sprechen in den mit präzisen Datumsangaben versehenen kurzen, szenenhaften Kapiteln der damalige sozialdemokratische Regierende *Dietrich Stobbe* mit seinem Senatskanzleichef *Peter Sötje* in Schöneberg, der kurz vor der Bundestagwahl am 5. Oktober 1980 gegen seinen Herausforderer, den CSU-Vorsitzenden Franz-Josef Strauß, kämpfende Bundeskanzler *Helmut Schmidt* in Bonn oder in Ost-Berlin der Staatsratsvorsitzende *Erich Honecker* mit dem zweiten

Erich, dem Minister für Staatssicherheit *Erich Mielke*. Jörges imaginiert Wortlaute, gibt die Positionen der Handelnden mit seinen Worten wieder. Viele davon kannte er noch persönlich. Der Sprachduktus passt zur Person. Jörges' *Schmidt* führt eine andere Sprache als sein *Mielke*. So könnten sie geredet haben. Abgesehen vom Faktor Lesbarkeit erzählt Jörges deshalb so, weil ihm für eine historiografische Darlegung hier und da die Quellen fehlen. Es geht dabei weniger um die Akten der Staatssicherheit und der DDR-Behörden. Am Schluss schildert er unter der Überschrift *Vertuschung* und unter dem Datum *Freitag, 13. Oktober 2017* seine Erfahrungen im Landesarchiv Berlin. Da sind Unterlagen bis 2081 gesperrt, er lässt sie entsperren, sie sind belanglos. Wo in den West-Berliner Beständen Dokumente über den Konflikt mit den S-Bahnern zu erwarten sein müssen, fehlen sie. Da ist ein Loch zwischen dem 11. und dem 26. September 1980: „Über diesen Streik aber, ausgerechnet: kein einziges Dokument. Nothing. Rien. Lücke. Es müssen Protokolle beseitigt worden sein." Valentin Freytag hat der Autor sein *Alter Ego* im Roman getauft, ihn mit der eigenen Vita ausgestattet, und Freytag hat es alles erlebt, gehört, berichtet bekommen. Er verlässt das Archiv am Eichborndamm in Reinickendorf und verabredet sich „mit einem Beteiligten, einem, der alles weiß." Schmallippig sei der gewesen, habe dem Journalisten zugehört, „nickt dann stumm und gravitätisch auf die Frage: ‚Und, das war doch so, oder?'" Die Romanform scheint für Jörges Ausweg zu sein, das anders nicht Erzählbare eben doch ins Wort zu bringen und in die Welt zu setzen. Jörges lässt seinen Freytag am Ende den moralischen Abgesang der Entspannungspolitik und zugleich die Legitimation des *Stillstand Aufstand Berlin* so formulieren:

Wurde einer der maßgeblichen westdeutschen Journalisten: Hans-Ulrich Jörges, hier 2000, war in den ersten Berufsjahren Zeitzeuge des S-Bahnstreiks.

Also geht es nur noch um Erhaltung des Status quo. So ist die Entspannungspolitik auf den Hund gekommen. Der Westen dient der Stabilisierung der DDR, aber nicht mehr den Menschen. Man lässt Tausende über die Klinge springen. Es gibt auch schon einen Begriff dafür: Politik der eingerammten Pflöcke.

Seinen *Stobbe* lässt Jörges in der Nachbetrachtung des Geschehenen beim Cognac sagen, dass keiner der Beteiligten Interesse an der Veränderung des Status quo gehabt habe. Für das *Stillstand Aufstand Berlin* kam es auf Stagnation an: „Die Pflöcke, die da eingerammt sind, werden alle noch die gleiche Position haben wie vorher, wenn der Nebel sich über den aktuellen Ereignissen gelichtet hat." Was war geschehen? Dieser *Dietrich Stobbe*, der anfangs eine Sympathieerklärung für die Streikenden abgegeben hatte, was sowohl Kanzler als auch Staatsratsvorsitzender als Fehler ansahen, hat Gewissensbisse, „dass wir den Stasi-Kreaturen unsere Stadt geöffnet haben, damit sie den Streik erledigen können." Dankbar ist diese Figur des Regierenden Bürgermeisters, dass die Presse das Ungeheuerliche nicht kritisiert, angegriffen, zu Schlagzeilen gemacht hat. Er sagt: „Offenbar haben die Schreiberlinge gar nicht begriffen, dass es eine stille Invasion gegeben hat." Was war geschehen?

Am *Montag, 8. September* hatte Freytag um *10.32 Uhr* überraschenden Besuch bekommen. Der Gast staunt über ungeöffnete Post im *Reuters*-Büro. Es sind Sendungen für den Ost-Berliner Schriftsteller Stefan Heym, der die Büroanschrift in West-Berlin benutzt und einmal die Woche zum Abholen vorbeikommt. So steht es auch in Jörges' *Lebensbeichte*. Der Gast heißt *Lars Prien*, und er sucht die Verbindung zur britischen Nachrichtenagentur, weil er sie für die wichtigste hält. *Prien* ist gekommen, „um Sie auf einen demnächst beginnenden Streik bei der S-Bahn im West-Berlin aufmerksam zu machen." Er arbeitet auf dem Containerbahnhof Moabit. Dort wird die Streikzentrale sein, er wird zum Gesicht der Streikbewegung. Freytag wird für den Bahnhof den Ausweis der Streikleitung bekommen, damit er jederzeit hineinkommt, und diesen Ausweis hat Jörges bis heute aufgehoben. Er wird alles als Erster erfahren, verspricht ihm der Streikführer. Die Kommunisten bei der West-Berliner S-Bahn, viele Mitglieder der West-Berliner SEW, im Westen mit Berufsverboten konfrontiert, werden in den Ausstand gehen. Als alles vorbei ist, wird der Streikführer ihm gestehen, dass das Unternehmen ein Komplott von Trotzkisten gewesen war, sie wollten damit die Stalinisten treffen,

die ihre trotzkistischen *Genossen* im Spanischen Bürgerkrieg liquidiert hatten. Der Memoirenautor Jörges: „Das war der Versuch, eine offene historische Rechnung glattzuziehen." Als die Streikenden später versuchen, auf dem Alexanderplatz zu demonstrieren, werden das die *Organe* sofort gewaltsam unterbinden. Die Beschäftigten nutzen das Absurde der Situation, die Lücke zwischen den Systemen, die sich auf das Bahngelände in West-Berlin beschränkt. Hier war das SED-Regime verwundbar. Die DDR kennt kein Streikrecht. *Genossen* streiken gegen *Genossen.* Im vermeintlich auch für sie freien West-Berlin. *Prien* sagt: „Die Leute haben einfach die Schnauze voll. Die DDR-Führung hat es zu wild getrieben, schlimmer als der schäbigste Kapitalist."
Im Januar seien 78 Kollegen aus den Ausbesserungswerken gefeuert worden, auch Schwangere und Alleinerziehende. Schweigen von der Betriebsgewerkschaftsleitung des parteihörigen *Freien Deutschen Gewerkschaftsbundes* FDGB und der SEW. Seitdem haben rund 700 der etwa 3500 West-Berliner S-Bahner selbst gekündigt. Sie werden nicht ersetzt, ihre Arbeit müssen die mitmachen, die geblieben sind. Die Reichsbahn will nicht immer noch mehr Geld in den unrentablen Betrieb buttern. Die Reichsbahner im Westen verdienen 25 Prozent weniger als die Bundesbahner in Westdeutschland. Sie leben aber im Westen, ihre Reichsbahnwohnungen sind verkommen. Urlaub, Rente, Gesundheitsversorgung sind schlechter als bei der Bundesbahn. Keine freie Arztwahl, denn sie müssen zur Reichsbahn-Poliklinik in West-Berlin. Da kommt morgens ein *Barkas*-Kleinbus aus Ost-Berlin, und das medizinische Personal schließt auf und beginnt den Betrieb. Die Rentenbeiträge werden vom Lohn abgezogen und in die Ost-Kasse eingezahlt, die die Renten nicht in Westgeld auszahlt. Wenn sie im Westen bleiben, behandelt die West-Rentenversicherung sie so, als ob sie Beiträge gezahlt hätten, aber da kommen nur winzige Renten in Westmark zustande. Jörges: „Freytag liebt diese Verrücktheiten, eingefrorene Verhältnisse der Nachkriegszeit, denen die meisten keine Beachtung schenken. Er doch."

Der Streik beginnt am *Mittwoch, 17. September*, um *06.00 Uhr*. Das Datum ist kein Zufall. Es ist der Tag, an dem im Nachbarland Polen die freie Gewerkschaft *Solidarność* offiziell gegründet wird. Es wird Besetzungen von Bahnhöfen, Stellwerken geben, der Betrieb der S-Bahn wird ruhen. Der Höhepunkt wird der Stopp des Bahn-Transitverkehrs zwischen dem Westteil Berlins und Westdeutschland sein. Die Amerikaner machen deutlich, dass die den Stopp der alliierten Militärzüge notfalls gewaltsam unterbinden werden; ihre Züge rollen. Auch West-Berlins Bahnanbindung hängt von der Reichsbahn der DDR ab. Deren Loks ziehen auch die Züge der US-Army, die mit dem Personal und genauso die mit den tiefolivgrünen Panzern mit dem weißen Stern der *Army*. Am *Sonntag, 21. September* ist klar: „Die Reichsbahn in West-Berlin gehört komplett den Streikenden." Die Eskalation alarmiert alle Seiten. Der Senat und die Westalliierten bestehen grundsätzlich darauf, dass der Inhaber der S-Bahn-Betriebsrechte die Bahn auch betreibt, anderenfalls könnten die Alliierten der Reichsbahn die Rechte entziehen, sie vielleicht dem Senat übertragen. Senat und Amerikaner, Briten und Franzosen sehen vor allem den Status West-Berlins und seine Bindungen, vor allem seine Verbindungen auch im Güterverkehr auf der Schiene, nach Westdeutschland in Gefahr. Es ist der erste Bruch des Viermächteabkommens von 1971 und seiner Folgevereinbarungen, insbesondere des Transitabkommens. Der Senat spielt die Angelegenheit herunter, spricht von einem durch Verhandlungen auszuräumenden *Tarifkonfikt*. Auch die DDR-Regierung hat kein Interesse, die Nichteinhaltung der Verträge von 1971 hinzunehmen. Das Regime wird nicht verhandeln, sondern die Streikenden im Gegenteil als *Terroristen* denunzieren. Mit *Terroristen* wird nicht verhandelt. Die Staatssicherheit insbesondere befürchtet für den Fall der Aufnahme von Verhandlungen das Ausufern des Konflikts hinein nach Ost-Berlin und in die Betriebe der DDR. Die Streikenden

Der Containerbahnhof Moabit lag auf dem Territorium der Reichsbahn in West-Berlin: Hier hatten die S-Bahner ihre Streikzentrale und die West-Berliner Behörden keine Befugnisse.

dürfen deshalb keinen Erfolg haben. Das gilt umso mehr, als die SED Angst davor hat, dass die polnischen Entwicklungen Nachahmer in ihrem Land finden könnten. Die West-Berliner Reichsbahner fordern denn auch tatsächlich bald eine freie Gewerkschaft. Auch als die Streikenden umschalten und die Übernahme der S-Bahn durch den Senat fordern, scheitern sie. Der Senat würde mit seinem Eingreifen seine statuswahrende Linie verlassen, wonach es sich um einen *Tarifkonflikt* handelt, den die DDR mit Verhandlungen lösen muss. Die Reichsbahn könne, so der Senatssprecher, „unter keinen Umständen aus ihren Verpflichtungen gegenüber ihren Arbeitnehmern entlassen werden.“ Der Senat sei der falsche Adressat. Der Konflikt ist ein Politikum, das beide Berlins, die vier Alliierten, deren Botschafter und deren Hauptstädte sowie die Regierungen beider deutscher Staaten in fieberhafte Aktivitäten verfallen lässt. Das alles erzählt uns Jörges in der stringenten, nüchternen, nachrichtlichen Sprache des Agenturjournalisten, die das Geschehen nur noch dramatischer erscheinen lässt. Es bleibt die Niederschlagung des Streiks. Wer soll es erledigen? Jörges lässt es den Senatsrat *Dietrich Hinkefuß* gegenüber den alliierten Verbindungsoffizieren im Rathaus Schöneberg vormittags am *Freitag, 19. September*, zwei Tage nach Streikbeginn, so erläutern:

Wir können einstweilen gar nichts dagegen tun. Es ist ein politisch hochbrisanter Streik gegen die DDR, auf unserem Gebiet, und wir können den Polen nicht applaudieren zu ihren Streiks gegen das morsche System und dann selbst die Polizei losschicken. Geht einfach nicht, das wissen Sie selbst. Und zum Einsatz Ihrer Militärpolizei kann ich Ihnen auch nicht raten. Oder Sie werden in ihren Hauptstädten gevierteilt.

Erster Leiter der Ständigen Vertretung der Bundesrepublik Deutschland bei der Deutschen Demokratischen Republik war der gelernte Journalist Günter Gaus, der 1981 durch Helmut Schmidts damaligen Regierungssprecher, den teils in West-Berlin aufgewachsenen ehemaligen Journalisten Klaus Bölling ersetzt wird. Gaus redet an diesem 19. September im Gebäude des Zentralkomitees der SED, heute Bundesaußenministerium, vertraulich mit dem auf Außenpolitik spezialisierten, vielsprachigen Intellektuellen Hermann Axen. Das Politbüromitglied deutet an, dass ohne die Entwicklung in Polen Verhandlungen vielleicht möglich gewesen wären, erwägt, dass der Senat die höheren Löhne hätte übernehmen können. Aber da bestehe keine Chance mehr, der Sicherheitsapparat sei hysterisch. Gaus spricht von einer Sackgasse, fragt nach einem Ausweg, wo doch West-Berlins Polizei und alliiertes Militär wegen der Solidarität mit der Gewerkschaft *Solidarność* nicht eingreifen würden. „Wir wollen nicht zum zweiten Polen werden", lässt Jörges Axen sagen, und weiter:

> *Nun wirklich ganz unter uns, lieber Herr Gaus, ich traue mich das fast nicht zu sagen ... Um es plakativ auszudrücken: Sofern der Streik nicht von alleine zusammenbricht, das werden wir in zwei, drei Tagen wissen, muss die DDR halt ihr Problem in Westberlin [sic] selbst lösen. Das sagt mir der gesunde Menschenverstand. Konkreter möchte ich nicht werden. Sie verstehen mich schon.*

Gemeint ist damit eine Lösung, die das Eingreifen der formal dazu befugten, nicht mit Schusswaffen ausgerüsteten *Bahnpolizei* der DDR meint. Dazu wird es kommen, und zwar im Einvernehmen aller beteiligten Seiten. Auflage des Westens ist, dass es kein Blutvergießen geben, dass nicht geschossen werden darf. Die westlichen Kräfte werden stillhalten, beobachten, nur im unvermeidlichen Notfall eingreifen, zu dem es nicht kommt, die Briten werden sogar indirekt behilflich sein. Einig ist man sich, dass niemand danach fragen wird, wer in den blauen Uniformen steckt. Es wird die weitgehend aus Personal der Staatssicherheit bestehende *Transportpolizei* der DDR sein, die sonst bewaffnet ist. Das Gros der Stasi-Leute benutzte die Stahltüre im Grenzbahnhof Friedrichstraße, um, ausgestattet nur mit ihren Schlagstöcken und mit Werkzeug zum Aufbrechen verbarrikadierter Türen und Fenstern der besetzten Gebäude in West-Berlin, auf die infolge des Streiks nicht befahrenen Gleise nach West-Berlin zu gelangen. Auf den Gleisen bewegten sich die Männer nach Westen. Denn das war von der DDR kontrolliertes Territorium. Auf eigentliches West-Berliner Gebiet durften sie im Einsatz nicht geraten. Allerdings waren andere Gruppen verdeckt einzeln nach West-Berlin eingesickert und bewegten sich in Fahrzeugen mit West-Berliner Kennzeichen zu ihren Einsatzorten. Die ohnehin bröckelnde Streikbewegung zerbrach, und bald gaben die Streikenden freiwillig auf, verließen das Bahngelände, verloren ihre Arbeit und mussten sich in West-Berlin neue suchen. Einige kamen bei der U-Bahn unter, aber den SEW-Mitgliedern standen trotz allem nicht alle Türen offen. Sein Double im Roman lässt Jörges am gleichen Tag sagen, der Streik sei nicht einfach gescheitert. Er sei vielmehr von einem „grotesken Bündnis" zerschlagen worden. Das habe es noch nie gegeben: „Der Westen lässt die Staatssicherheit über die Schienen herein, begleitet sie und sorgt dafür, dass sie ihr Drecksgeschäft ungehindert erledigen kann." Es habe schließlich den Interessen aller Seiten gedient. Rund zwei Jahre später ist die S-Bahn Gegenstand der unter Stobbes Nach-Nachfolger Richard von Weizsäcker weiter intensivierten Kontakte beider Stadthälften. Er hatte Arbeitsgruppen eingesetzt, die an geheimen Konzepten für eine Übernahme feilten. Der Betriebsstart der West-S-Bahn erfolgte kurz nach der Einstellung durch die Reichsbahn am 9. Januar 1984 um 4.00 Uhr mit dem ersten Zug vom Bahnhof Charlottenburg zur Friedrichstraße. West-Berlin hatte sich mit der maroden S-Bahn eine sich über viele Jahre hinziehende teure Investition aufgehalst. Die BVG betrieb bis zum Mauerfall das West-Netz der S-Bahn. Und das Personal? Joachim Piefke, Direktor der Berliner Verkehrsbetriebe in der *Berliner Morgenpost*: „Wir haben trotz der 670 übernommenen S-Bahner zu wenig Zugführer, Weichensteller und Techniker, dafür aber viel zu viel Fahrkartenverkäufer und Hilfspersonal." Richard von Weizsäcker kommentiert das Ergebnis als „wichtiges Ereignis für Berlin und die Ost-West-Beziehungen." Über die von ihm wahrgenommene Differenz von Schein und Sein bei diesem Regierenden schreibt Jörges in seiner *Lebensbeichte*: „Der Freiherr wirkte auf Abstand als Sympathicus, in der Nahbetrachtung zeigte er sich indes eiskalt und schneidend scharf."

9. Januar 1984, Bahnhof Friedrichstraße, Übernahme der S-Bahn: Der Zugführer trägt noch Reichsbahnuniform, auf dem Aufkleber der West-Berliner BVG ist rechts schon die die S-Bahn neben Bus und U-Bahn.

STADTPOLITIK

Richard von Weizsäcker – 33 Monate Regierender Freiherr von Berlin

Denn für die Berliner ist das ganz einfach:
Die deutsche Frage ist so lange offen,
wie das Brandenburger Tor geschlossen ist.

HEINRICH LUMMER,
SENATOR FÜR INNERES UND BÜRGERMEISTER VON BERLIN,
AM 6. DEZEMBER 1984 IM ABGEORDNETENHAUS

Wo schon Ernst Reuter und Willy Brandt saßen: Richard von Weizsäcker im August 1981 im Amtszimmer des Regierenden Bürgermeisters im Rathaus Schöneberg, neben ihm sein Mitarbeiter Norbert Kaczmarek.

BAUSKANDALE, KORRUPTION, als *Berliner Filz* apostrophierte Verflechtungen zwischen Baulöwen und Politik kulminierten in den frühen 1980er-Jahre in einer fundamentalen stadtpolitischen Krise. Sigrid Kressmann-Zschach war schon im Jahrzehnt zuvor für Rio Reisers Kreuzberger Band *Ton Steine Scherben*, die der werdenden Hausbesetzerbewegung Pate stand, zur Inkarnation dessen geworden, was im 21. Jahrhundert als *Gentrifizierung* bekämpft wird. Die große Pleite der Architektin war der *Steglitzer Kreisel*. Der Senat bürgte 1974 für 42 Millionen DM. Darüber stürzte nach 17 Jahren im Amt SPD-Bausenator Rolf Schwedler. Ins West-Berliner Sittenbild gehört auch der Skandal um die Besetzung des Postens des kaufmännischen Direktors der defizitären landeseigenen Königlichen Porzellanmanufaktur KPM mit dem SPD-Mann Jürgen Grimming, der Referent des Innensenators Kurt Neubauer gewesen war und nach Gehaltserhöhungen fürs leitende Personal anders als verabredet nach sechs Wochen doch als Nachrücker in den Bundestag entschwand. Kurz nach dem Einsturz der als Symbol des US-Engagements für West-Berlin geltenden Kongresshalle am 21. Mai 1980 schlug der Landesbürgschaftsausschuss am 1. Juni Alarm, weil die hochverschuldete Firma Bautechnik AG des Architekten Dietrich Garski vor der Pleite stand. Garski bekam zwar frisches Geld und eine Bürgschaft, aber die Blase platzte im Dezember. Das FDP-Mitglied flüchtete mit Frau und vier falschen Pässen ins tropische Ausland.

Am 28. April 1984 wurde bekannt, dass der SPD-Spitzenkandidat und ehemalige Bausenator Harry Ristock anders als versprochen immer noch Geschäftsführer seiner in Bayern ansässigen Firma Metalu Metallbau GmbH geblieben war. Das Unternehmen war jetzt sogar insolvent. Der Parteilinke trat zurück. Auf Juli 1984 datiert der Anfang des Skandals um den Charlottenburger CDU-Baustadtrat Wolfgang Antes. Er hatte 2008 kommunale Wohnungen rechtswidrig zum viel zu niedrigen Stückpreis von 4000 DM auf dubiose Weise vertickt. Zur Affäre wuchs sich das Geschehen um Antes, um Figuren aus dem Milieu wie den Bordellbetreiber Otto Schwanz, um *Entmietungen* von Häusern und Abbruch durch Brandstiftung, um Korruption und Parteispenden ab Herbst 1985 aus.

Der Weizsäcker-Nachfolger im Amt des Regierenden Bürgermeisters, Eberhard Diepgen, hat die Antes-Affäre überstanden. Anders ging es dem Nachfolger von Klaus Schütz, dem am 2. Mai 1977 gewählten, mit 38 Jahren jüngsten Regierenden Bürgermeister Dietrich Stobbe. Der als Hoffnungsträger gestartete Politologe, ebenfalls ehemaliger Neubauer-Referent, scheiterte im Gefolge der Garski-Affäre mit dem Rettungsversuch einer Senatsumbildung im Abgeordnetenhaus, weil vier seiner Kandidaten keine Mehrheit bekamen. Stobbe trat am 15. Januar 1981 mit den Abschiedsworten „Ich liebe unsere Stadt" zurück und leitete das *Drei-Bürgermeister-Jahr* ein. Als Nachfolger wurde am 23. Januar der bisherige Bonner Bundesminister der Justiz, der erfolgreiche frühere Oberbürgermeister von München, Hans-Jochen Vogel, gewählt. Seine SPD scheiterte bei den Neuwahlen am 10. Mai 1981, und Richard von Weizsäcker wurde am 11. Juni mit Stimmen der FDP zu Vogels Nachfolger gewählt. Er war der dritte Regierende des Jahres 1981 und blieb 33 Monate. Was Politik als Beruf anging, war er ein Spätberufener. Er wurde „am 15. April 1920 in einer Mansarde des königlichen Schlosses zu Stuttgart" geboren, wie von Weizsäcker in seinen 1997 erschienenen Erinnerungen unter dem Titel *Vier Zeiten* berichtet, „aber nicht als Gast des Königs, sondern unter der roten Fahne, die auf dem Dachfirst wehte." Es war die Fahne der Revolution, die das Königreich Württemberg zur Republik machte. Richard Karl Freiherr von Weizsäcker hat auf die Familienherkunft Wert gelegt, weniger auf den Adel. Nach seinem Großvater hatte er den Beinamen. Karl Weizsäcker wirkte am Bürgerlichen Gesetzbuch mit, war von 1906 bis 1918 Württembergischer Ministerpräsident. Er wurde 1916 in den erblichen Freiherrnstand erhoben. 1917 war er gefragt worden, ob er Reichskanzler werden wolle, und lehnte ab. Norbert Kaczmarek, einer von von Weizsäckers ersten Mitarbeitern noch als CDU-Spitzenkandidat in West-Berlin, hat 2012 ein

Buch über *Richard von Weizsäcker und Berlin 1978–1984* vorgelegt. „Mein Name ist Weizsäcker", habe er sich vorgestellt, berichtet Kaczmarek: „Richard von Weizsäcker." Beim Unterschreiben habe er das Adelsprädikat oft weggelassen, manchmal blieb das *v.*, bis die Senatsjuristen ihn aufforderten, eine amtliche Form für die Unterzeichnung von Gesetzen festzulegen, und die lautete: „Der Regierende Bürgermeister – Weizsäcker". Theologen sind häufig im Weizsäcker-Stammbaum. Der Ahne Carl Weizsäcker hat eine in zwölf Auflagen erschienene Übersetzung des Neuen Testaments gefertigt, war Rektor und Kanzler der Universität Tübingen. Die Eltern wurden 1911 in Berlin in der Matthäikirche Friedrich August Stülers getraut, weil der Vater seiner Mutter Marianne, einer geborenen von Graevenitz, dort Württembergischer Militärbevollmächtigter war. Von Weizsäckers Vater Ernst diente zunächst in der Marine und schlug eine Diplomatenlaufbahn ein. Er malte Aquarelle und brachte dem Sohn Geografie und Geschichte nahe. Ende 1924 zieht die Familie dienstlich begründet nach Kopenhagen um, wo Richard Lesen und Schreiben lernt. Bald wird der Vater zurück nach Berlin gerufen, leitet das Völkerbundreferat des Auswärtigen Amtes. Die Familie zieht 1927 in die Etagenwohnung in Wilmersdorf, Ecke Fasanen-/Pariser Straße. Geräumig ist die Wohnung, „aber anspruchslos und ziemlich dunkel." Soziales Elend sieht Richard von Weizsäcker in Gestalt bettelnder Hofsänger und Leierkastenmänner. Die Mutter ist Hilfsvormund für uneheliche Kinder, nimmt ihn mit nach Neukölln, wo er später seinen Wahlkreis haben wird. Aus dem Jahre 1929 gibt es ein Foto vom Balkon, auf dem die Mutter im Zentrum sitzt. Links an der Brüstung

Hatte einst als Hoffnungsträger gegolten: der Regierende Bürgermeister Dietrich Stobbe (SPD) im Abgeordnetenhaus kurz vor seinem Rücktritt am 15. Januar 1981.

stehen Richard und sein Bruder Heinrich, der kurz nach dem Beginn des Zweiten Weltkriegs am 2. September 1939 einige Hundert Meter entfernt von Richard fallen wird. Er hält die Nachtwache, am Morgen wird der Bruder am Waldrand begraben. Hinter der Mutter steht die Schwester Adelheid, rechts von ihr der schon in früher Jugend seine hohe Begabung an den Tag legende spätere Kernphysiker Carl Friedrich von Weizsäcker. Der älteste Bruder sei „eine Klasse für sich" gewesen, schreibt der jüngste. Richard von Weizsäcker charakterisiert seinen Vater, der wohl das Foto gemacht hat, als wortkargen, verstandesorientierten schwäbischen Mann, und legt seine diesbezügliche familiäre Disposition offen:

Wir müssen offenbar erst innere Barrieren überwinden, bis wir zu glauben bereit sind, daß Gefühle bleiben, was sie sind, sobald wir sie vernehmlich aussprechen. Diese Scheu oder Zurückhaltung mag verständlich sein. Aber sie ist auch eine Schwäche; denn die meisten Menschen wollen doch Wärme und Anteilnahme spüren und hören, statt sie erraten zu müssen.

Der Jüngste muss sich durchsetzen, er tut es mit Mitteln der Sprache. Reisen in die Alpen, an die Nordsee, in die Mark Brandenburg sind Höhepunkte, genauso wie Spiele, die Weihnachtsfeste, das Musizieren in der Familie. Man liest klassische Dramen mit verteilten Rollen, Sonette, Balladen. Die drei Jüngsten bilden ein Klaviertrio, für die Geige ist Richard nicht fleißig genug zum Üben. Die Geigenlehrerin leitet ein Damenstreichquartett, das bei von Weizsäckers konzertiert. Da hören die Schriftstellerinnen Ricarda Huch und Ina Seidel zu, der Physiker und Freund des Bruders Werner Heisenberg, mit dem Richard so gern Tischtennis spielt. Im Schulorchester wird er auf Trompete und Posaune umgeschult, will eine Zeit lang Sänger werden. Schach spielt Richard von Weizsäcker sein Leben lang begeistert. Er lernt früh Schwimmen, ist Mittelstreckenläufer, Skifahrer, späterhin ambitionierter Berggeher, Skilangläufer. Mit neun Jahren kommt er aufs humanistische Bismarck-Gymnasium in der Pfalzburger Straße. Altgriechisch liegt ihm mehr als Latein, Musik und Sport mehr als Mathematik. Von Weizsäcker: „Bis zum Abitur 1937 waren die jüdischen Mitschüler alle noch dabei." Er legt es ab, nachdem er erst drei Monate zuvor wieder mit der Familie aus der Schweiz zurückgekehrt ist. Vor dem Abitur schon hätten die Jugendlichen alle verstanden, „wie sehr sich der Himmel über Deutschland verfinstert hatte." Der biografische Stellenwert Berlins ist hoch: „In der Zeit von 1927 bis

1933 war Berlin für mich zum Mittelpunkt des Denkens und Fühlens, zur eigentlichen Heimat geworden und ist es bis zum heutigen Tag geblieben." Er hebt hervor, er habe in diesen ersten Berliner Jahren als einziges seiner Geschwister richtig gelernt zu berlinern, sagt er 1994 dem Journalisten Reinhard Appel, und behauptet sogar, bei Amtsantritt habe er „mit Recht von mir sagen" können, „ich war der erste Regierende Bürgermeister, der wirklich die Sprache der Berliner zu sprechen in der Lage war."

Der Vater wird zwischenzeitlich nach Oslo berufen, der Zwölfjährige wohnt bei Freunden in Berlin, erlebt den Tag der Machtübernahme, weiß noch, wie bei einem Reit- und Fahrturnier im Sportpalast die Zeitungsverkäufer plötzlich die Schlagzeile „Hitler berufen!" herausbrüllen. Er kritisiert im Rückblick das geringe Gespür seiner Herkunftsschicht für die Lebenswelt der „tieferen Schichten der Gesellschaft". Anfang 1933 wird der Vater nach Bern versetzt, die Umstellung auf die Schweizer Schule fällt schwer, weil das Niveau viel höher ist als in Berlin. Fünf Jahre darauf nimmt der Vater nach innerlichem Ringen das Angebot an, Staatssekretär zu werden. Reichsaußenminister ist der Nationalsozialist Joachim von Ribbentrop. Dem Vater habe die Vorstellungskraft gefehlt, „die Dämonie des Bösen zu begreifen". Es gelingt Ernst von Weizsäcker, dazu beizutragen, in den Verhandlungen zum Münchner Abkommen von 1938 den Frieden zu bewahren: „Für meinen Vater war München der letzte glückliche Tag seines Lebens." Nach dem Abitur, Richard von Weizsäcker hatte die dritte Klasse übersprungen und war mit 16 Jahren zu jung für den Arbeits- und Wehrdienst, genießt er das Privileg, nach England und Frankreich zu gehen. In Lyon schickt ihn der deutsche Konsul zur Musterung für die Wehrmacht durch einen französischen Arzt. Beim Reichsarbeitsdienst sind es Berliner Ofensetzer, die ihn sexuell aufklären. Von Weizsäcker zieht die Uniform an, die er sieben Jahre, den ganzen Zweiten Weltkrieg über, tragen wird. Im Herbst 1938 ist er wie sein Bruder Heinrich Rekrut im Potsdamer Infanterieregiment 9. Richard von Weizsäcker pflegt sein Leben lang die Tradition dieser Einheit, betont den hohen Anteil von Regimentskameraden, die dem militärischen Widerstand des 20. Juli 1944 verbunden waren. Nach Kriegsende, er empfindet es als Glück, schreibt er sich sehr bald in Göttingen für Jura ein, genießt die Freiheit, Vorlesungen in vielen Fächern zu hören, darunter Theologie, Geschichte, Kunstgeschichte, Philosophie. Für sein eigentliches Fach verweist er auf die Bedeutung guter Repetitoren. Sein Vater wird von den Alliierten unter Anklage gestellt, und der junge Jurastudent wird als Hilfsverteidiger zugelassen. Es sind Monate intensiven Miteinanders mit dem Vater. Richard

Nürnberg 1949, Wilhelmstraßen-Prozess: Richard von Weizsäcker war Hilfsverteidiger seines Vaters Ernst, im Dritten Reich Staatssekretär im Auswärtigen Amt.

von Weizsäcker liest als einer der ersten Deutschen Akten aus der nationalsozialistischen Zeit. Spätestens hier entsteht seine Neigung zu Geschichte, zur Politik, verstanden als Engagement für das gesellschaftliche Ganze. Daher rührt auch der nicht verwirklichte Gedanke, diese Arbeit am neugegründeten Institut für Zeitgeschichte in München fortzusetzen. Noch vor dem Assessorexamen geht er 1950 in die Wirtschaft, zunächst als wissenschaftliche Hilfskraft bei der Mannesmann AG in Gelsenkirchen, wo die Steinkohlenzechen des Konzerns beheimatet waren. Er lernt 1953 Marianne von Kretschmann kennen, die er im selben Jahr heiratet und die First Lady West-Berlins wird; das Paar hat vier Kinder. 1955 folgt die Promotion. 15 Jahre bewegt er sich erfolgreich in einem Berufsumfeld, in dem bisher kaum ein Weizsäcker tätig gewesen ist. Die andere neue Welt, die er sich erschließt, ist die evangelische Laienarbeit. Taufe, Glaubenswelt, Religiosität stellt er in den Erinnerungen nicht eigens dar. Hielt er das für ihn Selbstverständliche der Erwähnung nicht für wert? Richard von Weizsäcker wird mit 44 Jahren Präsident des Evangelischen Kirchentags, gelangt in den Genfer Weltkirchenrat. Er verdanke diesen Tätigkeiten „die stärksten Prägungen für die damals vor mir liegende Zeit." Gemeint ist die Politik. Es ist noch ein gesamtdeutsches Amt, denn trotz Mauer agiert die evangelische Kirche noch immer ungeteilt. Von Weizsäcker ist involviert in die Arbeit an der Ostdenkschrift vor allem zum Verhältnis zu Polen, nimmt Themen einer künftigen deutschen Ostpolitik wie die emotionsgeladene Frage der Oder-Neiße-Linie als künftiger deutscher Ost- und polnischer Westgrenze vorweg. Er kannte den Berliner Bischof Kurt Scharf ebenso wie dessen katholischen Amtskollegen Alfred Kardinal Bengsch. Von Weizsäcker absolvierte, so notiert er, dank der Kirchentätigkeit in der Nachkriegszeit mehr als 150 Visiten im geteilten Berlin: „Ungezählte Male war ich in den folgenden Jahren bei unseren Freunden in Ostberlin und in der DDR. Aus erster Hand erlebte ich die Härten ihrer Existenz und die Kraft ihres Glaubens in einem sie ständig überwachenden System." Nach langem Warten hörte er bei der Einreise am Bahnhof Friedrichstraße oft die Worte: „Sie sind in der DDR unerwünscht." Aus dieser Zeit rührt der in der zweiten Berliner Zeit wichtige Kontakt zu Manfred Stolpe, Kirchenjurist mit Haus in Potsdam. Der spätere Ministerpräsident Stolpe war bis 1989 wichtiger Vermittler zwischen Ost und West.

1954 trat von Weizsäcker als *stilles Mitglied* der CDU bei. Bis 1966 arbeitete von Weizsäcker noch als Geschäftsführender Gesellschafter des Pharmazie-Unternehmens C. H. Böhringer in Ingelheim am Rhein. Die Verbindung zu dieser Familie war über sein Elternhaus zustande gekommen. Schon 1965 forderte ihn der 35 Jahre alte Helmut Kohl auf, für den Bundestag zu kandidieren. Der Kirchentagspräsident lehnt ab. Kohl, ein Jahr später rheinland-pfälzischer CDU-Landeschef, veranlasst Altkanzler Konrad Adenauer, ihm zwei Briefe zu schreiben, um ihn umzustimmen. Kirchen- und Bundestag schienen von Weizsäcker jedoch unvereinbar. Kohl schlägt ihn 1966 für den Bundesvorstand vor, von Weizsäcker arbeitet in den 1970er-Jahren am Grundsatzprogramm. 1968 wird ihm die Kandidatur als Bundespräsident angetragen. Er unterliegt dem damaligen Bundesverteidigungsminister Gerhard Schröder im Rennen um die Unionskandidatur, 1974 scheitert er in der Bundesversammlung am Liberalen Walter Scheel. Erst mit 49 Jahren wird von Weizsäcker 1969 in den Deutschen Bundestag gewählt. In diesem Jahr wird Kohl in Mainz Ministerpräsident, und wir dürfen sagen, dass von Weizsäcker seinen Politikeinstieg auf dem Ticket des aufstrebenden Pfälzers macht. Das rheinland-pfälzische Abgeordnetenmandat ist sein eigentlicher politischer Karrierebeginn. Er gerät in den Kämpfen seiner Partei mit der sozialliberalen Koalition und innerhalb der CDU in die Rolle des

Außenseiters und zugleich Vermittlers, weil er Willy Brandts und Egon Bahrs aus den Berliner Erfahrungen erwachsende Ostpolitik grundsätzlich befürwortet.

Von Weizsäckers Weg ins Schöneberger Rathaus beginnt nach seiner Darstellung ebenfalls mit Helmut Kohl, der ihm im Frühjahr 1978 überraschend vorschlägt, 1979 anstelle des Berliners Peter Lorenz gegen den Sozialdemokraten Stobbe anzutreten. Kohls Motiv sei von Weizsäckers ost- und deutschlandpolitischer Schwerpunkt gewesen, wofür Berlin zentraler Standort gewesen sei. Außerdem habe Kohl ein unausgesprochenes taktisches Kalkül im Sinn gehabt. Für die 1979 bevorstehende Bundespräsidentenwahl – die Unionsparteien verfügten über die absolute Mehrheit – war aufgrund des mit von Weizsäckers Entspannungsfreundlichkeit begründeten Grolls der CSU und ihres Vorsitzenden Franz-Josef Strauß Bundestagspräsident Karl Carstens als Kandidat die bessere Wahl. Damals wie später beteuert von Weizsäcker, Berlin sei sein eigentliches und letztes politisches Ziel gewesen. Angesichts der Vielzahl seiner Versuche, Staatsoberhaupt zu werden, bleibt am Ende die Argumentation, dass die Bundespräsidentschaft eine andere Weise sei, der Stadt dienst-

Stadtrundfahrt 1979 durch West-Berlin: der CDU-Chef und Bonner Oppositionschef Helmut Kohl (l.) mit dem West-Berliner CDU-Vorsitzenden Peter Lorenz.

bar zu sein. Für den erst recht nach heutigen Maßstäben erfolgreichen Berliner Spitzenkandidaten Lorenz – dazu gibt es differierende Versionen – fand sich eine gesichtswahrende Verwendung. 1980 ging Lorenz endgültig als Berliner Abgeordneter in den Bundestag und wurde 1982 unter dem Bundeskanzler Kohl Parlamentarischer Staatssekretär und Bevollmächtigter der Bundesregierung in Berlin. Von Weizsäcker zieht als Untermieter in ein möbliertes Zimmer in einer ansehnlichen Villa in Dahlem. Die Adresse Gelfertstraße 37 steht als Erstwohnsitz in seinem grünen *Behelfsmäßigen Personalausweis* mit der Nr. 3816900 und Gültigkeit bis zum 5. Dezember 1983, der von Weizsäcker ordnungsgemäß als West-Berliner ausweist und in seiner Behelfsmäßigkeit die statusgemäße Halbzugehörigkeit der Westsektoren zur Bundesrepublik zum Ausdruck bringt. Kaczmarek wird ihm von der Abgeordnetenhausfraktion als Mitarbeiter ausgeliehen. Die CDU besorgt ein Büro und einen gebrauchten Mercedes mit Fahrer. Der Weg an die Spitze der Stadt verlief nicht geradlinig. Der neue Spitzenmann verbesserte am 18. März 1979 zwar Lorenz' Ergebnis von 1975 um einen halben Prozentpunkt auf 44,4 Prozent, aber Stobbe regierte mit der FDP mit neun Sitzen Vorsprung komfortabel weiter. Zu seinen Motiven schreibt von Weizsäcker, nicht „nur der Verstand, sondern vor allem das Herz" sei es gewesen, „das voranflog." Auch seien seine Berliner Wurzeln nie vertrocknet. Er wollte nachholen, was ihm fehlte, nämlich Regierungserfahrung: „So trat ich eine harte und zugleich prägende Lehrzeit an." Von Weizsäcker spricht von „Befreiung aus der Theorie". Er brauchte 33 turbulente Monate, die Unterschriftensammlung für einen bisher in der Stadtgeschichte noch nie betriebenen Volksentscheid für Neuwahlen und einen zweiten Wahlkampf, nunmehr gegen den von ihm geschätzten Hans-Jochen Vogel, um am Ziel im Schöneberger Rathaus anzukommen. Vogel bricht dem von CDU und parallel von der neuen Partei Alternative Liste AL, dem West-Berliner Vorläufer von Bündnis 90/Die Grünen, Sammelbecken der Alt-68er und der Hausbesetzerszene, die Spitze ab, indem er von sich aus Neuwahlen am 10. Mai 1981 ansetzt. Die Wahl findet dreieinhalb Monate nach Vogels Amtsantritt statt, und ihr Ergebnis beendet nach 139 Tagen seine Amtszeit. Die AL zieht mit 7,2 Prozent erstmals ins Parlament ein, von Weizsäcker bringt die Union auf 48 Prozent, aber er braucht die auf 5,6 Prozent abgerutschte FDP zum Regieren. Fünf ihrer sieben Abgeordneten wählten ihn mit. Von Weizsäcker wehrt sich gegen den Begriff *Minderheitsregierung* mit dem Argument, er und seine Senatoren seien doch mit absoluter Mehrheit gewählt worden. Das stimmt, aber es ist eine im deutschen Parlamentarismus bis dahin einzigartige Konstellation, die der Gesellschaftswissenschaftler Sven Thomas 2005 in seiner Studie über *Richard von Weizsäcker und die Berliner CDU-Regierung (1981–1983)* als *informelle* Koalition bezeichnet. Ihm gegenüber gab FDP-Fraktionschef Horst Vetter 2003 preis, dass jede Senatsvorlage vertraulich über seinen Schreibtisch ging und er so Einfluss üben konnte. Vetter hatte 1966 mit dem Berliner Glückwunschkarten-Vertrieb einen Großhandel und später Papierwarenläden eröffnet. Mit dem Regierungseintritt seiner Partei wurde er 1986 Senator für Stadtentwicklung und Umweltschutz und bekam im Alter die Würde eines Stadtältesten von Berlin. Jürgen Engert beschreibt die entscheidende Rolle der Persönlichkeit von Weizsäckers, um die angeblich unregierbare Stadt auf diese Weise zu regieren, am 2. Oktober 1981 in *Rheinischer Merkur/Christ und Welt* so:

Weizsäcker ist das Minderheitskabinett, toleriert von fünf Dissidenten der FDP, wie auf den Leib geschneidert. Als ‚Weltkind in der Mitten' kann er sich damit Zumutungen seiner Partei erwehren und sich treu bleiben. Diese Konstellation gestattet ihm ein Höchstmaß an Selbstverwirklichung als Politiker.

In der Tat hat der neue Berliner CDU-Führungsmann einen zwischen *Betonfraktion* und *Reformgruppe* zerrissenen, ihn intellektuell kaum fordernden Landesverband vor sich. Die Partei passt sich ihm an, nicht umgekehrt, denn er ist Garant von Macht und Posten. Die

11. Juni 1981, der erste Weizsäcker-Senat (v. l.): Rupert Scholz (Justiz), Edmund Wronski (Arbeit), Ulrich Rastemborski (Bau), Hanna-Renate Laurien (Schule), der Regierende steht vor Wilhelm Kewenig (Kultur), Heinrich Lummer (Inneres) verdeckt Volker Hassemer (Stadtentwicklung), Elmar Pieroth (Wirtschaft), Gerhard Kunz (Finanzen), Ulf Fink (Soziales) – Bundessenator Norbert Blüm fehlt.

Koalition mit der FDP wird am 15. März 1983 mit der Unterzeichnung des nur elf Seiten langen Koalitionsvertrags formalisiert, „in Form eines Beitritts", wie Kaczmarek ironisch formuliert. Die bisher rein christdemokratisch bestimmte Regierungsmannschaft rückt zusammen, damit der konservative Liberale und Anwalt aus Spandau Hermann Oxfort Senator für Justiz und der anhand seiner Sprache unverkennbar als geborener Berliner zu identifizierende Vetter Senator für Stadtentwicklung und Umweltschutz werden konnten. Von Weizsäckers Senat galt in der Presselandschaft zeitweise als bestbesetzte deutsche Landesregierung. Es war Helmut Kohls Methode in Rheinland-Pfalz gewesen, auch aus anderen Bundesländern und auch unter Parteilosen Persönlichkeiten zu rekrutieren, die dem eigenen Landesverband und damit der Person Kohl Gewicht und Ansehen verschaffen sollten. Diese Methode wandte von Weizsäcker an und bediente sich dabei aus dem Kreis um Kohl. Dazu gehörten der später als Bundessozialminister ins Bundeskabinett gewechselte Norbert Blüm als Bundessenator, als Schulsenatorin und einzige Frau Hanna-Renate Laurien, die an der FU studiert hatte und das einzige Senatsmitglied mit Regierungserfahrung war. Dafür gab es wie schon einmal in Berliner Senaten der 1950er-Jahre Professoren. Einer war der gebürtige Berliner, zunächst parteilose spätere Bundesverteidigungsminister und renommierte Grundgesetzkommentator Rupert Scholz anfangs als Justizsenator. Der andere Juraprofessor war Wilhelm Kewenig als Senator für Kulturelle Angelegenheiten, der mit von Weizsäcker in den 1970er-Jahren in der CDU-Grundsatzkommission gearbeitet hatte. Der aus der Berliner Partei kommende Volker Hassemer war der einzige Senator, dem von Weizsäcker in den Memoiren das Amt des Regierungschefs zutraute. Er war aufgrund seiner beruflichen Vergangenheit für Umwelt und Stadtentwicklung prädestiniert, musste zugunsten Vetters verzichten und wurde Kultursenator. Auf Empfehlung des Fraktionsvorsitzenden Diepgen war zur Einbindung des rechten Parteiflügels der wortgewandte Heinrich Lummer als Innensenator und Bürgermeister, also als Vertreter des Regierenden, in den Senat gekommen. Angesichts der Hausbesetzerproblematik zwischen den politischen Mühlsteinen zerrieben wurde von Weizsäckers erster Senator für Bau- und Wohnungswesen Ulrich Rastemborski. Der gebürtige Berliner hatte sich aufgerieben in der Bewältigung der Hausbesetzerkrise gemäß Vogels *Berliner Linie*. Der robuste Lummer griff mit Härte und sofortigen Räumungen bei Neubesetzungen durch, während der dünnhäutige Rastemborski für die durch Verträge zu legalisierenden *Instandbesetzungen* und für die Sanierungen zuständig war. Am 22. August 1983 erschien er nicht zu einem Termin, der 43-Jährige meldete sich stattdessen per Brief ohne ein erklärendes Wort von Amt und Mandat ab, und die Zeitung *B.Z.* fragte: „Wo ist der Senator?"

Richard von Weizsäcker rechnet seinem Amtsvorgänger und Rivalen im Wahlkampf Vogel in seinen Erinnerungen vor, es habe bei dessen Amtsantritt rund 30 besetzte Häuser gegeben, bei seinem Rücktritt aber 169. Zu diesem Thema setzt sich der Jurist von Weizsäcker noch im Nachhinein angesichts des verlorenen Rechtsfriedens in West-Berlin intensiv mit der damit verbundenen Problematik von Legalität und Legitimität auseinander. Nach dem Unfalltod des für die Hausbesetzer demonstrierenden Klaus-Jürgen Rattay am 22. September 1981 rief von Weizsäcker in Zusammenarbeit mit dem mit ihm befreundeten Landesbischof Martin Kruse einen Runden Tisch zur Befriedung der angespannten Lage zusammen. Zweifellos waren bereits die von von Weizsäcker geschilderten Szenen während des Wahlkampfs ein wesentlicher Grund für seinen Wahlerfolg:

Am Palmsonntag 1981 kam das Faß zum Überlaufen. Während Vogel dienstlich außerhalb Berlins sein mußte, gab es wüste Zerstörungen und Gewalttaten; von einer größeren Anzahl von Schlägern wurden in einer ganzen Meile der Westberliner [sic] *Prachtstraße, des Kurfürstendamms, Scheiben und Ladeneinrichtungen zertrümmert. Die Bilder solcher Gewalt beherrschten nun die Stimmung, die sich bis zum vier Wochen späteren Wahltag nicht mehr wesentlich änderte.*

Anders als erwartet kniet sich der angeblich bloß präsidiale Bonner Importpolitiker in die Details der Landespolitik. Als Amtsinhaber bezieht von Weizsäcker mit seiner Frau Marianne die Dienstwohnung des Regierenden in der Taubertstraße 19 in Grunewald; das Villengrundstück grenzt rückwärtig an das Areal des Senatsgästehauses in der Menzelstraße, ein Ort vielerlei auch vertraulicher Treffen, zum Beispiel mit Vertretern Ost-Berlins. Frau von Weizsäcker hatte beim ersten Besuch im Rathaus gebeten, ihrem Mann Regenerationsphasen in den Terminkalender zu schreiben. Von Weizsäcker pflegt mittags eine Schlafpause einzulegen. Er hat morgens schon die wichtigsten Zeitungen gelesen, schreibt wichtige Reden selbst, obwohl er mit dem aus dem Hannoverschen stammenden Friedbert Pflüger, der ihn ins Bundespräsidialamt begleiten wird und später in Berlin scheiternder CDU-Fraktionsvorsitzender wird, und dem Bonner Thomas de Maizière, unter Bundeskanzlerin

Angela Merkel Kanzleramtschef und Bundesinnenminister, zwei gescheite junge Redenschreiber hatte. Zu den drängenden Themen zählte die im Bundesvergleich überdurchschnittlich hohe Arbeitslosenzahl, Folge der andauernden Rezession in der Stadt. Der zweitgrößte private Arbeitgeber, die AEG, war vom Konkurs bedroht, rund 10 000 Arbeitsplätze standen auf dem Spiel. Der gelernte Manager von Weizsäcker stellte sich auf einer Betriebsversammlung der Belegschaft, ohne dass einer vom Vorstand sich das getraute. Zur Haushaltssanierung musste gespart werden, West-Berliner Absurditäten wie ermäßigte BVG-Schülerkarten wurden Studenten jenseits des 18. Semesters gestrichen. Sozialsenator Ulf Fink fand angesichts der Zahl von 150 000 Sozialhilfeempfängern eine bisher präzedenzlose frühe Form von Bundeskanzler Gerhard Schröders Formel vom *Fordern und Fördern*, die Arbeitsangebote und bei deren Nichtannahme Einkommenskürzungen einschloss. Neu war die Verbindung von Stadtplanung und dem Schutz von Natur und Umwelt. Wichtig war die Integration von Ausländern, vor allem der großen Gruppe der

Tabubruch in mehrfacher Hinsicht: der Regierende Bürgermeister Richard von Weizsäcker am 15. September 1983 zu Gast beim DDR-Staatsratsvorsitzenden Erich Honecker in Schloss Niederschönhausen.

Türken in der Stadt. Vorbildlich für das Bundesgebiet wurde die Einführung des Amtes des Ausländerbeauftragten, das von Weizsäcker 1981 mit der engagierten Berlinerin Barbara John besetzte, die das Amt bis 2003 innehatte. Von Weizsäcker setzte sich mit dem Asylwesen sowie dem *Schlepperunwesen* auseinander und votierte für die Reform des Staatsangehörigkeitsrechts und für die Ermöglichung doppelter Staatsangehörigkeit.

„Herzstück meiner Aufgaben als Berliner Regierender Bürgermeister", so von Weizsäcker, sei jedoch die Deutschland- und Ostpolitik gewesen. Seltsam lapidar klingt der Tenor seiner Darstellung des Besuchs bei SED-Generalsekretär Erich Honecker in Schloss Niederschönhausen in jenem Pankow, dessen Name zur Chiffre des Regimes im Westen geworden war. „Das hatte es bisher noch nie gegeben", lesen wir. Abgestimmt sei der Besuch gewesen mit Kanzler Kohl und mit dem amerikanischen Gesandten in Berlin als Repräsentant der drei Schutzmächte. „Es war meine erste Begegnung mit Honecker", lesen wir außerdem. Bescheiden seien die erzielten Erfolge in Reise- und Besuchsangelegenheiten gewesen. Welche Eigenschaften Honecker für die Einnahme der Rolle eines Staatschefs qualifiziert hätten, habe er nicht erraten können: „Er wirkte unpolemisch und nicht unliebenswürdig, aber unverbindlich und alles andere als kurzweilig. Elektrische Funken gingen nicht von ihm aus." Der vom Besuch ausgelöste Wirbel sei bald abgeflaut. Lesen wir bei Kaczmarek nach, erfahren wir, dass der nicht einbezogene Fraktionsvorsitzende Diepgen verärgert war, dass die Fraktion düpiert gewesen sei, die sich am Besuchstag auf Klausur in Baden-Württemberg befand, dass der Chef der Senatskanzlei als Begleiter einen Urlaub habe erfinden müssen, um seine Abwesenheit von der turnusmäßigen Jahreskonferenz der Chefs der Staats- und Senatskanzleien in Kiel zu begründen. Eingefädelt worden war die Visite durch den in Sachen Häftlingsfreikauf bekannten Ost-Berliner Anwalt und Honecker-Vertrauten Wolfgang Vogel. Von Weizsäcker erklärte im Nachhinein zu den als problematisch erachteten Statusfragen, einseitig, also durch seinen Besuch und als Regierender, lasse sich der Status doch wohl nicht verändern, selbst wenn der Osten Vorteile daraus schlage. So geschah es schon mit dem Foto Honeckers und von Weizsäckers und mit dem Vierspalter auf Seite eins des SED-Zentralorgans *Neues Deutschland* vom 15. September 1983. Kaczmarek beschreibt die Ausgangslage so: „Bisher galt ein Treffen mit DDR-Größen in Ost-Berlin, da dies entgegen dem Viermächte-Status widerrechtlich zur DDR-Hauptstadt erklärt worden war, als Tabu." Von Weizsäcker hat jedenfalls mit diesem Tabubruch der DDR Anerkennung verschafft, aber zugleich war ein solcher Kontakt seither eine, wenn auch schwierige, Selbstverständlichkeit, auch für den zunächst verärgerten Amtsnachfolger Eberhard Diepgen, den geborenen Pankower und Juristen.

Von Weizsäcker trat am 9. Februar 1984 zurück, wurde am 23. Mai, dem Verfassungstag, zum Staatsoberhaupt gewählt und trat sein Amt als sechster Bundespräsident am 1. Juli 1984 an. Vorausgegangen war der überraschende Verzicht des kränklichen Amtsinhabers Karl Carstens auf eine zweite Amtszeit, eine aufbrandende und diffuse Diskussion um den Namen von Weizsäcker, ein in Berlin ergangenes Machtwort von CSU-Chef Franz-Josef Strauß zugunsten des Regierenden Bürgermeisters und dadurch veranlasst das entscheidende Gespräch mit Helmut Kohl. Doch selbst wenn es ums höchste Amt des Staates ging, so war von Weizsäcker klar, dass er mit einem Rücktritt vom Amt des Regierenden Bürgermeisters viele Berliner enttäuschen würde. Aber er zieht in den Erinnerungen eine positive Bilanz seiner 33 Monate im Schöneberger Rathaus:

Die Lage in meinem Berliner Verantwortungsbereich war einigermaßen geordnet. Das Wichtigste war gelungen, nämlich die Stimmung in der Stadt aus ihrem Tief zu befreien. Entscheidend blieb es, die Erfahrungen und die zukünftigen Aufgaben Berlins im größeren Rahmen der Deutschland- und Ostpolitik bundesweit zur Sprache und Geltung zu bringen.

Den Auszug aus von Weizsäckers Antrittsrede als Bundespräsident im Deutschen Bundestag in Bonn hat der Senat in seiner umfangreichen Programmschrift für die noch von Stobbe angeregte 750-Jahr-Feier der Stadt von 1987 anstelle eines Vorworts an den Anfang gestellt. Der zitierte Auszug beginnt mit einem Satz, der in der damaligen Zeit in der am Rhein gelegenen Bundeshauptstadt ausgesprochen, als Bekenntnis zur dort als weit entfernt empfundenen deutschen Nenn-Hauptstadt eine ganz besondere Wirkung entfalten musste: „Ich komme aus Berlin in mein neues Amt." Der Nachfolger im Amt des Regierenden Bürgermeisters Eberhard Diepgen schreibt in seinen Erinnerungen, die 2004 unter dem Titel *Zwischen den Mächten* erschienen, über seine Gefühlslage angesichts des Weggangs von Weizsäckers: „Sorgen machte mir die Seelenlage der Berlinerinnen und Berliner. Richard von Weizsäcker hatte durch seine Amtsführung der Stadt ein neues Selbstbewusstsein gegeben. Konnte ich da anknüpfen?" Diepgen hält fest, sein Vorgänger habe ihm einen aufgeräumten Schreibtisch übergeben. Zur Regierungsmannschaft schreibt Diepgen: „Der ‚neue' Senat war der alte." Als Nachfolger war er zunächst Fortsetzer. Bedeutsam war Diepgens neuer Senatssprecher. Der in Karlshorst als Sohn des Zentrumspolitikers Johannes Fest aufgewachsene Jurist Winfried Fest, seit 1951 CDU-Mitglied, war ein hochgebildeter, kulturbeflissener Bildungsbürger. Er hatte seit Ernst Reuter für die Regierenden Bürgermeister gearbeitet, war beschlagen in der Pressearbeit und im Redenschreiben. Ihn hatte Diepgen dem damaligen Kultursenator Volker Hassemer abgeworben, in dessen Haus Fest seit 1981 Senatsdirektor gewesen war. Obwohl Fest bis 1989 als Staatssekretär in der Senatskanzlei eher im Hintergrund wirkte, war er eine zentrale kulturpolitische Figur West-Berlins. Diepgen: „Seine intime Kenntnis der Kulturszene hat ihn und in Folge davon auch mich über viele Jahre immer wieder in eine Moderatorenrolle bei Diskussionen um die Entwicklung der streitbaren Berliner Kultur‚landschaft' geführt." Der Bruder des Herausgebers der *Frankfurter Allgemeinen Zeitung* und Hitler-Biografen Joachim C. Fest war in seiner Beraterrolle zugleich Stütze für Diepgen beim Hineinwachsen ins Amt. Wie sehr Fest auch auf internationalem Parkett brillierte, schildert Diepgen anhand seines Besuchs 1987 beim damaligen französischen Präsidenten François Mitterrand. Dieser Homme de Lettres sprach mit Diepgen über Theodor Fontane. Diepgen kannte nur einzelne Bücher Fontanes. Fest war Fontane-Kenner.

Der Berliner in Bonn: Richard von Weizsäcker am 1. Juli im Deutschen Bundestag bei seiner Vereidigung als Bundespräsident, r. (mit Brille) Bundestagspräsident Rainer Barzel.

Wolfgang Neuss – Letztes Aufleben des großen Berliner *Absurdisten*

Die deutsche Frage ist offen.
Allerdings gilt das Ladenschlußgesetz.

WOLFGANG NEUSS,
TUNIX IST BESSER ALS ARBEITSLOS – SPRÜCHE EINES ÜBERLEBENDEN,
1985

Gilt als Berliner Original: der Kabarettist Wolfgang Neuss in seiner Rolle als *Der Mann mit der Pauke.*

TALK-SHOWS HATTEN SICH SEIT DEN 1970ER-JAHREN im deutschen Fernsehen etabliert. Zu einem der Highlights des Genres gehört die Sendung vom 5. Dezember 1983 in der vom SFB im Kurfürstendamm-Café *Kranzler* für die Dritten Programme der Sender der ARD-Nordkette produzierten Talk-Show *Leute*. Gastgeber ist der Fernsehautor Wolfgang Menge. Er trägt hellbraunen Anzug, Schlips, Brille und ist Schöpfer der TV-Figur *„Ekel" Alfred Tetzlaff* in der seit 1973 ausgestrahlten Serie *Ein Herz und eine Seele*. Neben Menge moderiert die Journalistin und Produzentin Gisela Marx. Ihr blondes Haar ist auftoupiert, sie trägt eine gelbe Bluse mit weiten Ärmeln und saugt mit Selbstverständlichkeit vor laufender Kamera an ihrer Zigarette. Geraucht wird im ganzen Raum. Man sitzt dicht gedrängt, Getränke stehen auf den Tischchen. Tischlampen mit gelben Schirmchen und Kerzen erhellen das Halbdunkel. Zu Gast waren der Berliner Kabarettist Wolfgang Neuss, Hemd in braun-beigem Karo, in die Hose gestopft, und der Kandidat fürs Bundespräsidentenamt Richard von Weizsäcker in gedecktem Anzug, Krawatte. Beide machten die Sendung einzigartig. Von Weizsäcker war nicht der erste Regierende oder Spitzenpolitiker, dem Neuss begegnete. Der Gast, Neuss-Freund von früher und Ex-Berliner Wolf Biermann war wie die übrigen Talkgäste unauffällig. Neuss war als Erster an der Reihe und hatte das Gespräch wesentlich allein bestritten. Menge fungierte gerade noch als Stichwortgeber. Der zwei Tage zuvor 60 Jahre alt gewordene Gast hat auch den mit seinen Reaktionen immer wieder ins Bild geschnittenen letzten Gesprächspartner des Abends, den Regierenden Bürgermeister, zum Lachen gebracht. Er saß im Publikum und wartete auf seinen Auftritt. Neuss setzt die Pointe, dass er deswegen den Deutschen Kleinkunstpreis 1983 angenommen habe, „damit er endlich mal was wert ist." Die 5000 DM konnte er brauchen, aber er spendete sie. Hanns Dieter Hüsch, der große Kabarettkollege vom Niederrhein, in der Laudatio über den Kollegen: „Für mich ist der Wolfgang ein radikales Kind, einerseits berlinisch-dionysisch, andererseits von wohlgeordneter Heimatlosigkeit, der sich mit seinen exakten Paukenschlägen wohl auch immer ein kleines Stückchen Zuhause abstecken wollte, wenn auch nur auf der Bühne [...]." Volker Kühn, Freund von Neuss und fundierter Kabarettkenner, hat 1997 unter dem Titel *Der totale Neuss* auf 956 Seiten dessen *Gesammelte Werke* herausgegeben und dokumentiert den Verlauf der Sendung. Schon während seines Soloauftritts hatte Neuss von Weizsäcker aufs Korn genommen:

Neuss: [...] *Richard von Weizsäcker hat mir schon mal 'n Preis weggeschnappt. Beziehungsweise er hat einen für mich entgegengenommen. Bevor ich ihn lobe, will ich erstmal das sagen, ja?* (Gelächter) *Ja, ja, ich bin auch ganz erbost. Der geniert sich nicht, der Regierende Richie, der fährt nach Solingen und nimmt dort 'n Preis entgegen, der heißt „Die Scharfe Klinge" – passt doch gar nicht! König Silberzunge und die „scharfe Klinge"* (Gelächter, Beifall) [...].

Neuss: [...] *Nur noch 'n Telegramm, weil das 'n guter Text ist: „Sie dürfen Ich zum Haschisch sagen!" Ist 'n Telegramm vom Regierenden Bürgermeister: „Im übrigen sind wir uns einig: Auf deutschem Boden darf nie wieder ein Joint ausgehen!"* (Gelächter) [...].

Marx hatte den letzten Talk der Sendung mit dem Regierenden mit der Frage nach dessen *Lust* eröffnet, Bundespräsident zu werden, gefragt, ob er seinen Bruder Carl Friedrich zum Berater machen würde. Neuss interveniert. Von seinem nahen Sitzplatz im vollbesetzten Café kommt er mit den Worten „Darf ich mal 'n bißchen nähertreten?" zu von Weizsäcker, Marx und Menge an die zusammengerückten beiden runden Tischchen vor dem Fenster mit dem Blick auf den nächtlichen Boulevard. Zwei ausgewählte Invektiven des Mannes mit den wenigen Zähnen und den dünnen, hinter die Ohren gestrichenen schulterlangen Haaren, die ihn nach eigener Aussage „wie eine alte Indianerfrau" aussehen lassen:

Neuss: (ruft) *Mach mal mein Mikro an, da muss ich was sagen! Richie! Da würd ich doch empfehlen, den Bruder mal öffentlich zu umarmen. Warum? Das ist doch der eigentliche Intellektuelle in der Familie. Das wissen wir doch.* [...]

Neuss: *Na, machen wir's kurz: Ihr Bruder war am Max-Planck-Institut und weiß einfach mehr: Und sagt einfach nicht alles! Der denkt immer: „Was macht der Richard!? Ich weiß doch einfach mehr!* (Gelächter) *Und Richard hört nicht auf mich."* [...]

Skurril wirkt der desorientierte Ablauf. Neuss zieht seine Show ab. Von Weizsäcker spricht ernsthaft, präsidial, konzentriert. Er versucht, seinem Gedankengang zu folgen, geht auf Neuss ein. Es scheint, als gingen zwei parallele Geschehnisse vor sich. Neben dem sachlichen Interview, in dem keiner der Moderatoren mehr nennenswert vorkommt, erlebt der Zuschauer eine gekonnte Conférence. Neuss erntet Gelächter, Freude, Sympathie des Publikums, trifft mit seinen Gags, verletzt dabei nicht, ist im Ton freundlich, konziliant. Von Weizsäcker wahrt die Contenance, bleibt ruhig, greift den Co-Redner keineswegs an, setzt ihn nicht herab oder verbittet sich die Einlagen, bis auf ein einziges Mal, wo er zur Freude der Zuhörer ins Berlinern verfällt. Der Intellektuelle, der er nicht sei, zeichne sich dadurch aus, dass er gerade nicht das politische Amt übernehme und damit politische Verantwortung, argumentiert von Weizsäcker. Neuss hatte vehement auf den Schriftsteller und SPD-Wahlkämpfer Günter Grass als Ausnahme hingewiesen:

Weizsäcker: (haut mit der Faust auf den Tisch) *Nu hör doch mal uff, Mensch, hier!* (Gelächter, Beifall, Gejohle) *Der Günter Grass, der in seinem Feld ganz zweifellos ein bedeutender Mann ist, übernimmt kein politisches Mandat. Und kein politisches Amt ...*

Als Alt-Bundespräsident räumt von Weizsäcker in Rüdiger Daniels Film *Wolfgang Neuss – Ein Selbstporträt* von 2009 ein: „Jemand wie ihm bin ich natürlich nie begegnet, früher nicht, später übrigens auch nicht." Welten waren da im Dezember 1983 aufeinandergestoßen, engagiert, aber friedlich, wenn auch mit erhobenen Stimmen, doch respektvoll. Weizsäcker über den Kabarettisten: „Er war doch in seinen Empfindungen und in seinen Gedanken immer er selbst. Und zu dem bekannte er sich, die [Empfindungen und Gedanken] zeigte er durch seine Lebensweise, und aus ihnen machte er keinen Hehl in einem Gespräch." Woher kam Hans-Wolfgang Otto Neuß, der sich ab 1948 *Neuss* buchstabierte und den seine Schwester und die, die ihn von früher kannten, *Hansi* riefen, und wie kam er nach Berlin? Antworten gibt Neuss selber. Er spricht 1973 über vier Monate rund 400 Stunden auf Tonband. Sein Partner ist der Chilene Gaston Salvatore. Er war während der Studentenrevolte von 1968 Vertrauter des Anführers der *Revolte* in Berlin, Rudi Dutschke. Der angeheiratete Neffe des 1973 gestürzten chilenischen Präsidenten Salvador Allende war in seinem Heimatland Anwalt und Agrarökonom, bevor er mit einem Postgraduierten-Stipendium an die FU kam. Später schrieb er literarische Texte, Theaterstücke und Prosa. Er verfasste aus dem Neuss-Material eine *nonfiction novel*. Die Biografie *Wolfgang Neuss. Ein faltenreiches Kind* erscheint zuerst 1974. Salvatore erzählt Fakten mit Mitteln der Fiktion. Neuss' einzigartige Sprache spricht aus diesem Buch. So hat er sich gesehen; ob es bis ins Detail so war, ist eine andere Frage. Das Buch erscheint Mitte der 1970er-Jahre zu einer Zeit, als Neuss kaum mehr präsent war. „Der sich hier erinnert", schreibt der

Sein letztes Aufleben: Wolfgang Neuss (l.) am 5. Dezember 1983 bei seinem legendären Talkshow-Auftritt im Café Kranzler mit dem Regierenden Richard von Weizsäcker.

Biograf im Vorwort, „ein vergessener Mann, vergißt seine Erinnerungen, indem er sie erzählt. Es ist ein Buch ohne Sehnsucht.“ So war der Talkshow-Auftritt von 1983 nach dem 60. Geburtstag, den ihm seine Freunde vom 1972 als *Kommune* entstandenen alternativen Kulturprojekt *UFA-Fabrik* in der Viktoriastraße in Tempelhof ausgerichtet hatten, eine Wiederkehr in die Öffentlichkeit. Neuss war Anfang der 1980er-Jahre der neuen Generation unbekannt. Der unansehnliche Mann, der sich als *Drogenwrack* bezeichnete, lebte in diesem Jahrzehnt noch einmal auf, kam aus seiner selbstgewählten Versenkung. Es war lange her, dass er seine große Zeit gehabt hatte, dass er wohlhabend und erfolgreich war. Salvatore nennt ihn „diesen Großen Kleinen Mann, den vollkommensten Kabarettisten überhaupt.“ Der Überschwang hat seine Berechtigung, auch angesichts des verarmten, verkommenen Talkshowgastes vom Dezember 1983. Seine Biografie ist die eines großen Berliner Künstlers.

Breslauer war Neuss. Geboren am 3. Dezember 1923. Aufgewachsen ist er ab dem fünften Lebensjahr in der Kneipe der Großeltern in der Frankfurter Straße, die einen Kanal in der Mitte hatte und 30 Kilometer von der polnischen Grenze entfernt lag. Der versoffene Vater war der Rheinländer, *Richthofen*-Flieger und Leutnant Otto Neuß. Die Mutter hieß Elisabeth Gebauer. „Meine Mutter war immer allein, weil mein Vater immer unterwegs war.“ Die 1919 geschlossene Ehe wurde 1933 geschieden. Die Mutter hatte dem Sohn nicht viel zu sagen, erschien ihm wie eine größere Schwester. Seine Welt war die Kneipe voller Fremder. Stammgäste waren polnische Pferdehändler, die Familie war protestantisch im katholischen Schlesien, polnische Juden waren da, die ersten SA-Leute, am stärksten waren die Kommunisten: „Irgendwie waren die KP-Mitglieder schon für mich keine Deutschen, sondern Slawen, ja Russen sogar.“ Kindliche Spiegelung der Zeitstimmung einer verschwundenen, fast schon zu Osteuropa gehörenden deutschen Kulturwelt, überzogen von der Atmosphäre der nationalsozialistischen Diktatur. Fußball ist seit der Kindheit seine Begeisterung. Er wird in Berlin mit Leidenschaft in Prominentenmannschaften spielen, mit dem Kabarettisten Sammy Drechsel, mit Dutschke. Schularbeiten machten ihm die Gäste in der Kneipe, wo abends meistens Messerstecherei war. Mit zehn sitzt er in einem Café in der Innenstadt. Neuss: „Die Innenstadt von Breslau war wie Berlin.“ Da spielt ein Kapellmeister mit 25 Musikern: „Es war mein erster Kontakt mit dem Schaugeschäft.“ In der Pause geht er ans Schlagzeug, spielte leise darauf. Schlagzeug setzt er später in der Conférence ein, dazu gehört die Trommel, die er nach dem Zweiten Weltkrieg als Star in Berlin benutzt und die ihn zum berühmten *Mann mit der*

Pauke macht. Kurzsichtig ist er schon als Junge, will lange Zeit keine Brille tragen. Er hat den geschenkten Pulli der sozialistischen Jugend mit den drei Pfeilen des demokratischen *Reichsbanners* an, geht später aber zum nationalsozialistischen Jungvolk und zur Hitlerjugend, weil nur die mit Ausweis noch Fußball spielen durften. Wieder die Trommel. Beim Jungvolk will er zur Musik, verlangte sie für sich. Der Vater sagt: „Wenn mal was ist, [...] komm zu mir. Ich bin in Berlin." Der Sohn: „Ich habe meinen Vater nie wieder gesehen." Nach der Schule wird er Landwirtschaftsgehilfe bei Onkel Joseph. Es ist eine schwüle, sexuell aufgeladene Stimmung, die in der Schilderung der Pubertätszeit schwingt. Stuten erregen den Jungen, die sexuellen Kontakte mit polnischen Mädchen, der erste Tripper. Die Ebene des Obszönen bleibt präsent, im Leben, in seinen Texten. Die Hausschlachtungen, das Abschaben der Schweineborsten ebnen den Weg zur Schlachterausbildung in Breslau. Drittes Reich: „Weder in der Kneipe noch auf dem Schlachthof habe ich etwas vom Faschismus gespürt. Ich habe dort niemals ein Hakenkreuz gesehen. Immer nur Blut, Tiere und Besoffene." Er macht Wurst, verkauft, die Mutter ist Stenotypistin in der Kohlegrube, hat Männer, „immer feine Herren", einer ist Schauspieler. Seit der Junge im Zirkus in Breslau gewesen war und die Rivel-Clowns gesehen hatte, steht fest: „Von diesem Moment an wollte ich unbedingt Clown werden." Er will zu seinem Vater. Clown werden kann er nur in Berlin. Er klaut 15,75 Mark aus der Kasse und fährt mit der Bahn in die Reichshauptstadt. Das war 1938. Er nimmt die S-Bahn zum *Zirkus Krone* nach Oberschöneweide, aber der Portier will ihn zum Pferdestall schicken, wo sie einen Burschen brauchten. Das kannte er schon vom Lande und dreht enttäuscht um. Er war am Bahnhof Friedrichstraße angekommen, kehrt dorthin zurück. Sein Geld ist alle, ein wohlgekleideter Mann wedelt mit fünf Reichsmark herum, er landet, ohne davon zu wissen, dass es das gibt, als Stricher in dessen Bett, kommt schließlich im fünften Stock der Verwahranstalt am Alexanderplatz eben unter die Stricher aus den Vierteln um die Bahnhöfe im Herzen der Reichshauptstadt. Die Mutter lässt ihn da, bis sie Zeit hat, ihn abzuholen. Berlin hatte ihn gleich an Breslau erinnert: „Ich sah sofort, daß ich zu Hause war. Nur war hier alles größer." 1939 lebten in Breslau rund 630 000 Menschen.

Neuss sah sie als Junge im Zirkus in Breslau, sie wurden seine Idole: die Rivel-Clowns aus Spanien bei einem Auftritt 1932, in der Mitte der berühmte Charlie Rivel.

Volker Kühne führt die Stationen in Stichworten auf, von denen die Biografie wortreich erzählt. Granatendrehen in Breslau, dann Straßenbau beim Reichsarbeitsdienst. 1940, er ist drei Jahre jünger als von Weizsäcker, erhält er die Einberufung zur Wehrmacht, zuerst wird er wegen der Augen abgelehnt. Dann kommt er doch als MG-Schütze an die Ostfront, kommt bis Kyiv und Charkiw, wird

Zwei Breslauer in Berlin: Ingeborg Wellmann und Wolfgang Neuss bei einem Gastspiel der Truppe der *Bonbonniere* aus Hamburg.

mehrfach verwundet, bekommt zweimal das Eiserne Kreuz, er wird, wie Adolf Hitler, als Melder eingesetzt. Angeblich schießt er, der mehrfach verwundet ist, sich den Zeigefinger der linken Hand ab, um ins Lazarett zurückzukommen. Er benutzt das Wort *Wehrmachtsangst*. Der Kenner der Außerparlamentarischen Opposition Siegward Lönnendonker verweist die Geschichte im Nachwort der Neuauflage

von Salvatores Biografie von 1995 ins Reich der Legende. Die Wehrmachtszeit beschert dem damals sommersprossigen Neuss Gelegenheiten, sich als Truppenbetreuer und Frontkomiker zu erproben: „So begann meine erste Karriere.“ Nach Kriegsende im Internierungslager veranstaltet er *Bunte Abende*. Freigelassen beginnt er, mit dem *Reichs-Kabarett der Komiker*, dem *ReKadeKo*, durch Norddeutschland und später durch die Westzonen zu tingeln. Neuss hatte einen neuen Beruf: „Von da an habe ich angegeben: Kabarettist.“ Und bald wollte er den Erfolg. 1948 begegnet er wichtigen Persönlichkeiten des Kabaretts wie dem in Berlin noch in der NS-Zeit aktiven Werner Finck. Der US-Theateroffizier Walter Behr, der vor seiner Flucht aus Berlin in Fincks Kabarett *Die Katakombe* gespielt hatte, fördert den jungen Kollegen Neuss, gibt ihm Kurt Tucholsky zu lesen. Neuss: „Ich hatte noch nie ein Buch gelesen.“ Behr sagt: „Sie sind ein Absurdist.“ Hans Wolfgang Neuss nennt er sich jetzt, 1951 in Berlin streicht er den *Hans*. Schon 1949 tritt er mit seinem Lieblingspartner Wolfgang Müller auf. Im Jahr darauf braucht er für ein Solo ein Requisit und kauft für 15 Mark die Trommel, auf der er die Pointen und Pausen seines Textes schlägt, parodistisch kommentiert. Das ist die Geburt des *Mannes mit der Pauke*. Und die Pauke, das ist in Wahrheit eine Trommel. Damit hat er 1951 beim Gastspiel des Hamburger Kabaretts *Die Bonbonniere* in Berlin Erfolg, und er bleibt mit dem Ensemble dort. Damals kannte Neuss schon den legendären Berliner Kabarettisten und Gründer der *Insulaner* Günter Neumann, hatte in dessen Revue *Schwarzer Jahrmarkt* spielen sollen. Neuss stellt fest: „Berlin hat sich nicht geändert.“ Er erkannte die Stadt wieder.

In diesem West-Berlin beginnt Wolfgang Neuss’ große Zeit. Er wird zum Liebling der Frontstadt, schreibt Kühn. Er tritt vor 20 000 Menschen bei Veranstaltungen in der Waldbühne auf. Neuss: „Da wurde gebracht, was verlangt wurde: zwei Nummern Ost, eine West. Ich war so ’ne Art Doppelagent.“ Das Publikum war gemischt, kam aus beiden Hälften der geteilten Stadt. Mit dem grandiosen Kollegen Jo Herbst macht er jede Woche ein tagesaktuelles Programm beim US-Sender RIAS unter dem Titel *Schreibmaschine und Klavier*, die Kompagnie *Nürnberger Trichter*, benannt nach der Nürnberger Straße, wird gegründet, er führt Regie bei den bekannten *Stachelschweinen*. Er wird immer wieder angefragt, sogar für die Eröffnung von Schuhgeschäften. Kurt Meisel, Regisseur mit NS-Vergangenheit, fragt Neuss, ob er in einem Stück des Klassikers William Shakespeare mitspielen will. Neuss: „War ’n Dichter, wohnte nich in Berlin. Kannt’ ick nicht.“ Er las das Reclam-Heftchen. Der Kritiker Friedrich Luft lobt das Theaterdebüt: „... als ob er nie Kabarett gespielt hätte!“ Neuss

Drei Wolfgangs (v. l.): Wolfgang Müller, Neuss und der Berliner Kabarettist Wolfgang Gruner auf einem Standbild aus dem satirischen Film *Wir Keller-Kinder* von 1960.

macht alles: Radio, Film, Werbung, Schallplatten, Soloprogramme, das Mitternachtskabarett, immer mehr gemeinsam mit Wolfgang Müller, Revue in der *Komödie* am Kurfürstendamm mit Edith Hancke, Ralf Wolter und wieder Müller. 1955 der erfolgreiche Schritt zum Musical in *Kiss Me, Kate*. Neuss und Müller sind bekannt, auch im Bundesgebiet. Da fährt Neuss schon den dunkelroten Mercedes 220 A Cabriolet, ein zweitüriger Luxuswagen, von dem es nur 1278 Exemplare gab. Er wohnt vornehm in Zehlendorf, draußen im Grünen. Er isst im Ritz, wo er Brecht sitzen sieht: „Er wußte, wer ich war.“ Mitte der 1950er-Jahre engagiert sich Neuss für die SPD, macht Werbung für die Partei, für Erich Ollenhauer, den er genauso persönlich kennt wie dessen Vorgänger Kurt Schumacher und dessen Lebensgefährtin, die spätere Bundestagspräsidentin Annemarie Renger, oder Ernst Reuter. Vermittler ist der sozialdemokratische Kulturmensch Konrad Jule Hammer. SFB-Gründungsintendant Alfred Braun lässt bei einer Liveübertragung Neuss’ Paukenauftritt auf einem *Berliner Abend* für Bundestagsabgeordnete durch eine vorgetäuschte *Technische Störung* den Ton abschalten, weil er den Auftritt für parteipolitische Werbung hält. Er wird darüber stürzen. Der Regierende Bürgermeister Otto Suhr kündigt es im Parlament an und sagt über Neuss: „Er gehört zu Berlin." Auch Parlamentspräsident Willy Brandt unterstützt Neuss, der später bei ihm und dessen Pressechef Egon Bahr im Rathaus Schöneberg vorsprechen kann, als er Geld für einen Film braucht, als das vom gesamtdeutschen Minister, dem Berliner Ernst Lemmer von der CDU, nicht reicht. Neuss besorgt für die eigenen Filmprojekte auch die Finanzierung. Ende der 1950er-Jahre führt Neuss erstmals Regie im Theater, sein großer Durchbruch ist sein Auftritt im Film *Das Wirtshaus im Spessart*. Er wird reich. Neuss und Müller sind zu siamesischen Zwillingen geworden. Die Zeitung *Der Tag* schreibt: „Sie sind zu einer kinematographischen Symbiose verschmolzen, zu Deutsch: Geschäftsgemeinschaft." Neuss beginnt Stücke zu schreiben. Er inszeniert und spielt selbst. Wie seine Filme. Er und Müller sind für die angesehene *Frankfurter Allgemeine Zeitung* „Dick und Doof auf intellektueller Ebene". Neuss plant einen Film zum Umgang mit der NS-Vergangenheit. Der West-Berliner Produzent Artur Brauner will angeblich nicht. Er weiß zum eigenen Leidwesen, dass so etwas kein Geld bringt. Neuss hat Erfolg beim Diamantenmogul Hans Oppenheimer. *Wir Keller-Kinder* wird zum geflügelten Wort. Er spielt den HJ-Trommler Macke Prinz, der im Keller des Wohnhauses erst den Kommunisten vor der SA versteckt, in der Nachkriegszeit den eigenen Vater vor der Entnazifizierung. Beide Male kassiert er Prügel. Bekannte Schauspieler und teils Kabarettisten wie Achim Strietzel, Ingrid van Bergen, Helmut Käutner, wieder Wolter und Jo Herbst spielen mit. Und Wolfgang Müller wird durch den ehemaligen Finanzbeamten und Kabarettmann Wolfgang Gruner ersetzt. Neuss trifft es in die Tiefe seines Herzens, als sein Partner Wolfgang Müller im April 1960 beim Flugunterricht in der Schweiz bei der Landung aus 14 Metern abstürzt und tot ist. Neuss: „Wenn er gelandet wäre, dann hätte er den Flugschein gekriegt." Bei der Beerdigung ist er nicht gewesen. Die Kino-Branche ist unerbittlich. Der Regisseur Kurt Hoffmann schmeißt Neuss raus: „Jetzt brauche ich Sie nicht mehr."

Wir Keller-Kinder bekommt Schwierigkeiten mit den Verleihern, weil Neuss als Pionier für die Finanzierung des Films der ARD die Erstausstrahlung zugestanden hat, später gängige Praxis. Neuss organisiert deshalb selber Vorführungen quer durchs Land. Er macht Werbung für Weinbrand der Marke *Dujardin*, Zigarren, Damenstrümpfe von *Nur die*. Die Spots schreibt er selber. In einem Werbefilm geht neben einer jungen Frau, die gerade die Strümpfe anzieht, der Fernseher kaputt. Der Slogan: „Das machen nur die Strümpfe.

NUR DIE. Sonst ist das Gerät nicht kaputtzukriegen." Es gibt Ärger mit den Herstellern von TV-Geräten. Es gibt, nicht nur dieses Mal, juristische Auseinandersetzungen. 1962 macht Neuss Skandal, erneut im Fernsehen. Die Nation verfolgt gebannt die Krimireihe *Das Halstuch* von Francis Durbridge, der *Straßenfeger* sorgt für leere Kinos, Neuss' neuer Streifen *Genosse Münchhausen* bekommt es zu spüren. Er setzt mit dem Filmtitel als Unterzeichner eine Anzeige für 787,15 DM in die Berliner Tageszeitung *Der Abend*, in der steht, dass der Schauspieler Dieter Borsche den Mörder spielt und man lieber ins Kino gehen soll. Die Idee stammt angeblich vom Berliner Schauspieler Peer Schmidt. Angeblich hat Neuss den Mörder nur richtig geraten, vielleicht wusste es seine in Wilmersdorf lebende Mutter genauer, die mit Borsches Frau beim selben Masseur war. Die Konsequenz: „Am nächsten Tag war ich der Verräter der Nation." 1962 ist das Jahr von Neuss' Eheschließung. Er bekommt eine Tochter. Inzwischen fährt er einen Jaguar. Im Jahr darauf ist er in Hollywood, dreht, spielt unter dem großen Berliner Regisseur und Intendanten der Freien Volksbühne Berlin, Erwin Piscator, Theater, und zwar in der Uraufführung von Rolf Hochhuths Skandalstück über Papst Pius XII. *Der Stellvertreter* im Volksbühnen-Domizil im *Theater am Kurfürstendamm*.

Unpolitisch ist Neuss' Kabarett nie gewesen. Natürlich trägt er zeittypisch angepasst Schlips und Kragen, Anzug. So nimmt er noch 1964 den *Berliner Kunstpreis* entgegen. Auch die *Gruppe 47*, mit der Neuss in Kontakt kommt, hält sich wie zum Beispiel Günter Grass nach wie vor an den bürgerlichen Kleiderkomment. Die 1960er-Jahre bringen in Neuss' Leben eine zunehmende Politisierung, Linksorientierung, Positionierung. Sein wöchentlicher SFB-Kommentar *Das Thema* wird nach Protesten der CDU gestrichen. Im Dezember bringt er das SED-kritische und gegen das Parteiorgan *Neues Deutschland* gerichtete Parodie-Projekt der Zeitschrift *Neuss Deutschland* heraus. Der Untertitel lautet *Organ des Zentralkomiker-Teams der Satirischen Einheitspartei Deutschlands*. Brechts Freundin Elisabeth Hauptmann hält es hoch, hatte es über die Grenze geschmuggelt, als er nur vor dem *Berliner Ensemble*, nicht öffentlich, auf Einladung von Prinzipalin Helene Weigel in der Theaterkantine auftritt. Sie schickte ihm einen Passierschein für viermal Einreise nach Ost-Berlin im Januar 1965. Mit dem Zweitwagen, seinem Citroën 2 CV, der *Ente*, fährt er rüber. Er habe noch nie im „verfeindeten Ausland" gespielt, leitet er am 18. Januar ein: „Zuerst woll'n wir mal üben: Immer, wenn ich drüben sage, meine ich hier, und immer, wenn ich hier sage, meine ich drüben." Es beginnt die Freundschaft mit Wolf Biermann, mit dem er bald im Westen einige Male gemeinsam auftritt. Aber es gibt

Spannungen. Biermann sagt Neuss: „Ich bin ein Poet, du bist 'n Witzemacher, aber ich möchte durch dich berühmt werden." Zunächst aber protestiert Neuss gegen das Auftrittsverbot für Biermann in Ost-Berlin und der DDR, indem er seine Mitarbeit bei einem Projekt mit der DDR-Filmgesellschaft DEFA absagt, zu dem ihn der Regisseur Konrad Wolf eingeladen hatte. Die DDR verbietet Neuss wegen Biermann die Einreise. Als 1965 West-Berliner Zeitungen die Berliner zu Spenden für den amerikanischen Krieg in Vietnam auffordern, um Medikamente und Porzellan-Freiheitsglocken für Witwen von GIs zu kaufen, protestiert Neuss in seiner Satirezeitung, die Verleger belegen ihn mit einem Anzeigenboykott in ihren Blättern. Neuss führte eine Protestveranstaltung durch, sammelt Geld für die juristische Auseinandersetzung. 1965 ist auch das Jahr, in dem seine Mutter stirbt. Neuss ist auf der Straße, demonstriert gegen den Vietnamkrieg. Zei-

Wolf und Wolfgang: Der West-Berliner Neuss war mit dem Ost-Berliner Biermann (r.) befreundet, beide traten hier 1965 gemeinsam auf.

tungen drucken Fotos des Verfassungsschutzes, er ist mit schwarzem Pfeil markiert. Die Blätter boykottieren ihn. 1968 beteiligt er sich an der Anti-Springer-Kampagne der APO. Indirekt sorgt er dafür, dass die Theatertruppe um Peter Stein nach West-Berlin an die *Schaubühne* kommt. Neuss tritt in Steins Münchner Inszenierung von Peter Weiss' *Viet Nam Diskurs* auf, darf eigenen Text sprechen. Neuss ruft zu Spenden für Waffen für den Vietcong auf. Das ist der Anlass, dass die Kammerspiele Peter Stein feuern. Die Truppe gelangt über Zürich nach West-Berlin. 1969 wiederholt Neuss Auftritt und Aufruf in der Inszenierung am *Halleschen Ufer*. Die Inszenierung wird nach drei Aufführungen „aus künstlerischen Gründen" abgesetzt. SDS und die *Kommune* waren Neuss geläufig. Sein Verhältnis dazu war ambivalent. Neuss fragte sich, „wie ich überhaupt besseres Kabarett auf der Bühne machen konnte, wenn die Kommune so etwas schon auf der Straße brachte." Neuss kannte Fritz Teufel, Rainer Langhans und Dieter Kunzelmann. Doch er spürte, dass er von seiner Herkunft her gesehen nicht dazugehörte: „Ich liebte die Studenten, weil ich sie nie kennengelernt hatte. Zu Hause in Breslau hatte ich nie mit Studenten Kontakt gehabt. Damals waren sie für mich zu fern." Die Studentenrevolte hatte Neuss dennoch sehr in Beschlag genommen. Er konnte sein neues Programm nur schwer zu Papier bringen: „Was auf der Straße geschah, war zu stark geworden."

1966 setzt die Krise ein. Müllers Tod und die Absagen danach haben Neuss tief getroffen. Er nimmt Tabletten, das Beruhigungsmittel Preludin, wird abhängig. 20, 30 Tabletten am Abend, so Lönnendonker. Neuss geht nach Schweden, aber nicht lange, es sei nicht wirklich Exil, wie die Presse schreibt. Und er arbeitet weiter. Lönnendonker schreibt: „Er hat gearbeitet wie ein Tier." Schon all die Jahre. Es war ein hektisches Dasein, die Überfülle von Vorhaben, Auftritten, Aktivtäten, das alles hat etwas Rauschhaftes. Aber wegen seiner eindeutigen Parteinahme für die APO werden es weniger Angebote. Am Horizont stehen schon Geldsorgen, Armut, Absturz. Lönnendonker: „Paranoid war er immer schon. Aber das steigerte sich jetzt: Die ganze Welt hatte sich gegen ihn verschworen! Er war der wichtigste Mann der Welt." Zweifel am eigenen Tun kamen dazu. Was konnte Kabarett, was konnten seine Auftritte bewirken in der Realität der Stadt, des Landes, der Welt? Neuss sagt: „Berlin war eine fremde Stadt geworden." Lönnendonker erzählt über die Phase zunehmender Misserfolge: „Danach war er einfach ein Drogenwrack, er nahm ein äußerst starkes Barbitursäure-Präparat. Den Apotheker, der ihm das besorgte, müßte man heute noch vor Gericht stellen." Neuss erzählt, dass er oft ins Bett getragen werden musste. Er macht eine Drogenkarriere.

Die Genossen aus der SPD reagieren nicht mehr auf seine Briefe. Auf der Straße wollen ihn Kollegen nicht sehen. Niemand wollte helfen: „Also sank ich weiter. Immer tiefer." Sein Gesicht sei ausdruckslos geworden: „Es war das Gesicht einer Leiche." Das Umsteigen auf Haschisch 1972 bedeutet laut Lönnendonker eine Lebensverlängerung, weil er dadurch keine Tabletten mehr nahm. 1976 bekommt er Sozialhilfe, angeblich 265 DM im Monat, plus Weihnachtsgeld. Haussuchungen, Drogenfunde, er kommt das erste Mal vor Gericht, wo er Drogenfreigabe fordert. Die Richterin verhängt acht Monate Bewährungsstrafe: „Wir möchten Sie auf der Bühne wiedersehen." Finanziell wird er abhängig von seiner Freundin Gisela Groenewold. Zusammenleben mit ihm wird unmöglich. Neuss: „Gisela trennte sich von mir. Ich bekam eine andere Wohnung." Er wohnt in der von ihrem Bruder, dem damaligen APO- und RAF-Verteidiger, später im Kulturbereich tätigen Anwalt Kurt Groenewold, gratis zur Verfügung gestellten Wohnung. Er ist einsam: „Die Freunde, die für mich bezahlen, besuchen mich kaum." Fotos und Filmaufnahmen zeigen Neuss, wie er im Schneidersitz guruhaft vor der mit Fotos und Zeitungsausschnitten beklebten Wand sitzt. Angeblich nimmt er vor Aufnahmen und Auftritten die Prothese aus dem Mund, um die Leute zu schockieren. In den letzten Jahren hat er Krebs im Unterleib.

1987 produziert er noch eine Langspielplatte. Im Dezember 1988 richtet ihm die UFA-Fabrik die Feier zum 65. Geburtstag aus. 1989 befindet das Amtsgericht Tiergarten, dass die nächste Freiheitsstrafe von einem Jahr Bewährung von 1984 aufgehoben wird: „Der Verurteilte hat sich, soweit ersichtlich, bewährt." Er stirbt am 5. Mai 1989 in seiner Wohnung. Am Haus Lohmeyerstraße 6, in der Nähe des Schlosses Charlottenburg, hängt seit dem 15. September 2022 eine Berliner Gedenktafel. Am 19. Mai wird Neuss neben seinem langjährigen Kabarett-Partner Wolfgang Müller auf dem Waldfriedhof Zehlendorf beigesetzt. Als die Ruhezeit endet, wird er in die Grabstelle des Partners umgebettet. Anfang Mai 1989, nur wenige Tage vor seinem Tod, hatte Neuss bei den Dreharbeiten für die TV-Dokumentation von Rüdiger Daniels über das Sterben gesprochen:

Das ist die Botschaft, die ich habe: Wir haben gar keine Chance, nicht zu leben. Wir leben immer. Die Botschaft ist zwar nicht tröstend, weil man ja auch ableben muß. Aber man lebt nur ab, um zu leben. Es gibt keinen Tod in dem Sinne. Es gibt keine Chance, nicht zu leben. Keine. Man lebt immer. Immer, immer, immer.

Dieter Kunzelmann – Der Kommunarde *rotiert* ins Parlament

Dieter Kunzelmann im April 1988: Nach Ende seiner Zeit als Parlamentarier 1985 arbeitete er u. a. als Archivar in der Anwaltskanzlei von Hans-Christian Ströbele.

IN WEST-BERLIN WAR ENDE DER 1970ER-JAHRE das *alternative* Milieu entstanden, dem sich der späte Neuss zugehörig fühlte. Die UFA-Fabrik, in der es einen *Wolfgang-Neuss-Salon* gibt, ist eng mit der Kult(ur)figur *Juppy* verbunden. Er war stets mit seinem flachen Torero-Hütchen als Markenzeichen unterwegs, hatte Neuss nach dem Auftritt im Kranzler begleitet und moderierte dessen Veranstaltungen in der UFA-Fabrik. Dort, einen Steinwurf entfernt vom Ullstein-Bau am Tempelhofer Hafen, wie Gerd Nowakowski am 11. November 2018 zu Juppys 70. Geburtstag im *Tagesspiegel* schrieb, hatten am 9. Juni 1979 rund 100 Menschen das brachliegende ehemalige Gelände des UFA-Filmkopierwerks besetzt. Sie nannten ihr Vorgehen „friedliche Inbetriebnahme". Hans-Josef Becher war nach den Schlägen des Direktors des katholischen Internats wegen unerlaubten Beatles-Hörens nach West-Berlin geflohen. Der Dialekt des moselländischen Trittenheim klingt noch immer, wenn er spricht. Er duzt jeden und ist überzeugt, nur Kultur ändere die Welt. Der abgekürzte Josef *Juppy*, so sein eingetragener Künstlername, ist Bestandteil des alternativen Milieus der Stadt ebenso wie die neue West-Berliner Partei *Alternative Liste Berlin* AL. Das Milieu repräsentieren auch ihre sich so ganz anders verhaltenden, anders sprechenden, anders argumentierenden Abgeordneten im Abgeordnetenhaus, zu denen der ehemalige Kommunarde und gebürtige Oberfranke Dieter Kunzelmann gehörte, ebenso wie die in West-Berlin erscheinende Zeitung *die tageszeitung*. Deren Lokalchef war einst Nowakowski. Wie so viele wechselte er später zu Blättern, bei denen er mehr als den kargen Einheitslohn von anfangs 600 und später 800 DM verdiente. Die *tazler* meldeten sich öfters arbeitslos oder gingen nebenher arbeiten, oft als Taxifahrer, um dazuzuverdienen oder das Blatt ganz von Lohnzahlungen freizuhalten. Nowakowski landete beim bürgerlichen *Tagesspiegel*. Neuss bekommt in der *taz* eine Kolumne. In Neuss' Programm in der UFA-Fabrik versprach er im Mai 1985, für die *taz* zu werben, bis die meist finanziell klamme Zeitung 100 000 Exemplare Auflage hätte. Natürlich hat Neuss auch die *taz* auf die Schippe genommen. „Was hälst du von der ‚Tageszeitung'?", fragte er als *Running Gag* in der Talkshow mit dem damaligen Regierenden Bürgermeister von Weizsäcker am 5. Dezember 1983 und gab seine Antwort:

Neuss: [...] *Das ist ja nicht nur eine linke Zeitung, das ist ja auch 'ne Art Auffangstation für irrige Ansichten von früher, die wir ja hier nun mal hatten.* (Beifall) *Und genauso der UFA-Fabrik-Zirkus. Wenn ein Senat oder eine Regierung weiß, da gibt es ehemalige Linke in unserem Land, die kommen nicht mehr zurecht mit ihrer eigenen Doktrin – denen helfen wir doch. Die Gesellschaft hilft denen doch. Weil, die haben für uns ja was geleistet, das wissen wir doch.* [...]

DIE ZEITUNG. Ehemalige Linke? Neuss übertreibt. Links ist und bleibt die *taz* ebenso wie die AL. Seit 30. April 2008 heißt das Stück Kochstraße vor dem Axel-Springer-Verlag im alten Berliner Zeitungsviertel Rudi-Dutschke-Straße. Die *taz* hat durchgesetzt, dass ihr Haus, seit 1993 Rudi-Dutschke-Haus, jetzt diese Straße als Kreuzberger Adresse hat, Hausnummer 23. Im Juni 1989 waren Verlag und Redaktion aus dem gemieteten Bau Wattstraße 11/12 im Wedding gegenüber vom AEG-Werk und nahe der Mauer, wo die Berliner Geschichte der Zeitung begonnen hatte, dorthin umgezogen, wieder in die Nähe der Mauer. Der Mauerfall treibt die Immobilienpreise hoch, macht die Zeitung mit dem Haus in Innenstadtlage kreditwürdig. Sie kauft das Nebengrundstück, baut dort neu. Links ist die Tradition der Studentenbewegung, in der die *taz* steht. Jörg Magenau, der 2007 mit dem Untertitel *Eine Zeitung als Lebensform* ihre Geschichte veröffentlicht hat, deutet ihre Entwicklung als „Verbürgerlichung". Die *taz* ist zehn Jahre nach 1968 entstanden. Obwohl 68er Pate stehen, ist sie *Projekt* einer neuen Generation. Die Hausbesetzer, die Ökologie, die Absage an den Marxismus, das sind Elemente der linken Entwicklung seit 1968. Die *taz* macht es sich schwer mit sich selbst. Am Ende ähnelt sie weit mehr den am Anfang verpönten *bürgerlichen* Zeitungen, als die Gründer gewollt hatten. Deren Doktrin ist an Realitäten, Notwendigkeiten, Zwängen gescheitert. Die *taz*-Geschichte ist eine des Ankommens in der Wirklichkeit des Mediengeschäfts, einer mühsamen Professionalisierung. Am Anfang machten Laien diese Zeitung. Wie es die *taz* auf der Seite eins der ersten Ausgabe ihres täglichen Erscheinens am 17. April 1979 unter dem fast blatthoch freigestellten Clown schreibt, der im Begriff steht, den Ziegelstein mit der Aufschrift *taz* zu werfen: „Seit Gründung der ‚BILD'-Zeitung 1952, vor mehr als 25 Jahren, hat es in dieser Republik keine überregionale, parteiunabhängige Tageszeitungsgründung mehr gegeben: Im Gegenteil, viele sind eingegangen." Die *taz* ist eine Zeitungsnovität, und zwar aus Berlin. Was die neue Tageszeitung will, beschreibt die programmatische Erklärung kurz und knapp so: „Kein Linienblatt, aber eine linke, radikale, auch satirische Zeitung – täglich!" Alle, jeder, vor allem *Betroffene*, Leser selbst sollen schreiben können, „gegen traditionellen, distanzierenden Profijournalismus". Auch um den Preis des Verzichts auf das Anstreben von Objektivität. Was die *taz* sein soll? „Eine Hoffnung, die Presselandschaft in Bewegung zu versetzen." Magenau betont ihre kollektiven Anfänge. Zeitungen haben Gründer, Verleger, Vaterfiguren. Das fehlt der *taz*. Die West-Berliner APO- und RAF-Anwälte Otto Schily, gebürtiger Bochumer, erst Grüner, dann Sozialdemokrat und sieben Jahre als *roter Sheriff* Bundesinnenminister, und vor allem der aus Halle stammende Hans-Christian Ströbele, AL-Mitgründer, der im beginnenden 21. Jahrhundert als einziger Grüner viermal seinen Bundestagswahlkreis *Friedrichshain-Kreuzberg – Prenzlauer Berg Ost* direkt gewinnt und auf seinem Rad zum West-Berliner Stadtbild gehört, sind Helfer, Unterstützer, Organisatoren. Aber Blattmacher sind sie nicht. Ströbele bezeugt, dass erste Anfänge der *taz* auf ergebnislos bleibende *Palaver* im Sommer 1976 zurückgehen. Er ist Kern einer kleinen Gruppe, die angesichts der Auskunft, sie bräuchten eine Million DM zum Start einer Tageszeitung, resigniert. Die entstehende alternative Bewegung ist zersplittert, dezentral, unstet. Überall in der Bundesrepublik gibt es irgendwelche Publikationen. In West-Berlin die Stadtmagazine *zitty* und *Tip*, seit 1967 gibt es den aus Ost-Berlin finanzierten marxistischen *Berliner Extra Dienst*, Rivalin ist das der Deutschen Kommunistischen Partei DKP nahestehende Projekt *Die Neue*. Im Oktober 1977 formulieren Ströbele und sein Anwaltskollege Max Thomas Mehr den Aufruf zur Gründung einer Tageszeitung. Schwung bekommt das Vorhaben ebenso wie die Parteiwerdung der AL auf dem *Tunix-Kongress* im Januar 1978. In der TU sind 10 000 Linksalternative zusammengekommen. Die inhaltlichen Ansätze sind gegen das Etablierte gerichtet, bei der *Bewegung* wie bei der entstehenden Zeitung. Kollektiv, Basisdemokratie, keine Hierarchie, keine individuelle Zuständigkeit, keine Qualifikationsanforderungen, keine Anweisungen, keine Chefs – vorerst. Alles soll, muss ausgehandelt werden, immer wieder. In den ersten Jahren beliefert der gutverdienende Anwalt Ströbele die Redaktion in Berlin mit frischen Schrippen, die er eigenhändig schmiert. Neutral, banal, irgendwie ironisch ist der Name *die tageszeitung*. Das Logo ist die

Tatze, die sie vergessen, sich schützen zu lassen, und die die Outdoormarke Jack Wolfskin klaut, indem sie sie eintragen lässt. Ströbele hält am 10. Dezember 1978 die Rede, die den Ausschlag gibt, dass West-Berlin Sitz der zentralen Redaktion der Zeitung der dezentralen Bewegung wird. Um 13.50 Uhr wird mit 43 : 30 gegen Frankfurt am Main entschieden. Diskutiert worden war sogar, die Zentrale alle drei Monate in eine andere Stadt *rotieren* zu lassen. Wichtig waren die Finanzen. West-Berlin bot Berlin-Hilfe und Steuervergünstigungen, die verpönte *Staatsknete*. Ein Verein ist Träger, Schily ist unterdessen Treuhänder. Der Konkursfall ist bedacht, das Firmengeflecht ist komplex, das hinter der *taz* steht. Sie wurde ein Berliner Produkt, das so nur aus dieser Stadt kommen konnte, und sie bekam ab 3. November 1980 einen Berliner Lokalteil. Johann Legner, erster Rathausreporter, erwähnte die zahlreichen an der Stadt desinteressierten Westdeutschen in der Redaktion: „Die wenigen, die Berlin toll fanden, die haben sich dann zusammengetan. So entstand der Berlin-Teil." Skurril und singulär war, dass die Berlin-Redakteure gleichzeitig für Außenpolitik zuständig waren. Der Berlin-Teil war das erste Ressort der *taz*, in dem der klassischen journalistischen Regel gemäß Nachricht und Kommentar getrennt waren. In der Wattstraße lagen die Redaktionsräume an einem 50 Meter langen sterilen Flur mit kaltem Neonlicht. Wie in der Wohngemeinschaft waren Abwasch, Müllrunterbringen, Saubermachen Streitthemen. Ströbele lieferte den Redaktionstisch, den er zehn Jahre zuvor für 800 DM für sein *Anwaltskollektiv*, in dem damals auch der später verurteilte RAF-Straftäter Horst Mahler tätig gewesen war, beim Trödler erstanden hatte. Das Möbel hatte in der *Kommune II*, dann in der *Kommune I* bei Rainer Langhans, Fritz Teufel und Dieter Kunzelmann gestanden und wurde noch in die Kochstraße umgezogen. Besonderheit der *taz* waren die *Säzzerbemerkungen*, wie es hieß, die in eckigen Klammern mitten in den Artikeln standen. Sie waren Korrektiv, brachten Gefühligkeit ein, waren Äußerung der Handarbeiter gegen die Kopfmenschen *[Sag ich doch!]*. Beitrag zur Geschlechtergerechtigkeit der Sprache ist das Binnen-I, das umstritten bleibt und bei Wörtern wie *MörderInnen* nicht angewendet wird. Üblich war auch *frau* statt *man*. Erst kann niemand entlassen werden. Es gibt niemanden, der es konnte, durfte. 1984 werden *Freigestellte* eingeführt. Ohne Weisungsbefugnis sind diese heimlichen Chefredakteure. Der erste heißt Thomas Hartmann. Die Aufgabe ist innere Organisation, Strukturierung, Koordinierung. Es war das insgeheime Eingeständnis, dass diese Aufgaben erfüllt werden mussten. Es dauert noch einmal fast vier Jahre bis Ende 1988, bis die Wirtschaftsredakteurin Georgia

die Tageszeitung

Dienstag, 17. 4. 79
Nr. 11 / 16. Woche Jahrgang 2
Preis 1 DM

taz

ab heute täglich

Erdbeben in Jugoslawien

Belgrad, 15.4. (afp)Das Erdbeben vom Sonntag, das an der Adria-Küste Jugoslawiens starke Schäden anrichtete und über 100 Opfer forderte, hat auch in Albanien mehrere Todesopfer zur Folge gehabt.

Michael Lockley berichtete aus einem der betroffenen Orte an der jugoslawischen Küste: Hercegnovi

Gespenstig flackern ringsum die Bucht von Kotor kleine Lagerfeuer. Tausende von Menschen ziehen es nach den verheefenden Erdbeben des Ostersonntags vor, die Nacht in Decken gehüllt im Freien zu verbringen. Verängstigt hocken sie in den Gärten, zersägen ihre Bäume, um das wärmespendende Feuer in der Frühlingsnacht am Leben zu erhalten.

Weite Teile des südjugoslawischen Katastrophengebiets waren am Sonntagabend ohen Strom, ohne Wasser. Die Telefonverbindungen waren meist zusammengebrochen. In der Zentralvermittlung von Hercegnovi waren die Arbeitsplätze verwaist: Das Personal mochte aus Furcht vor angekündigten Nachbeben nicht in das Dienstgebäude zurückkehren.
Ein kleines Nachbeben läßt Zelenika unweit von Hercegnovi erzittern. Dort ist ein Teilstück der Küstenstraße ins Meer abgerutscht. Ein zweistöckiges Haus wurde mitgerissen. „Es ist wie ein Wunder, daß die drei Leute, die drin waren, noch aus der Tür kamen, als das Haus vor meinen Augen in die Tiefe krachte", berichtet Pero Sacic. Der angegraute Nachbar Marko Trtunic habe seine invalide Frau und seine 30 Jahre alte Tochter gerade noch herauszerren können. Sacics Haus blieb stehen, hat aber etliche Risse.

Viele malerische Häuser, uralte Kirchen und Türme fielen in sich zusammen, wurden buchstäblich ins Meer gekippt. Die modernen Bauten widerstanden den Erdstößen. Zuweilen fehlt ein Stück Dach. Viel größer ist der Schaden nicht. Riesige Flutwellen schäumten durch die kleine Bucht. Das Epizentrum des Bebens lag vor der Küste. Viele Häuser, ganze Hotels wurden in die See gerissen, Hafenanlagen wurden weggespült. In der Werft von Bijela walzten die Wassermassen einen Teil des Docks platt.

Auf 15 Kilometern Länge brach die Küste an einem Stück ins Meer ab. Zahlreiche Häuser versanken. Hin und wieder ragt jetzt die Spitze einer hohen Fichte aus den Fluten, die einen in die Adria gespülten Garten überdecken. Die Küstenstraße um die Bucht von Kotor ist unpassierbar. Zivile Helfer und Militär kommen nur mühsam durch.
Bürgermeister Seferovic verfügt nur über zwei eilends aufgeschlagene Großzelte. Sie können 100 Menschen aufnehmen. Aber in seinem Zuständigkeitsbereich schätzt er die Zahl derer, die nicht in ihre Häuser zurückkönnen oder -wollen auf knapp 20000. Gleichwohl glaubt Seferovic gut dran zu sein. Weiter im Süden sei alles noch viel schlimmer:Schließlich habe es in seinem Gebiet
noch nicht einmal ein halbes Dutzend Tote und „nur" etwa 100 Verletzte gegeben.

Neue Verhaftungswelle im Iran

Teheran, 16.4. (afp). In Iran sind sechs neue Verhaftungen durch Revolutionskomitees vorgenommen worden, wurde am Montag von unterrichteter Seite in Teheran gemeldet. Danach handelt es sich um den Ex-Minister für Wohnungsbau, Parviz Avinikavini. Die ehemaligen Abgeordneten Moszem Ghoreichi und Assadollah Ilkhani, zwei Armeeführer der Stadt Hamadan, Generalleutnant Ali Fathi Amin und Oberstleutnant Seyyed Mahmoud pour Hacemi sowie den einstigen Sektionschef des Teheraner Zentralgefängnisses, Oberst Mahboudi.

Die genauen Umstände der Festnahmen waren nicht bekannt.Der für die islamischen Revolutionsgerichte zuständige Generalstaatsanwalt Mehdi Hadavi hatte am Samstag die Aktionsrechte der „Khomeini-Komitees" dahingehend eingeschränkt, daß künftig nur noch mit ausdrücklicher Bewilligung der Regierung Festnahmen und Hausdurchsuchungen durchgeführt werden dürfen.

Generalstaatsanwalt Hadavi machte am Montag deutlich, daß die Verfolgung der „Verbrecher und Komplizen des alten Regimes" weitergehen wird. In einer Rundfunkerklärung betonte er, jede Beihilfe zum Untertauchen solcher Personen aus der Regierungsepoche des Schah werde mit „größter Strenge" geahndet. Derartige Helfershelfer müßten mit ihrer Verurteilung zum Tode rechnen. Eine Liste „aller" Personen, nach denen die „Revolutionsjustiz" noch fahnde, solle demnächst veröffentlicht werden, hieß es.

Havemann wird ausgehungert

Berlin, 16.4. (taz). Der Hausarrest des SED-Kritikers ist am Donnerstag drastisch verschärft worden und auf die gesamte Familie, darunter auch die 5-jährige Tochter, ausgedehnt worden. Neben der seit langem bestehenden Straßensperre, wurde der Eingang zu seinem Grundstück in Berlin-Grünheide durch eine Wagenburg unpassierbar gemacht. Wie der mit Havemann befreundete Schriftsteller Jürgen Fuchs uns mitteilte, hielt die Blockade auch noch am Ostermontag an. Die Versorgung mit Lebensmitteln ist zur Zeit nicht mehr möglich. Anlaß für diese Maßnahmen ist vermutlich ein von ihm veröffentlichter Beitrag im Spiegel, in dem er Kritik an seinem Buch „Ein deutscher Kommunist" zurückgewiesen hat. Das ZK der SED hatte den verschärften Hausarrest vermutlich gemeinsam mit den neuen Beschränkungen journalistischer Arbeit für Westkorrespondenten auf seiner letzten Sitzung vor Ostern beschlossen.

Redaktionen

1 Berlin 65, Wattstr. 11/12
☎ (030) 463 10 75/6/7/8/9
3 Hannover, Rambergstr. 17
☎ (0511) 31 70 05/6
5 Köln 30, Glasstr. 80
☎ (0221) 52 05 79
6 Frankfurt, Hamburger Allee 45
☎ (0611) 77 89 41 (Büro)
70 56 59/69 (Redaktion)
7 Stuttgart, Falkertstr. 71/1
☎ (0711) 61 75 59

Eigentumsvorbehalt

Nach diesem Eigentumsvorbehalt ist die Zeitschrift solange Eigentum des Absenders, bis sie dem Gefangenen persönlich ausgehändigt worden ist. „Zur-Habe-Nahme" ist keine persönliche Aushändigung im Sinne des Vorbehalts. Wird die Zeitschrift dem Gefangenen nicht persönlich ausgehändigt, ist sie dem Absender mit dem Grund der Nichtaushändigung zurückzusenden.

A 4100 AX

Postvertriebsstück
Gebühr bezahlt
taz Berlin, Postfach 65 100

Seit Gründung der „BILD"-Zeitung 1952, vor mehr als 25 Jahren, hat es in dieser Republik keine überregionale, parteiunabhängige Tageszeitungsgründung gegeben: Im Gegenteil, viele sind eingegangen. Wer kann da heute noch von Pressefreiheit reden? Wir werden versuchen, ein Blatt gegen jede freiwillige Zensur und Nachrichtensperre zu publizieren. Kein Linienblatt, aber eine linke, radikale, auch satirische Zeitung — täglich! Den unterschiedlichsten Leuten soll darin Platz gegeben werden, gegen traditionellen, distanzierenden Profijournalismus zu schreiben. Ein Versuch, den Gebrauchswert des Mediums Tageszeitung zu verändern — Lesern das Blatt zu Verfügung zu stellen! Eine Hoffnung, die Presselandschaft in Bewegung zu versetzen.

Inhalt

Volksentscheid über Atomenergie
Große Resonanz auf eine Petition der „Courage" für eine Volksabstimmung. 59% sind nach einer Umfrage dafür. (Seite 9)

„Natürliche Abgänge"
Springer stellt auf Fotosatz um und versucht die Kolleginnen und Kollegen zum „natürlichen Abgang" zu bewegen (Seite 7)

P.P. Zahl: Sondermaßnahmen aufgehoben
Ein Brief aus dem Knast (Seite 6)

Italienische Winterreise
Zur Verhaftung der „Autonomen" in Italien (Seite 11)

Geburt nach Stoppuhr
Dortmunder Eltern klagen gegen das Städtische Krankenhaus (Seite 8)

Auf der Titelseite der ersten Ausgabe der Tageszeitung taz vom 17. April 1979 eine Darstellung des Selbstverständnisses des *Projekts*: Der Clown ist im Begriff, den Mauerstein zu werfen, auf dem *taz* steht.

Tornow zur *Redaktionsleitung* gewählt wird, immer noch ohne Weisungsbefugnis. Der Chef-Verschleiß ist immens. Langfristig hält sich erst die dreizehnte auf dem Leitungsstuhl, das ist ab 1999 Bascha Mika. Da ist dann von *Chefredaktion* die Rede. Ähnlich wie in der AL kämpfen Frauen in der *taz* um ihre Berücksichtigung. Erst soll es gar keine Frauenseite geben. Das wird revidiert. 1990 wird sie wieder abgeschafft. Da ist die *taz* endgültig nicht mehr Zeitung einer politischen Bewegung. Historisch und im Lauf der Jahre von Grünen, SPD, von staatlichen Stellen übernommen ist der Quotenbeschluss, wonach bis zu einem Frauenanteil von 52 Prozent erst einen Monat

Innenansicht vom ersten Sitz der *taz*: Redakteur Johann Legner steht 1981 im Layout der *taz* in der Wattstraße im Wedding. Er gehörte zu den Initiatoren der Berliner Lokalausgabe.

lang für qualifizierte Frauen ausgeschrieben werden muss; findet sich keine Frau, wird auch für Männer ausgeschrieben, aber bei gleicher Qualifikation wird die Frau eingestellt. Erwogen wurde zeitweise die Abschaffung der Kulturseiten. Legendär sind bezüglich des Verhältnisses der *taz* zur Kultur und ebenso bezüglich des Verhältnisses des Blattes zu West- und Ost-Berlin die Ausgaben der *Literaten-taz* zur Frankfurter Buchmesse im Oktober 1987. Drei Tage überließen die Redakteure die Zeitung 30 *DichterInnen* oder *Schrifties*, nur die Techniker blieben im Haus. Der Berliner Verleger und Schriftsteller Hans Magnus Enzensberger sicherte sich den Chefposten. Die Friedenauer Autorin und Literaturnobelpreisträgerin von 2009 Herta Müller und die Österreicherin Elfriede Jelinek gehörten zum Kulturressort. Die Frauenseite machte ein Mann. Mit dabei war der Inspirator des Fernsehturms am Alexanderplatz, der Ost-Berliner Architekt Hermann Henselmann, der, so Magenau, unentwegt betonte, die SED habe ihn zum Mitmachen ermutigt. Der renommierte Literaturwissenschaftler und akademische Lehrer der Ost-Berliner Autorin Christa Wolf, Hans Mayer, schwärmte, die Leute von der *Frankfurter Allgemeinen Zeitung* würden vor Neid platzen, wenn sie diese erlesene Truppe sähen. Der linkskatholische Publizist und als Einziger redaktionserfahrene Erich Kuby sprach von einer *pervertierten Gruppe 87*. Zum presserechtlich Verantwortlichen erkoren sie „den Reichsten von uns", den Bestsellerautor Johannes Mario Simmel. Der Ost-Berliner Dramatiker mit West-Visum Heiner Müller verqualmte die Redaktionsräume mit seiner Zigarre. Mit dieser aufsehenerregenden Aktion, schreibt Magenau, sei die *taz* selbst Kultur geworden. Heiner Müller formulierte für *die tageszeitung* den als Motto einer linken Zeitung geeigneten Satz: „Kunst ist ein Mittel, um die Wirklichkeit unmöglich zu machen."

DIE PARTEI. Die Entstehung der *taz* und der *Alternativen Liste – Für Demokratie und Umweltschutz* sind parallele Prozesse, die teils miteinander verzahnt sind. Bei der Gründungsversammlung der AL am 5. Oktober 1978 sind rund 3500 Personen dabei, von denen 300 eintreten. Otto Schily steigt aus, weil der Unvereinbarkeitsbeschluss insbesondere für Mitglieder der maoistischen KPD nicht durchkommt. „Der AL wird ihr baldiges Ende vorhergesagt", steht in der Chronik, die den 1984 in den von Parteileuten herausgegebenen Band *AL Die Alternative Liste Berlin. Entstehung, Entwicklung, Positionen* einführt. Stolz heißt es im Vorwort im ersten Satz, nach sechs Jahren des Bestehens sei die AL „zu einem nicht mehr wegzudiskutierenden Faktor geworden." Die Autoren gehen von einer Stärkung bei der bevorstehenden Abgeordnetenhauswahl im Frühjahr 1985 aus. Und sie stellen „schließlich wieder einmal die leidige Frage: Wie halten wir's mit der SPD?" Infrage kommt dabei nur die Möglichkeit, einen SPD-Minderheitssenat zu tolerieren. Koalition, Mitregieren, AL-Senatoren sind noch unvorstellbar. Mitte der 1980er-Jahre sprechen die Autoren von der Stagnation der *Friedensbewegung* und vom Aus der *Instandbesetzerbewegung*. Sie diskutieren kritisch den Terminus *Parlamentarisierung* der AL-Fraktion, der Organisation, vielleicht der Bewegung. Das sind Symptome, die als Zeichen von *Stillstand* gedeutet werden können. Der Politologe und ALer Burkhard Schaper hatte seine Diplomarbeit über die junge Partei geschrieben und schildert im zitierten Band die Grundzüge der Entstehungsgeschichte. Er arbeitet die im Vergleich zu Westdeutschland, wo bis auf Hamburg mit der *Grün-Alternativen Liste* GAL sich zeitlich parallel die *Grünen* entwickeln, die spezifischen West-Berliner Bedingungen heraus. Sie sind Voraussetzung der AL, die sich zunächst von den Grünen abgrenzt. West-Berlin kannte keine gegen den Bau von Kernkraftwerken mobilisierenden Initiativen, weil es solche Projekte gar nicht gab. Gering war auch der Anteil von Umweltinitiativen. Stattdessen begann sich eine *Mieterbewegung* zu etablieren, deren Hintergrund die Senatswohnungspolitik war. Ferner habe es als Ausläufer der Studentenbewegung in West-Berlin noch sehr massiert sogenannte K-Gruppen gegeben, also maoistisch ausgerichtete Parteien wie KPD/AO, die später auf das *Aufbauorganisation* verzichtete, die KPD/ML, deren Kürzel für *Marxisten-Leninisten* stand, der *Kommunistische Bund Westdeutschlands* KBW oder der *Kommunistische Bund* KB, das *Sozialistische Büro* SB oder die trotzkistische *Gruppe Internationale Marxisten* GIM. Ein Unikum im bürgerlichen Bezirk Zehlendorf stellte die Bürgerinitiative dar, die sich seit 1974 gegen das Vorhaben wandte, die große Kreuzung im Ortskern Zehlendorfs im Zuge der Bundesstraße 1, die Berlins Innenstadt mit Potsdam verbindet, in Fortführung der von der AL später bekämpften Stadtautobahn Westtangente als Schnellstraße zum Autobahnanschluss Kleeblatt autogerecht zu untertunneln. Die daraus entstandene *Wählergemeinschaft Unabhängiger Bürger* WUB warb mit geistreichen Plakatmotiven auf dunkelgrünem Grund und erklagte sich für 1975 das Recht, für die Bezirksverordnetenversammlung zu kandidieren, in der sie seitdem bis zur Bezirksfusion mit Steglitz vertreten war. Dieser parlamentarische Weg auf kommunaler Ebene machte sie in West-Berlin zum Vorreiter. Ihr mehrfacher Spitzenkandidat, der Architekt Walther Grunwald, der spezialisiert war auf die Sanierung von Schlossbauten wie nach 2004 der Anna-Amalia-Bibliothek in Weimar, fiel im Zehlendorfer Stadt-

bild als passionierter Radler auf, der stets eine Brille mit rotem Gestell trug. Nach vielerlei Diskussionsrunden, an denen ähnlich wie bei der Zeitung die Anwälte Hans-Christian Ströbele und Otto Schily beteiligt waren, beschlossen am 24. Juli 1978 rund 1000 Personen, sich als Wählerinitiative an der Wahl im März 1979 zu beteiligen. Der *provisorische Wahlausschuss* sollte Vorschläge zu Programm und Struktur erarbeiten. Abgelehnt wurde ein Unvereinbarkeitsbeschluss, der sich insbesondere gegen die KPD richten sollte. Das wiederum hinderte mehrere Bürgerinitiativen und die WUB, sich an der künftigen AL zu beteiligen. Wieder war es dort um das Verhältnis vor allem zur stärksten der K-Gruppen, der KPD, ehemals AO, gegangen, die aufgrund ihrer strikten Kaderstruktur sehr koordiniert agierte und zum Überleben der neuen Partei beitrug. Die folgende Kompromissformel hatten die am Beginn ihrer Auflösung stehende KPD bzw. ihre Mitglieder selber vorgeschlagen: „In der AL kann jeder unabhängig von seiner Weltanschauung – ob organisiert oder unorganisiert – mitarbeiten, der sich für Demokratie und Umweltschutz einsetzt." Das Wagnis bestand darin, die AL der Gefahr auszusetzen, unterwandert und instrumentalisiert zu werden, wie das insbesondere bezüglich des West-Berliner SED-Ablegers SEW diskutiert wurde. Im November

So wurde die Alternative Liste gegründet: Am 5. Oktober 1978 kamen rund 3500 Menschen in *Huxleys Neuer Welt* in der Hasenheide in Berlin-Neukölln zusammen.

wurden die Parteistrukturen beschlossen. Prinzipien waren Basisdemokratie und Dezentralität sowie das *imperative Mandat*, das die Vertreter der rund 30 Basis- und Bezirksgruppen auf die Beschlüsse der entsendenden Strukturen verpflichtete. Oberstes Gremium war der Delegiertenrat DR. Zweitwichtigstes Organ war die halbjährlich tagende Mitgliedervollversammlung MVV. Ohne Befugnisse, ähnlich der Chefredaktion bei der *taz*, die keine sein durfte, war der einem vom Wahlgesetz geforderten Parteivorstand entsprechende Geschäftsführende Ausschuss GA aus neun gewählten Mitgliedern. Heftig umstritten waren die Aussagen des Wahlprogramms. Die KPD betrieb den Programmteil „Berlin-Politik". Der Status quo der Teilung wurde anerkannt, der als ideologisch verwandt empfundenen Opposition in der DDR wurde Unterstützung zugesagt. Das radikaldemokratische Programm erscheint als eher disparate Sammlung einzelner Themen. Die Bereiche: Bekämpfung des Abbaus demokratischer Rechte, Umweltschutz, Arbeits- und Lebensbedingungen, Situation der Frau, Berlinpolitik, Kinder und Jugendliche, Gesundheitspolitik, Ausländer, Situation alter Menschen, Schul- und Hochschulpolitik, Kultur und Sport. Bei der Berlin-Wahl im März 1979 kam die AL auf 3,7 Prozent, scheiterte an der Fünf-Prozent-Hürde,

Die erste Fraktion der Alternativen Liste im Abgeordnetenhaus am 12. Mai 1981 vor dem Rathaus Schöneberg (v. l.): Peter Finger, Klaus-Jürgen Schmidt, Manfred Rabatsch, Michael Wendt, Rita Kantemir, Ursula Schaar, Peter Sellin und Martin Jänicke.

gelangte aber in vier der zwölf Bezirksverordnetenversammlungen. Zentral war für die Partei analog zur Auseinandersetzung bei der Zeitung die Fragestellung, ob sie sich „als bloßer Arm, gewissermaßen als selbst willenlose Instanz der Basisbewegung im Parlament" versteht oder ob sie auf Basis einer Programmatik aus eigenem Recht eigenständig Politik betreiben will. Damit verbunden war die Frage, ob es bei *Fundamentalopposition* bleiben sollte oder ob Zusammenarbeit und schließlich Koalitionen mit den *etablierten Parteien*, die auch als *Rathausparteien* denunziert wurden, möglich werden sollten. Entscheidungen darüber wurden erst nach dem Einzug der AL ins Abgeordnetenhaus nach der Wahl im Mai 1981 „im Zusammenhang mit der sogenannten Struktur- und Professionalisierungsdebatte getroffen", wie Schaper diesen der inneren Entwicklung der *taz* analogen Prozess nennt. Vergleichbar der Einkommensregelung für Redakteure war die Begrenzung des Einkommens für Mandatsträger auf einen Facharbeiterlohn. In der Gründungserklärung war es so formuliert: „Es versteht sich, daß die Abgeordneten unserer Liste sich nicht durch Diäten usw. individuell bereichern dürfen." Hinzukam das *Rotationsprinzip*, das vorsah, dass Mandatsträger, also auch Parlamentarier, nach zwei Amtsjahren ausgetauscht werden mussten. Auch das sind Regularien, die im Laufe der 1980er-Jahre aufgeweicht und schließlich abgeschafft werden. Die *taz* ist keineswegs Organ der oft nach ihrem Maskottchen *Igel-Partei* benannten Partei, die als Sprachrohr den *Stachel* herausgibt. Wie in der Zeitung wird die Frauenfrage diskutiert. Im Protokoll der MVV vom 18. Mai 1984 steht die Feststellung: „Männer kapieren nicht, was weibliche Umgangsformen sind." Im Zuge der Diskussion der Partei über die Gewaltfrage stehen die Themen des Verhältnisses zum Terrorismus und zu den zugehörigen Straftätern sowie zur konkreten Gewaltanwendung im *Häuserkampf* im Fokus.

Mit Dieter Kunzelmann kommt ein verurteilter Gewalttäter für die AL ins Abgeordnetenhaus. Er schreibt in der Rückschau, es sei eine primär außerparlamentarisch geprägte Bewegung gewesen, die versucht habe, „engagiert, einfallsreich und doch unangepaßt dem trägen Parlamentarismus, der wenig mit demokratischem Meinungsstreit, jedoch viel mit Parteienoligarchie und Verteidigung von Pfründen zu tun hatte, gegen das Schienbein zu treten." Vor allem die besetzten Häuser und die Räumungen gehören zum Hintergrund der Entstehung der West-Berliner AL, die auf ihre Weise mindestens zunächst eine neuerliche Partei *neuen Typs* darstellt. Das atmosphärische Moment aus Sicht der Szene wird in einer Reportage der Stadtillustrierten *zitty* vom Januar 1981 fühlbar:

Umgestürzte Bauwagen und Bretterzäune, zu Barrikaden aufgetürmt, künden schon von Ferne die anscheinend gerade zu Ende gegangene Schlacht an. Doch aus dem seit Wochen besetzten Haus an der Ecke Admiralstraße dröhnt trotzig und siegessicher aus Lautsprechern der alte Song von ‚Ton, Steine, Scherben‘: „Das ist unser Haus, schmeißt doch ... (die Spekulanten) ... hier aus Kreuzberg raus.“ Ich frage einige abgekämpfte Hausbesetzer, was denn passiert sei. Die Antwort: „Bullen haben ein gerade besetztes Haus am Fraenkelufer 48 wieder geräumt und dabei versucht, im gleichen Aufwasch das seit Wochen hier besetzte mitzuräumen. Großoffensive war das!“

DER ABGEORDNETE. Dieter Kunzelmann kam dank der Zwei-Jahres-Rotation bei der AL ins Berliner Landesparlament. Als Kandidat der KPD, der einsaß, aber sein passives Wahlrecht nicht aberkannt bekommen hatte, und deshalb Freigang für den Wahlkampf bekam, hatte er es nicht geschafft. 20 Monate, vom Sommer 1983 bis zum März 1985, habe sein Gastspiel als Mitglied des Abgeordnetenhauses von Berlin gedauert, schreibt der Ex-MdA in seinem kritisch zu lesenden Band *Bilder aus meinem Leben*, der 1998 unter dem ironischen Titel *Leisten Sie keinen Widerstand!* erschien, ohne dass der Autor selbst letzte Hand angelegt hatte. So hätten es die Umstände geboten, lassen die Editoren den Leser wissen. Gestorben ist *Kunzel*, wie ihn sein engerer Kreis nannte, erst 20 Jahre später, am 9. Mai 2018. Der ehemalige *taz*-Redakteur Michael Sontheimer schrieb im *Spiegel*-Nachruf, die Tochter habe den toten Vater in seiner Wohnung im Hinterhaus in der Wiener Straße in Kreuzberg mit einer nicht angezündeten Zigarette im Sessel sitzend gefunden. Seinen Selbstmord hatte er da bereits fingiert. Das war 1998. Kunzelmanns Scheintod wiederum hatte mit einem Eierwurf auf die Dienstlimousine des Regierenden Bürgermeisters Diepgen zu tun, der zu einem Prozess führte, in dessen Verlauf Kunzelmann Diepgen wiederum ein Ei auf dem Kopf zerschlug. Der angebliche Selbstmörder kam dann pünktlich zum Strafantritt in die Haftanstalt. Die Kategorie *Absurdist* passt auf Kunzelmann ebenso wie auf Neuss. Zugezogener Berliner ist er wie der Kabarettist und wie sein Konkurrent ums Aufsehen-Erregen in der *Kommune I*, der Jenaer Rainer Langhans. Kunzelmann und Neuss bleiben jedoch, anders als der Freund der Mitbewohnerin, des aus München stammenden Fotomodells Uschi Obermaier, für den Rest ihres Lebens in der Stadt. Kunzelmann ist am 14. Juli 1939 in Bamberg geboren. Er sinniert oft, ob der Geburtstag am Tag des

Sturms auf die Bastille von 1789 eine Bewandtnis für sein Leben habe. Der Vater ist Agnostiker und Sparkassendirektor. Ihm verdankt er die Lehrstelle bei der Sparkasse. Die Mutter ist Katholikin, und Kunzelmann wird katholisch erzogen, führt seine Leidenschaft für Clownerie, Verkleiden, Rollenspiel auf die Zeit als Messdiener zurück. Katholisch ist der Sportverein, in dem er es zur bayerischen Landesmeisterschaft im Tischtennis bringt. Mit 15 Jahren, schreibt er, habe er die erste eigene Lebensentscheidung getroffen, den zeitfressenden Sport, der ihn im altsprachlichen Gymnasium scheitern lässt, an den Nagel zu hängen, um fortan wie besessen alles zu lesen, was greifbar war. Ähnlichkeiten zu Dutschkes Biografie fallen ins Auge. Auch *Rudi* war Sportler, durch die Mutter kirchlich geprägt, wenn auch protestantisch, und er las viel. Zufall oder Absicht des Selbstbiografen Kunzelmann, der im Prozess der Politisierung des nach West-Berlin geflohenen Studenten Dutschke zunächst eine bestimmende Rolle spielt, dann zum Konkurrenten wird? Kunzelmann ist eine Generation älter als die Generation der *Alternativen*, er ist in den 1980er-Jahren schon Altvorderer. Bernd Rabehl, Dutschkes eng befreundeter *Genosse*, ebenfalls aus dem Osten, schildert Kunzelmann bei der ersten Begegnung mit Dutschke nach seiner Erinnerung im Herbst 1963 gegen Mitternacht in einem West-Berliner Café:

Ein rothaariges Teufelchen feixte. Sein lockenähnliches Rothaar zeigte an der Stirn erste Kahlschläge. Dafür war der Bart üppig, Sichtblende und Versteck, aber auch hier waren die Augen Signalpunkte für Freude, Spaß und Wut. Irgendwelche Urlaute, fränkisch und münchnerisch durchmischt, für brandenburgische Preußen unerkennbar, drangen an unser Ohr.

Kunzelmann betont die Abneigung, die Dutschkes Ehefrau Gretchen gegen ihn gehegt habe, angeblich weil sie den kulturrevolutionären Kommunegedanken, wie ihn der Franke vertrat, als Angriff auf ihr aus Kunzelmanns damaliger Sicht kleinbürgerliches Familienideal empfand. Kunzelmann hatte mit seiner Herkunft gebrochen. Nach Abbruch der Lehre ging er als Clochard nach Paris, trampte dann nach Südfrankreich. Danach sagte ihm der Vater 250 DM jeden Monat zu, um ein Leben als *Privatgelehrter* zu führen. Kunzelmann schildert andererseits seine Herkunftsfamilie positiv, betont, dass die Missachtung der familiär erfahrenen Werte durch die Umgebung, die Gesellschaft, die *Herrschenden* ihn erst zum Revolteur gemacht habe. Sein Buch enthält zahlreiche Fotos, die ihn im Kreis der Familie in der Heimat zeigen. Er sucht sich eine Stadt. Die Berliner sind ihm sympathisch, aber die Stadt nicht. Er entscheidet sich für München, bezieht eine Kellerwohnung, führt ein bohemehaftes Künstlerleben, ohne Künstler zu sein. Sein politisierendes Engagement bei den *Situationisten*, die entfernt an die Dadaisten erinnern, geht über in die von ihm angeführte *Subversive Aktion*, deren Berliner *Sektion* Dutschke und Rabehl verkörpern. Der Bundeswehr entgeht Kunzelmann anscheinend, indem er droht, alles zu tun, um möglichst schnell wieder rauszufliegen. Aribert Reimann schreibt in seiner biografischen Kunzelmann-Studie, mit deren Langfassung er 2008 habilitiert wurde, dass Kunzelmann womöglich erst gar nicht gezogen wurde, weil die Bundeswehr in ihren Anfängen noch gar nicht so viel Personal aufnehmen konnte, wie sie hätte mobilisieren können. Kunzelmann geht im Spätsommer 1966 widerwillig nach Berlin. München hielt er für lebendiger, nicht mehr so sehr vom Krieg gezeichnet. Reimann betont, dass der Nicht-Akademiker Kunzelmann das studentische Publikum suchte, brauchte. Er war studentenbewegt, ohne Student zu sein. Rabehl unterstreicht in seinen Memoiren, wie inkonsistent, oft witzelnd, uneindeutig Kunzelmann argumentierte. Er zieht in West-Berlin erst zu einem befreundeten Ehepaar Ecke Kurfürsten-/ Potsdamer Straße, Seitenflügel. Wichtig sind billige Restaurants wie die Pizzeria *Rosario* in der Goebenstraße, wo die Riesenpizza 6,50 DM kostete, oder *Aschinger* in der Joachimsthaler Straße. Revolution müsse Spaß machen, ist seine Maxime, er gehört zu der Gruppe *Viva Maria*, die nach dem Erlebnis des den revolutionären Kampf der Indianer Südamerikas ironisierenden Films von Louis Malle entsteht. Kunzelmann erlebt das *Revolte Berlin* in vollen Zügen, wozu auch Drogen gehören, und er ist Gewalttäter. Er ist Drahtzieher des angeblich an einem rostigen Draht gescheiterten Brandanschlags auf die Jüdische Gemeinde zu Berlin am 9. November 1969. Zeitzeugen sagen, Kunzelmann habe sich in dieser Zeit als klassischer Antisemit geäußert. Sontheimer zitiert ihn aus der linksradikalen Zeitung *Agit 883*: „Palästina ist für die BRD und Europa das, was für die Amis Vietnam ist. Die Linken haben das noch nicht begriffen. Warum? Der Judenknax." Nach dem Scheitern der *Revolte* hatte er sich für den gewaltsamen Weg entschieden, war nach Jordanien zur *Fatah* gegangen, lernt deren Chef Jassir Arafat kennen, wird ausgebildet. In den Memoiren betont er, dass es eine gute Wendung war, dass er gefasst wird, insgesamt fünf Jahre im Gefängnis verbringt, weil er sonst vielleicht selber den Weg eines Terroristen beschritten hätte. Als Abgeordneter saß er im Innen- und Rechtsausschuss, tauchte gern unangekündigt in Haftanstalten auf, um Beschwerden von Insassen nachzugehen.

Er stellte in großer Zahl Anfragen zu allen möglichen Dingen. Der damalige Innensenator, den er in den Memoiren immer nur mit dessen vollem Namen Heinrich Jodokus Lummer nennt, sagte später, Kunzelmann habe ihn Jahre seines Lebens gekostet. Am 12. Oktober 1984 erschien Kunzelmann zur Debatte um die Polizistenkennzeichnung in einer Polizeiuniform von 1848, die anders als zu dieser Zeit bei der West-Berliner Polizei bereits eine Identifizierung des Beamten mit Buchstaben und Nummer am Dienstzylinder vorsah. Im Verfassungsschutzausschuss stellte er Fragen, ohne Antworten zu bekommen, ließ dort bei der Etatdebatte, bei der die Unterlagen wieder abgegeben werden mussten und keine Notizen gemacht werden durften, in der Aktentasche das Tonband mitlaufen, sodass sich aus den in der Diskussion genannten Zahlen errechnen ließ, wie viel Personal der Dienst hatte. Als von Weizsäcker *abwanderte*, um Bundespräsident zu werden, spottete der MdA über den Erfolg der AL bei der *Unterwanderung* der anderen Parteien, die dazu geführt habe, dass mit dem fünften Regierenden in vier Jahren die *Rotation* nun auch bei den Berliner Senatschefs durchgesetzt sei. Von Weizsäcker wolle sich, so Kunzelmanns ironische Pressemitteilung, mit dem Vierzeiler von Erich Kästner von den Berlinern verabschieden, der den Rat enthielt:

Aschinger am Zoo im Winter 1970: In dieser legendären Stehbierhalle verkehrte Dieter Kunzelmann in seiner ersten Berliner Zeit wegen des preiswerten Essens, *Aschinger-Schrippen* gab es gratis.

„Was auch immer geschieht: / Nie dürft ihr so tief sinken, / von dem Kakao, durch den man euch zieht, / auch noch zu trinken.“ Vielleicht war es der Versuch einer Erwiderung auf von Weizsäckers Debattenbeitrag im Abgeordnetenhaus vom 10. November 1983. Da hatte der Regierende Bürgermeister polemisiert, dass Kunzelmann jedes Thema auf denselben Reim brächte:

Wenn ich daran denke, dann fällt mir ein altes Gedicht von [Christian] *Morgenstern ein – ich denke, Sie kennen das vielleicht auch; verzeihen Sie bitte den unangemessenen Vergleich mit einem süßen kleinen Tier, dem Wiesel:*

Ein Wiesel
saß auf einem Kiesel
inmitten Bachgeriesel
Wißt Ihr weshalb?
Das Mondkalb verriet es mir im Stillen:
Das raffinier-
te Tier
tat's um des Reimes willen.

Das Mitglied des Abgeordnetenhauses Dieter Kunzelmann brachte Unruhe in den Parlamentsbetrieb. Der sozialdemokratische Abgeordnetenhaus-Präsident Alexander Longolius sagte, Kunzelmann habe das Talent, sich „permanent an die Grenze von Ordnungsrufen heranzurobben“, er sei für den Präsidenten deshalb „der anstrengendste Redner dieses Hauses.“ Der intensiv mit Anfragen traktierte Innensenator Heinrich Lummer reagierte gelegentlich mit Ausfällen, wenn er den Abgeordneten beispielsweise als „irgendwie dioxin- oder knastgeschädigt“ bezeichnete. Die Einsätze der Berliner Polizei, Zuständigkeit Lummers, der Umgang mit Asylbewerbern und die Wohnungsfrage waren die Themen, um die sich Kunzelmann besonders kümmerte. Als parlamentarischer Arm der Autonomen und Hausbesetzer, wie ihn sein Biograf nennt, belagerte er Lummer regelrecht mit Kleinen Anfragen und machte die Parlamentsarbeit gern lächerlich, etwa mit der Anfrage *Über Buletten aus Hilfsmitteln der körperlichen Gewalt,* in der es hieß: „Trifft die Meldung der Bildzeitung vom 16. Mai 1984 zu, wonach das Berliner Polizeipferd Elke nach 23 Dienstjahren ‚ins Schlachthaus gebracht, auseinandergeschnitten und dann zu Buletten, Würstchen und Gulasch verarbeitet‘ wurde?“

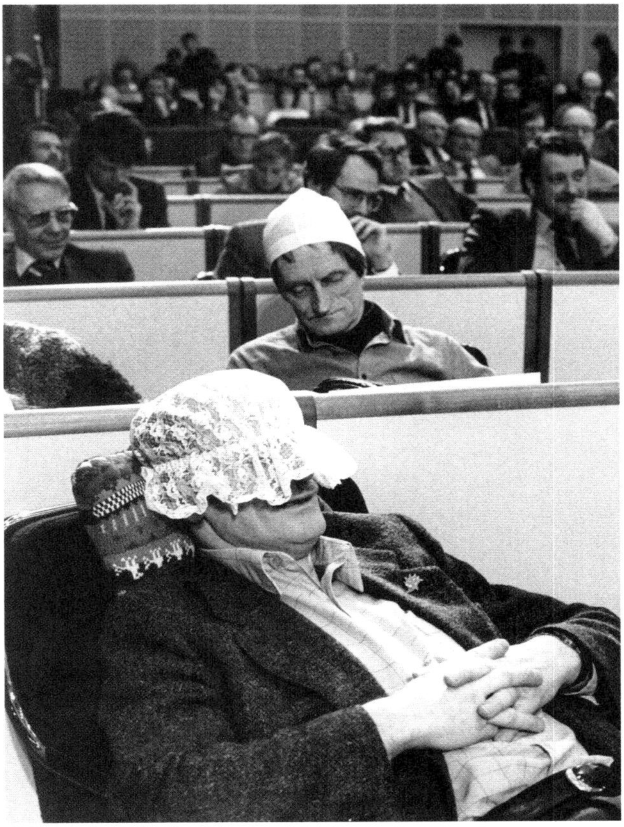

Weiter fragte Kunzelmann: „Falls ja, seit wie vielen Jahren ist dies dann Berliner Praxis und wie viele Polizeipferde fielen dieser Praxis bislang zum Opfer und wie viele Buletten wurden daraus jeweils gefertigt?“ Die Antwort fiel, wie bei solcherart Anfragen für den Senat probat, knapp aus, denn es hieß, es bestehe kein Grund, den Vorgang ins Lächerliche zu ziehen. Da die Anfrage offenkundig nicht ernst gemeint sei, werde von einer weiteren Beantwortung abgesehen.

Kunzelmann notiert in den Erinnerungen, dass es Selbstbewusstsein verlangt habe, sich der Kameraderie im Parlament zu entziehen, die keine Skrupel kannte, „bei einer zufälligen Begegnung im Kasino, in der Kantine oder auf der Toilette zynisch-charmant herumzumenscheln.“ Er betont, unter den Konservativen aufrechte und gebildete Persönlichkeiten kennengelernt zu habe, um sogleich gegen die Sozialdemokraten zu wettern. Spaß habe es ihm im Parlament gemacht, was die Basis in Rage gebracht habe, weswegen er nicht wieder fürs Abgeordnetenhaus aufgestellt worden sei. Kunzelmann trat mit Schreiben vom 2. Dezember 1990 aus der AL aus, als der rot-alternative Senat gerade besetzte Häuser in Friedrichshain hatte räumen lassen: „Da fast durch die Bank dieselben postengeilen, abgewrackten KarrieristInnen, die den Verein zielgerichtet in den politischen Bankrott geschleppt haben, zur Wahl am 2.12.90 sich durch eine kleingeistige Funktionärsclique haben aufstellen lassen, sehe ich mich auch nicht mehr in der Lage, Euch zu wählen. Salute, Dieter Kunzel.“ Seine Mitgliednummer 100 möge man nicht wieder vergeben, bat er, damit er zumindest eine prominente Lücke im Mitgliederregister hinterlasse. Sein Austritt war nur noch eine Fußnote der ersten gesamtberliner Abgeordnetenhauswahl.

Rathaus Schöneberg, Abgeordnetenhaussitzung, 23. Februar 1984: Die Fraktion der Alternativen stellt sich schlafend und kommentiert so die angeblich nichtssagende Regierungserklärung des neuen Regierenden Eberhard Diepgen.

Tanja Dückers – Der Berlin-Roman
Hausers Zimmer

Die Autorin des Schlüsselromans der 1980er-Jahre: Tanja Dückers, hier 2010, wuchs in Wilmersdorf auf und beschreibt die West-Berliner Welt des Jahres 1982.

ZUM LINKS-ALTERNATIVEN MILIEU WEST-BERLINS gehörte neben den sich verbreitenden Ökoläden auch das Kinder- und Jugendtheater *Grips*, das im 21. Jahrhundert noch immer in der Altonaer Straße 22 am Rande des für die Bauausstellung von 1957 gebauten neuen Hansaviertels residiert. Entstanden ist dieses Theater aus dem seit 1966 existierenden *Theater für Kinder im Reichskabarett*. Das 1972 mit dem Namen Grips versehene Theater hatte 1969 mit eigens für die Kleinen geschriebenen gesellschaftskritischen Stücken begonnen und gehört zu den kulturellen Bleibseln der 1968er-Bewegung. Bis dahin hatten Kinder meistens Märchen auf der Bühne zu sehen bekommen. Zum größten Erfolg des Hauses und zugleich zum weltweit beachtlichsten Erfolg eines Musicals aus Berlin und über Berlin wurde die Produktion *Linie 1*. Daran erinnert die am 25. September 1968 im katholischen St. Joseph-Krankenhaus in Tempelhof auf die Berliner Welt gekommene Schriftstellerin Tanja Dückers in ihrem Bändchen *Mein altes West-Berlin* von 2016. Die in Wilmersdorf in einer geräumigen großbürgerlichen Wohnung mit *Berliner Zimmer* gegenüber von der *Freien Volksbühne* aufgewachsene Journalistin und Literaturwissenschaftlerin skizziert das Zeitbild des West-Berlins ihrer Jugendjahre in den 1980er-Jahren, wie es das von Volker Ludwig getextete und 1988 verfilmte Musical spiegelt:

Das Stück von 1986, in dem eine U-Bahnfahrt mit eben dieser Linie durch West-Berlin die Handlung einrahmt, war der große Erfolg des legendären Theaterhauses. Linie 1 fing die Atmosphäre in West-Berlin hervorragend ein. Dass U-Bahn-Fahren ein echter Trip sein konnte und man im Untergrund von schicken Wilmersdorfer Witwen bis hin zu Punks, Orientierungslosen und Kriminellen allen begegnen und alles passieren konnte, hat dieses Stück überzeugend veranschaulicht. U-Bahnfahren war in West-Berlin nie einfach nur Fortbewegung, sondern fast immer hautnahe Begegnung mit der Stadt und ihren Bewohnern, ob man wollte oder nicht.

Ausgehend von alltäglichen Objekten, Orten, Erinnerungen hatte auch Walter Benjamin in seinem erst 1950 posthum erschienenen Band *Berliner Kindheit um 1900* anhand seiner in den 1930er-Jahren angefertigten Prosaskizzen ein Bild des kaiserzeitlichen Berlins seiner frühen Jahre gezeichnet. Dieses Benjamin-Werk hat Dückers Jahrzehnte später zu einem Parallelwerk über ihr Berlin angeregt. Ihr *altes* Berlin ist das *alte West-Berlin* vornehmlich der 1980er-Jahre. Eingewoben in dieses Büchlein ebenso wie in ihre Biografie, deren Basisfakten sie auf ihrer Internetseite zur Verfügung stellt, ist ein perlender Reigen vielfältiger Hinweise auf ihr West-Berliner Aufwachsen. Ihre Eltern waren beruflich in der Kulturszene tätig. Dückers beschreibt sich ebenso wie Vater und Mutter im Lebenslauf in der dritten Person: „Sie ist die Tochter des Kunsthistorikers und George-Grosz-Experten Alexander Dückers und der Kunsthistorikerin Margarethe Dückers." Der Vater war Direktor des Berliner Kupferstichkabinetts und ist Fachmann für den großen Maler Grosz, der berlinischer kaum sein kann und dessen Sterbeumfeld am Savignyplatz in Charlottenburg Dückers in eingehender Weise kulturgeschichtlich lebensvoll beschreibt. Die Linkshänderin hat als Kind schon ein sensibles Sprachempfinden, das zuweilen skurrile Blüten treibt wie die Kreation ihrer Geheimschrift *Autumnisch* oder das „Sammeln Ü-lastiger Worte", das dem Mädchen die Sprache der damals geläufig noch so bezeichneten *Ausländer* insbesondere türkischer Herkunft interessant machte, weil die zahlreiche Ü-Wörter enthielt. Ihr Wilmersdorf war Viertel von Türken, Griechen, *Jugoslawen*, wie sie damals noch nach ihrem später zerfallenen Staatswesen benannt wurden. Im Mietshaus herrschten aber Künstler und Kulturschaffende vor. Als die Tochter noch allein ohne Bruder war, hatten die Eltern ofenbeheizt in der anderen Berliner Schloßstraße gewohnt, die auf das Schloss Charlottenburg hinführt. Sie erinnert die Möglichkeit, gegen Kartoffelschalen Holz zu tauschen, ein Geschäft, das der Berliner Maler Kurt Mühlenhaupt mit Glocke in der Hand in Kreuzberg noch betrieben hatte. Kinderspiel war auf der Straße „Polizeistaat versus RAF". Zur Kindheit gehörten erst städtischer Kindergarten, dann antiautoritärer Kinderladen inklusive elterlichem Engagement. Tanja Dückers war auf dem weitläufigen Areal des Grüns um die Freie Volksbühne mit der baulich ungelungenen Parkpalette unterwegs oder auf dem Spielplatz Meierottostraße. Brachen kannte sie noch: „Berlin sah in den siebziger und achtziger Jahren zum Teil aus, so als sei der Krieg erst vor ein, zwei Dekaden zu Ende gegangen." Die Fasanenstraße war heruntergekommen, kein Gedanke an die teure, limousinenbestandene Straße der Edelgeschäfte der Nachwendezeit. Das Pflaster der

Wo Tanja Dückers Schülerin war: Das Gebäude der Cecilien-Schule am Nikolsburger Platz wurde 1909 bezogen und von Herzogin Cecilie zu Mecklenburg eingeweiht.

Gehwege war schadhaft. Kohlenträger ignorierten spielende Kinder, wenn sie ihrer Arbeit mit den schweren, mit Gurten auf dem Rücken gehaltenen Kohlenkiepen nachgingen. Das katholische Mädchen spürte die Diasporaexistenz ihrer Kirche am eigenen Ausnahmecharakter. Das Verhältnis zu Kirche, Glaube, Gott ist früh zwiespältig. Die im Herbst 1974 in die Cecilien-Grundschule am Nikolsburger Platz 5 eingeschulte Dückers las als Kind die üblichen Mädchenbücher. Im ersten Zeugnis vom Juli 1975 stand: „Manchmal jedoch träumt sie." Mit zwölf, 13 Jahren begann, meist parallel lesend mit ihrer Freundin Martina, intensive Literaturlektüre. Zeitweise waren Anna Seghers' *Das siebte Kreuz* und – gleichzeitig! – Thomas Manns *Die Buddenbrooks* ihre Lieblingsbücher, die Kommunistin und der Bürgerliche. Und sonst lasen sie „alles Mögliche", darunter Friedrich Schiller, Hermann Hesse, Franz Kafka, Else Lasker-Schüler, auch Heinrich Mann, Max Frisch, Alfred Andersch, Heinrich Böll, Siegfried Lenz. Schon im ersten Lesealter entsteht eine Neigung und zugleich Grundlegung zu literarischer Orientierung, die verbunden ist mit aufmerksamer Wahrnehmung der Umgebung, eben der Welt des West-Berlins der beginnenden 1980er-Jahre. Mit 14, 15 Jahren in der Pubertät kam das Interesse für Jungs und trotz der sportlichen und schlanken Mutter das für Schokolade, Süßgenuss, die Confiserie *Leysieffer*, was die „Schokoholic" 2017 zur Kreation der Berliner Schokoladenmarke „Preussisch *süß* – Berliner Stadtteilschokolade" führte. Sie schreibt: „Bei den achtziger Jahren denke ich neben den großen Schrecken namens Waldsterben, Tschernobyl und atomares Aufrüsten an Dinge wie Pralinen und den ‚kleinen Luxus'." Dückers kam aufs Walther-Rathenau-Gymnasium in der Herbertstraße in Grunewald. Dorthin fuhr sie mit dem 19er-Doppeldeckerbus gelegentlich mit parfümduftumwaberten *Ku'dammladies*, der Dückersschen Variante der *Wilmersdorfer Witwen*. Drogen und herumliegende Spritzen, die Geschichte der Christiane F. in ihrem seit 1978 in hohen Auflagen erschienenen und verfilmten Erfolgstitel *Wir Kinder vom Bahnhof Zoo*, die Peepshow, wo sich aus separierenden Kabinen gegen in den

Faszinierte die Romanfigur Julika Zürn genauso wie die Schülerin Tanja Dückers: die Peep-Shows in West-Berlin, hier 1982 ein Sexshop Kurfürstendamm/Ecke Giesebrechtstraße.

Münzschlitz geworfenes Geld minimalbekleidet räkelnde Frauen in Schlüssellochperspektive betrachten ließen, und die damals nüchtern als *Nutten* bezeichneten heutigen *Sexarbeiterinnen* gehörten in Dückers' großstädtische West-Berliner Jugendzeit. Die FU-Studentin wohnte fünf Jahre in der ersten eigenen Wohnung in Neukölln. „Bluthände an der Tür und Besoffene, die komatös im Treppenhaus lagen und für die ich bald routiniert den Notruf tätigte, gab es gratis dazu." Nach dem Abitur war sie längere Zeit in den USA gewesen und studierte dann in Berlin und Amsterdam Germanistik, Niederländisch, Nordamerikastudien und Kunstgeschichte. Sie jobbte in West-Berlin als Nachrichten- und Wetterberichttexterin bei der Deutschen Welle TV und als Lektoratsassistentin bei Verlagen. Als sie noch an der Universität ist, erscheinen schon die beiden ersten Lyrikbände. 1999 debütiert sie mit dem Roman *Spielzone* und wird bekannt, in den 2020er-Jahren hat sich die Berlinerin einen vielfach ausgezeichneten Namen in der zeitgenössischen deutschen Literaturszene erarbeitet. Ihr Thema in *Spielzone* ist das zusammenwachsende, sich in seinen Identitäten konfrontierende doppelte Berlin. Das Buch verarbeitet das Leben der Studentin Katharina in Neukölln, das Begegnen mit denen aus Prenzlauer Berg, die Szenen, die Nischen, das werdende neue Berlin im Aufbruch der Nachwendejahre.

Dückers lebt mit Sohn und Mann in Pankow, ist freischaffende Autorin, nimmt Stipendien wahr, unterrichtet in vielen Ländern, oft in den USA, Germanistik. Ihre künstlerischen Interessen, ihre Zusammenarbeit mit bildenden Künstlern, auch ihre journalistische Arbeit für *Tagesspiegel* oder *Zeit online* haben einen weitgespannten Horizont. Sie zeichnet, erfindet für Comics den *Blub*. In ihrem Lebenslauf steht: „Trotz zahlreicher Auslandsaufenthalte hat Tanja Dückers noch nie in ihrem Leben eine Reise unternommen, ohne eine Bleibe in Berlin zu haben. Sie lebt mit ihrer Familie ebendort." Diese Stadt ihrer Kindheit, Jugend, ihres Erwachsenseins ist ebenso wie ihr Lebensweg in diesem West-Berlin einer der Gegenstände ihres literarischen Schaffens, vielleicht der Ur-Impuls zum Schreiben überhaupt. In ihrem Band über West-Berlin steht: „Berlin fühlte sich irgendwie immer gut an, auch wenn es nicht schön aussah – gerade an seinen häßlichen Ecken, von denen es ja viele gab und gibt." Das West-Berlin-Buch fungiert für die Interpretation ihres 2011 erschienenen und vom Senat mit einem Autorenstipendium geförderten voluminösen Berlin-Romans *Hausers Zimmer* als Realien-Verzeichnis, das im Groben aufschlüsselt, was als authentische Eigenerfahrung der Autorin in die Fiktion des Romans eingegangen ist. Was wir eben über Dückers' Kindheit und Jugend gelesen haben, ist das Gerüst dessen, was wir in der Ich-Erzählerin, der 14 Jahre alten, eine rotumrandete Nickelbrille tragenden Julika Zürn gespiegelt wiederfinden. Erzählt wird aus der Sicht des pubertierenden Mädchens das Jahr 1982 von Weihnachtsfest zu Weihnachtsfest. Es war ein typisches Jahr des *Stillstand Aufstand Berlin*:

Ein bleiernes Jahr, das Ende des Kalten Krieges und die Wiedervereinigung schier undenkbar. Die geteilte Stadt im Niemandsland immer noch mit Einschusslöchern und Ruinen, Insel und Frontstadt, eingeschlossen und kalt, ihre Bewohner verkrochen in Höhlen ihrer Hinterhofwinkel und Altbauwohnungen.

Dieser erste Satz des Klappentextes ist untauglich als Werbung für das Berlin des Jahres 1982. Die Lektüre des Buches gewinnt ihren Reiz durch die detailreiche, authentische Schilderung einer untergegangenen West-Berliner Wirklichkeit. Der Blickwinkel Julikas ist der fiktional entfremdete retrospektive Blickwinkel der Zeitzeugin Tanja Dückers. Für Leser aus deren Generation ist das Buch Lektüre des Wiedererkennens. Für die Nachgeborenen ist es Einblick in das literarisch konservierte Lebensgefühl der untergegangenen Berliner Halbstadt-West. Die persönliche Sicht mit empfindsamer Ironie, liebevollem, nie boshaftem Markieren von Widersprüchen im Handeln, Reden, Denken der sich alternativ gebenden Menschen, in erster Linie der nur mit ihren Vornamen angeredeten Eltern Klaus und Wiebke, macht das Panorama dieser seltsamen Stadt zum kulturgeschichtlichen Zeitzeugnis. Die Eltern versehen die Tochter mit Aufklebern der *Alternativen Liste*, die auf gelbem Grund den kleinen grünen Igel zeigen. Dückers ist auf zeitspezifische, individuelle, unvergleichliche Weise ein Berliner *Zeitroman* der 1980er-Jahre gelungen. Die Entscheidung für die Perspektive eines Berliner Teenie-Mädchens macht *Hausers Zimmer* vergleichbar dem 2014 erschienenen Roman *Die Berlinreise*, in dem ein mit dem Autor identischer katholischer zwölfjähriger Junge namens Hanns-Josef *Johannes* Ortheil das Mauer-Berlin des Jahres 1964 schildert.

Dückers entfaltet in ihrem Roman die immer wieder verträumt erscheinende Welt der *Jule* genannten Tochter einer Übersetzerin und eines Kunstkundigen, der zum Redakteur einer Kunstzeitschrift avanciert. Die Eltern gehören jenem neuen alternativ ausgerichteten West-Berliner Bürgertum an. Sie wählen AL, lesen aber neben der *taz* auch den bürgerlichen *Tagesspiegel*. Bietet er das bessere Feuilleton?

Sie besuchen mit hoher, die Tochter und deren schlaksigen Bruder Falk nervenden Frequenz Vernissagen, Ausstellungen, Museen der von ihnen hochgelobten Kulturstadt Berlin. Auch die aufsehenerregende Kunstschau *Zeitgeist* im an der Mauer in Kreuzberg gelegenen und jüngst erst wiederbelebten *Martin-Gropius-Bau* kommt vor. Der Vater ist ein weichherziger, sensibler, eigenwilliger Typ. Er legt trotz seiner kulturell-politischen Gesinnung Wert aufs Äußere, auf Boutiquekleidung, während die nie *Mutter* genannte Mutter es so leger vorzieht, dass die Tochter meint, beide wirkten äußerlich kaum als zueinander gehöriges Paar. Wir nehmen teil am politischen Leben von Stadt und Nation. Berlin- und Deutschlandfrage spielen im politischen Diskurs der täglich ritualisiert *Tagesschau* sehenden Familie eine wichtige Rolle. Statt Kirchgangs sitzt die Familie am Sonntag zusammen und schaut die von der ARD für Kinder produzierte *Die Sendung mit der Maus*. Der Wechsel zum Regierenden Bürgermeister von Weizsäcker ebenso wie das Scheitern des SPD-Kanzlers Helmut Schmidt und die Heraufkunft der *schwarzen* Dezennien seines Nachfolgers Helmut Kohl werden als Ende einer *Ära* empfunden. Skurril mutet die wiederkehrende Erwähnung des Ablebens bedeutender

Kultort in Dückers' Berlin-Roman: Der kriegszerstörte Martin-Gropius-Bau (hier 1988) an der Mauer stand lange leer, sollte abgerissen werden, wurde erst zwischen 1978 und 1981 saniert und anschließend wieder für Ausstellungen genutzt.

Persönlichkeiten des Jahres 1982 an, die die Tochter unter ausgiebiger Würdigung der ihr übertrieben betroffen erscheinenden Reaktionen ihrer Eltern erzählt. Da sterben unter reger Anteilnahme der beiden Kulturmenschen der Komponist Carl Orff, Biermanns Freund Robert Havemann, die Schauspielerin Romy Schneider, der Autor Peter Weiss, der Psychologe Alexander Mitscherlich oder der Regisseur Rainer Werner Fassbinder, aber registriert wird ebenso die Geburt von Prinz William, des ersten Enkels von Queen Elizabeth II. Die auf gute Ernährung achtende Mutter geht zu *Aldi* einkaufen, weil ihr die Ökoläden zu teuer sind. Julika verzehrt im Konflikt mit Wiebke wenig gesundheitsfördernde Produkte. So trinkt sie den damals gängigen Fruchtsirup *Tri Top* und braut sich Brause aus dem prickelnden *Ahoj*-Pulver. Die Tochter muss im Auftrag der Mutter immer wieder Lebensmittel, aber auch ausrangierte Kleidung des Vaters, eine Zeit lang auch Bücher, zu den Obdachlosen bringen, für die Dückers heute ehrenamtlich arbeitet und die damals zeittypisch ohne jeden Skrupel *Penner* genannt werden. Sie hausen gegenüber in der Parkpalette an der Freien Volksbühne und passen auf den dort geparkten Volkswagen des Typs *Scirocco* auf. In der Sportvariante des *Golf* kann der 1,90 Meter große Bruder kaum seine Beine unterbringen. Zürns benutzen auf der Urlaubsreise die angelegentlich geschilderten Transitstrecken, um ins in der Familie als *Restdeutschland* genannte, aber in West-Berlin gern so bezeichnete *Westdeutschland* zu gelangen. Vater Klaus ist erst aufgrund eines Jobangebots mit der Mutter Anfang 1964 nach West-Berlin gekommen; Wiebke hatte dagegen die ersten acht Lebensjahre in der Stadt verbracht. Dückers verbindet die Aufzählung der West-Berliner Attraktionen mit der Beschreibung des *Stillstands* der Stadt, der Betonung des absurden Flüchtenwollens, gleichzeitigen Zurückkehrenwollens ihrer Bewohner:

Alle wollten sie weg. Nein, alle wollten in Berlin bleiben und sich dann aus der Mitte der Stadt hinauskatapultieren aus [...] *dem Bahnhof Zoo, der Ruine der Gedächtniskirche, der Nationalgalerie, der Akademie der Künste, dem Grunewaldsee, dem Wannsee, dem Schloss Charlottenburg, dem Flughafen Tempelhof – aus irgendeinem der magischen Orte dieser Stadt, in der die Luft auf eine vibrierende Art stillstand (eine besondere Art der Stille, eine erregte Stille, war das), in etwas ganz anderes katapultieren. Nur nicht Restdeutschland. Nur nicht Deutschland. Berlin–New York. Berlin–Honolulu. Berlin–Utopia. Glitzerberlin. Weit fort – und immer wieder zurück.*

Die titelgebende Figur Peter Hauser ist 1981 aus dem Stadtteil Buckow zugezogen. Gemeint sind die sozial aus dem Gleichgewicht geratenden Siedlungen in Neukölln wie die Gropiusstadt, wo er aufgewachsen ist. Hauser ist ein Rockertyp, muskulös und langhaarig, ohne rechte Beschäftigung, zweirädrig unterwegs, der mit dem Motorrad offenbar gern die einzige richtige West-Berliner Autobahn ohne Tempolimit benutzt, um zum Biker-Treffpunkt *Spinnerbrücke* in Nikolassee zu rasen. In seinem Zimmer ist eine Hawaiitapete, die er ungelenk angeklebt hat. „Ick schlaf in Berlin unter Palmen", lautet der erste Satz der Figur Hauser auf der ersten Seite des Romans. In urberlinischem Dialekt sagt er, dass er sie tapeziert hat, damit er nicht in Urlaub zu fliegen braucht. Die Protagonistin nennt den von den Eltern gar nicht geschätzten Hinterhausbewohner meist mit dem Artikel *der Hauser*. Julika träumt davon, mit diesem Antitypen auf dem Motorrad durch Patagonien zu fahren. Sie weiß manches Mal nicht, was sie wirklich von ihm will. Sie führt Buch über ihre Beobachtungen, die sie vom Fenster aus mit ihrem Minifernglas macht, wenn sie in sein abends von einer orangefarbenen Lampe erleuchtetes Zimmer gafft. Wenn er nicht da ist, dann malt das Mädchen ein Quadrat ins Heft, das sie schwarz ausmalt. Sie sieht ihn nackt auf dem

Dückers' Romanfigur Peter Hauser war von hier nach Wilmersdorf gezogen: Die West-Berliner Gropiusstadt liegt unmittelbar an Mauer und südlicher Stadtgrenze.

ungemachten Bett, sieht, welches Fernsehprogramm er eingeschaltet hat, notiert seine sexuelle Aktivität mit verschiedenen Damen. Gipfel ihrer verschämten allmählichen Annäherung an Hauser ist das gemeinsame Videosehen in seiner Wohnung. Der harmlose Besuch bei ihm ist Beginn der Entzauberung Hausers. Denn nun hat sie in seiner Wohnung alles aus der Ferne Geheimnisvolle aus der Nähe gesehen. Zudem entpuppt sich Hauser als Maler. Die Galeristin, die sich von seiner Bettgenossin – Julika hatte die Besucherin registriert – zu seiner Förderin entwickelt, hat ihn dazu veranlasst. Er produziert moderne Kunst ohne jeglichen künstlerischen Anspruch. Er verdient Geld. Aber die Besucher der nahe gelegenen lokalen Galerie steigen darauf ein. Die Bilder imponieren sogar Julikas Eltern. Der Maler, Künstlername *Avus*, ist bei der Vernissage nicht anwesend, damit seine Hausnachbarn die Farce nicht erkennen. Zum Jahresende 1982 zieht Hauser sowieso wieder aus.

Dückers gestaltet den Mikrokosmos eines an der Grenze zu Schöneberg gelegenen Wilmersdorfer Mietshauses. In dessen Hof stellen die dort wohnhaften bildenden Künstler ihre Skulpturen neben den Mülltonnen mehr auf als aus. Darunter befinden sich vor allem hofraumgreifende Bildnisse überlebensgroßer Brüste. Der Roman bietet eine aus der Fülle der nüchtern dokumentierten Einzelheiten des Alltags der beginnenden 1980er-Jahre gefügte Milieustudie des neuen alternativen West-Berliner Bürgertums. Demonstrationen gehören für diese Menschen ebenso wie für die Autorin zum Alltag. Es wird so auch gegen den auf Berlin-Besuch gekommenen US-Präsidenten Ronald Reagan demonstriert. Aber die Realität der Mauerstadt wird dennoch kritisch in ihrer absurden Qualität wahrgenommen:

Was war das doch für eine merkwürdige Stadt, in der immer wieder Menschen an der Grenze erschossen wurden. Nirgendwo sonst kamen so viele Menschen an der innerdeutschen Grenze ums Leben wie in Berlin, hatte Klaus einmal gesagt. Es kam einem irreal vor – und war doch so nahe.

Den Osten der Stadt erleben wir vor allem in der Schilderung des Schulausflugs, bei dem sich Julika mit dem Mitschüler Steffen, der Außenseiter in der Klasse ist wie sie und mit dem sie später das erste Mal im Bett ist, von der Gruppe abseilt. Zum Besuch in Ost-Berlin gehören die Einreise mit Passierschein, der erzwungene Umtausch in DDR-Geld, die so leichten, aus Aluminium gefertigten Münzen mit Hammer und Sichel. Die Lehrerin hatte erklärt, dass die Schüler das

Kurfürstendamm, 10. Juni 1982: Demonstrationen wie diese gegen den Berlin-Besuch des US-Präsidenten Ronald Reagan gehörten in den 1980er-Jahren zum Straßenbild.

Rote Rathaus, den Dom, den Palast der Republik „als Beispiel sozialistischer Schundarchitektur" und das Pergamonmuseum besichtigen sollten, um dann das Restaurant im Fernsehturm und das *Centrum-Warenhaus* am Alexanderplatz zu besuchen, um das DDR-Geld *loszuwerden*. Das kann eine konsumgewohnte Mitschülerin gar nicht verstehen, die nur westliche Angebotsfülle kannte. Julika staunt über das Kaufhaus, und es spricht dann sozusagen aus dem Off die Autorin aus dem Erleben der Nachwendezeit:

Das Ding hatte eine unglaubliche Aluminiumfassade, die mir Eindruck machte – ein Ufo-Pendant zum West-Berliner ICC gewissermaßen. Beide Gebäude eröffneten in den Siebziger Jahren. Über zwanzig Jahre später sollte ich den Fassadenabriss des nunmehr Galeria Kaufhof genannten Warenhauses sehr bedauern.

Julika fällt die Leere der Straßen auf, die Leere der Ladentheken. Es habe nur drei Käsesorten gegeben, runde, dreieckige und quadrati-

Faszinierte die West-Berlinerin Tanja Dückers: die Wabenfassade des Centrum-Warenhauses am Alexanderplatz 1984; davor Mitglieder der SED-Jugendorganisation FDJ.

sche Stücke. Mit Steffen fährt sie mit der sich *ungemütlicher* und *uriger* anfühlenden U-Bahn aufs Geratewohl zur Weberwiese. Als sie die Treppe hinaufsteigen, denkt sie, es träfe sie der Schlag. Die Bauten der im Roman so bezeichneten *Stalinallee,* die in den 1980er-Jahren schon längst Karl-Marx-Allee heißt, überwältigen sie: „So hatte ich mir vielleicht Moskau vorgestellt, aber nicht Berlin!" Es war nicht weit weg von ihrem Zuhause. Doch die Menschen schienen ihr fremd. Sie waren anders gekleidet. Ihre Gestik war anders. Dabei hat-

te die Frau im Imbiss so sehr berlinert. Im Restaurant müssen beide warten, bis ihnen ein Tisch zugewiesen wird. Julika will plötzlich weg, sie fühlt sich unwohl auf der riesigen Allee. In der Seitenstraße pöbelt ein Betrunkener Steffen an. Dessen blaues Hemd lässt den Westbesucher als Mitglied der kommunistischen Jugendorganisation *Freie Deutsche Jugend* FDJ erscheinen, deren Uniform das *Blauhemd* war: „Bist'n FDJ-Schwein!" Die Mauer beschäftigte die beiden Schüler. Steffen erzählt von einem missglückten Fluchtversuch. Er hatte morgens davon gehört. „Der Tote sei ein junger Typ vom Prenzlauer Berg, nur ein paar Jahre älter als wir." Julika ging der Tag im Drüben nach. Sie hatte gehört, wie die Erwachsenen über Ost-Berlin und Ostdeutschland sprachen, „als sei da etwas Dämonisches, etwas, das sie faszinierte und ängstigte." Dieses Dämonische hatte sie nicht nachempfinden können. Es musste also etwas geben, „das ich nicht verstand oder einfach nicht gesehen hatte." Wie hatte Tanja Dückers den Osten Berlins selber erlebt? In *Mein altes West-Berlin* hat sie festgehalten, dass sie „nur wenige Male" dort war. Das ist in ihrer Generation keine Ausnahme gewesen. Mit den Eltern, mit der Schule, wenn Besuch da war, fuhr man *rüber*. Dückers erinnert sich: „Jeder Ausflug nach Ost-Berlin war von gegensätzlichen Gefühlen beherrscht: Ist das schrecklich hier! Ist das schön hier! Da fehlten die Farben, da waren die Straßen, die Schaufenster, die Autos, die Gesichter von einer seltsamen Blässe. Dem Essen fehlten die Gewürze." Sie sah die Linden, den Dom, das Brandenburger Tor. Lag nicht das Herz Berlins im Osten? Als Kind schon habe sie diese Frage erspürt. Dazu kam das, was sie *Nahweh* nennt. Es sei deprimierend gewesen, wenn die Großen gesagt hätten, dass die Jungen gar nicht wüssten, „wie Berlin vorm Krieg ausgesehen hat." Dückers hält den Vergleich der Stadt der Vergangenheit mit der Stadt in der Gegenwart der 1980er-Jahre so fest: „An das Berlin der zwanziger Jahre reicht das heutige niemals heran und wird es niemals heranreichen. Berlin lebte in einer seltsam postkoitalen, postaggressiven Verstimmung und Melancholie." Die *Stillstand-Aufstand*-Stadt. Da waren also im Bewusstsein vieler West-Berliner immer noch zwei andere Städte anwesend. Neben dem verklärten und überhöhten Berlin der angeblich goldenen 1920er-Jahre gab es das konkurrierende Ost-Berlin der Gegenwart:

Düster und drohend, wie eine versteckte Verwandte der Gedächtniskirche, wartete hier eine Stadt auf, die auf seltsame Weise Ähnlichkeit mit unserer hatte und doch ganz fremd schien. Und die Menschen berlinerten!

Dieter Mann – Der Berliner übernimmt das Deutsche Theater

Berliner, Schauspieler, Entertainer: Dieter Mann, der Intendant des renommierten Deutschen Theaters, im Jahr 1988, links das Logo des DT.

DER OST-BERLINER THEATERMANN erlebte seinen Durchbruch als Schauspieler mit dem Stück eines Ost-Berliner Autors über einen jungen Ost-Berliner. Dieter Mann, Ulrich Plenzdorf und *Edgar Wibeau* lauten die Namen. Plenzdorf erzählt die Geschichte des 17-jährigen DDR-Bürgers Edgar Wibeau, der die Lehre schmeißt und sehen will, „wie der Hase läuft in Berlin“. Beim Lesen von Johann Wolfgang von Goethes Briefroman *Die Leiden des jungen Werthers* entdeckt der Junge Parallelen zu seinem eigenen Leben. Julika Zürn fühlte sich von Wiebke gelangweilt, als ihre Mutter ihr von *Den neuen Leiden des jungen W.* erzählte:

Sie hatte angefangen, mir über ein ihrer Meinung nach interessantes Theaterstück, eine Neuauflage von Goethes Werther, zu erzählen, aber ich hörte nur etwas von „Neuen Leiden“ und hatte keine Lust, mir das anzuhören.

Der Roman erscheint 1972, das Stück wird im gleichen Jahr uraufgeführt, 1976 im Westen verfilmt. Es ist die Geschichte eines unangepassten jungen Mannes, der sein Leben leben will, eine Geschichte, die dem SED-Regime ebenso wie der Autor wenig genehm war; Plenzdorf gehörte 1976 zu den Unterzeichnern der Petition gegen die Ausbürgerung des Berliner Liedermachers Wolf Biermann. *Charlie* und nicht wie bei Goethe *Lotte* nennt der Lichtenberger Laubenbewohner Edgar seine Liebe, die Kindergärtnerin Charlotte Schmidt. Der renommierte West-Kritiker Marcel Reich-Ranicki vergleicht das gesamtdeutsch und international erfolgreiche Buch des 1934 geborenen Dramaturgen mit dem amerikanischen Roman *Der Fänger im Roggen* von 1951, in dem Jerome D. Salinger vom Dasein eines 16 Jahre alten Jugendlichen im Konflikt mit seiner Umwelt erzählte. Der Literaturkritiker schlug vor: „Nicht ‚Die neuen Leiden des jungen W.‘ sollte Plenzdorfs Buch betitelt sein, vielmehr: ‚Der Fänger im DDR-

Roggen'." Beides sind Geschichten von Revolteuren. Uraufführung des Stücks ist am 18. Mai 1972 in Halle an der Saale. Der SED-Bezirkschef ist dort Horst Sindermann, später in Ost-Berlin ein weniger liberales Politbüro-Mitglied. Im gleichen Jahr steht Dieter Mann im Deutschen Theater in der Schumannstraße mit langem, wirrem Haar, in Lederweste mit Innenfell, vor allem in den verpönten, aber begehrten Bluejeans, die offiziell *Nietenhosen* hießen, als Edgar Wibeau auf der Bühne des vom Staat privilegierten Ost-Berliner Theaters. Der schon 34 Jahre alte Schauspieler spielte die Rolle mit Jutta Wachowiak als *Charlie* mehr als 300 Aufführungen lang. Mitte der nuller Jahre erzählt Mann, dass es leicht gewesen sei, das Ost-Berliner Publikum *einzukaufen*, das, so meint er es wohl, einstieg auf die nicht nur im Subtext enthaltene Kritik der auch in Ost-Berlin real existierenden Spießigkeit. Mann war virtuos genug, die Leute *gegenlaufen* zu lassen, wenn er spürte, wie sehr der Text die Menschen mitgerissen hatte, denn das Anliegen war ein anderes:

Wir wollten mit der Inszenierung erzählen: Seid vorsichtig, junge Leute nach ihrem Haarschnitt, nach ihrem Äußeren zu beurteilen; diffamiert nicht gleich jemanden, nur weil er ein paar Tage in einer Laube lebt und nicht zur Arbeit geht.

Mann sagt von sich, er sei kein Schreiber. Er hat zwar seinen Beitrag geliefert zu der Sammlung autobiografischer Texte von DDR-Schauspielern, die 2009 unter dem auf Christa Wolfs Roman *Der geteilte Himmel* anspielenden Titel *Der ungeteilte Himmel* erschien. Mann hat aber entschieden, sein Leben in einer *Autobiografie in Gesprächen* zu erzählen, der er den Titel *Schöne Vorstellung* gab. Interviewer ist Hans-Dieter Schütt, der einerseits studierter Fachmann für Theater, Film und Kultur, auch FDJ-Funktionär und Genosse sowie die letzten fünf Jahre vor dem Mauerfall linientreuer Chefredakteur der in Berlin produzierten Zeitung *Junge Welt* gewesen war. Andererseits war er nach dem Mauerfall ein kundiger und zu eindrucksvollen Texten befähigter Kulturjournalist beim im Verlagshaus am Franz-Mehring-Platz erscheinenden ehemaligen SED-Zentralorgan *Neues Deutschland*. Diesen Kenner hatte sich Mann, der sich nach dem Ende der SED keiner Partei mehr verschrieb, zum Partner für sein 2016 herausgekommenes Lebensbuch gewählt. Schütt verhehlt in einer seiner mitwissenden, klugen Fragen an Mann nicht sein Bedauern, dass er noch in der Vorwendezeit als Chefredakteur „eine grobe Polemik gegen das Deutsche Theater" zu verantworten gehabt habe. Nach der Wende setzte er sich aufrichtig mit dem DDR-System auseinander.

Die DDR-Kultur- und Bildungspolitik führte viele Persönlichkeiten, denen Kulturschaffen nicht in die Wiege gelegt war, dennoch an Bildung und Kultur heran. Manfred Krug, Jahrgang 1937, Sänger, Filmschauspieler, nach der Biermann-Ausbürgerung von Ost- nach West-Berlin gegangen, war vor seiner Karriere jüngster Stahl-Facharbeiter der DDR. Bücher waren ihm fremd im Elternhaus, er wusste nicht, wie er sich die *Klassiker* beschaffen sollte, die das Vorsprechen an der Schauspielschule in Berlin-Schöneweide erforderte. Krug wurde genommen, aber flog bald von der Schule. Der gelernte Dreher Dieter Mann schwärmt wie Krug von diesem Institut, auf dem er das erste Mal nicht Außenseiter, das erste Mal akzeptiert, gemocht und gefördert war. Er schreibt der *Arbeiter- und Bauernfakultät* ABF, an der er Abitur machte, seine Wendung zum Theatermann zu. Die ABF verfolgte das ideologisch verbrämte Ziel, Arbeiterkindern Bildung und Wissen zu vermitteln. Mann hat sein Leben lang das Empfinden, die Lektüre der Bücher, die ihm in Kindheit und Jugend entgangen waren, nicht mehr nachholen zu können. Es bleibt das Gefühl, aufgrund der Armut, die er im Nachkrieg litt, die bis zu Hunger, zu Unterernährung und zweimaliger Verschickung zum Aufpäppeln reichte, bildungshungrig zu bleiben, den anderen gegenüber im Nachteil zu sein: „Armut ist etwas Beschissenes, aber sie hat mich – wohl ein Leben lang – von dem entsetzlichen Dünkel freigehalten, etwas Besseres zu sein." Der am 20. Juni 1941 in Tiergarten geborene Mann ist Berliner, bleibt es, die Sprache beherrscht er, der den Städtern eigene Humor prägt ihn. Das spürt, wer ihn in seinen komödiantischen Rollen, als Unterhalter erlebt. Er hat Fernsehen gemacht, den berühmten *Kessel Buntes* im *Fernsehen der DDR* moderiert. Mann hatte wie Krug den vom Publikum über die *Berliner Zeitung* und die TV-Zeitschrift *FF dabei* vergebenen, daher umso wertvolleren Titel *Fernsehliebling* errungen.

Er verdanke seinen Eltern, dass sie ihn ernährt hätten nach dem Krieg, sagt Mann. Der Vater war von Anfang an als Soldat im Zweiten Weltkrieg, kam mit einem verkürzten Bein zurück. Ungelernter Maschinenarbeiter war er, später ist er Platzwart der Sportanlage am Kissingenplatz in Pankow. Als der Sohn den Facharbeiterbrief, Note *Zwei*, als Dreher machte, verdiente das Kind mehr Geld als der Vater. Mann erwähnt oft, dass der Vater sinnend aus dem Fenster geschaut habe. Eine Kriegsehe sei das gewesen. Die Mutter habe nach 1945 die Nächte an der Nähmaschine gesessen, um als Pelznäherin Geld zu verdienen. Wärme habe es in dieser Familie kaum gegeben, die Eltern

50. Folge der vom DDR-Fernsehen in Ost-Berlin produzierten Unterhaltungsshow *Ein Kessel Buntes*: Moderatoren am 2. Mai 1981 waren der Komiker Hans-Joachim Preil und Dieter Mann.

gaben sie einander nicht, Dieter und sein Bruder Otto, der Sinologe und Asienkorrespondent des *Allgemeinen Deutschen Nachrichtendienstes*, der DDR-Nachrichtenagentur ADN, wurde, hätten Liebe von der Großmutter erfahren. Ausgebombt waren die Manns in Berlin. Alle Bücher waren futsch. Die Wohnung war im Haus Elsa-Brandström/Ecke Vinetastraße gewesen, zweiter Stock, er konnte noch lange von der Straße aus in die Küche schauen. Evakuiert war die Familie ins Warthegau, dessen Hauptstadt Posen, heute Poznań, war. Zugewiesen war die Wohnung in der Zillertalstraße, nicht weit weg von der ersten Wohnung, zugewiesen waren auch die Möbel. Eine Musiktruhe war das erste Eigene, was der Vater kaufte, der Ziehharmonika spielte. Sie hatten drei Schallplatten, Klassik. Nicht einmal richtig schreiben konnte Manns Vater. Schriftkram erledigte die Mutter. Die Treppen des Hauses lagen lange frei, die Wände waren weggebombt. Bis zum 18. Geburtstag wohnte Dieter Mann dort in Pankow bei den Eltern.

Als Schüler war er miserabel, war eine Zeit lang der Einzige mit Holzpantinen, die der Vater anfertigte. Nach der Gefangenschaft hatte er im späteren Volkseigenen Betrieb *VEB Industriebürsten* in der Heynstraße 20 angefangen. Die Kleider der Söhne waren geflickt. Er sei unter *Bürger- und Kleinbürgerkindern* das einzige Kind aus der *Arbeiterklasse* gewesen: „Ich gehörte nirgends richtig dazu.“ Die erste Banane kaufte der Vater im Westen, im Laden im Wedding, Wollankstraße. Mit 14 sagte ihm der Vater wie zuvor dem Bruder, er könne den Sohn nicht mehr ernähren. Dieter machte die Lehre im *VEB Kühlautomat,* Segelfliegerdamm 27/28, in Johannisthal. Mit 16 erlaubte der Vater, das war erforderlich, dass er im Dreischichtsystem arbeiten ging. Das war im *VEB Schleifmaschinenwerk*, Köpenicker Straße 48/49, Berlin O 17. Viele Arbeiter kamen aus dem Gefängnis. Sie hätten in den Westen gehen können. Es war nicht weit bis Kreuzberg. Aber sie blieben. Mann erwähnt das Kulturprogramm in den Betrieben, erzählt vom Tanzunterricht, wie er mit 15, 16 Jahren aus Neugierde in die Bibliothek des *VEB Kühlautomat* geht, wo er die ersten Bücher empfohlen bekommt, darunter *Die Buddenbrooks* von Thomas Mann. Er ist der Einzige, der sich für die Freikarten für Christoph Willibald Glucks *Orpheus und Eurydike* in der Staatsoper interessiert und hingeht. Vorher las er das Buch, von dem er nicht wusste, dass es *Libretto* hieß. Er wurde Kulturobmann, verscherbelte Karten, die er nicht loswurde. Sie fuhren nach Dresden zu einer Kunstausstellung. So viele Ruinen wie dort hatte er selbst in Berlin nicht gesehen.

Wie der Bruder wechselt er mit 17 Jahren aus dem Betrieb in die ABF an der Friedrichstraße. Die Arbeit an der Drehbank war langweilig, er wusste, er würde angesichts des Einerlei ins Nachdenken kommen, wollte aber nicht verzweifeln, also ging er wieder zur Schule. Von den 190 Mark Stipendium ließ sich leben. Der Abschluss war in drei Jahren zu schaffen. Gegen das System und die politische Ausbildung kann sich Mann an „keine grundsätzliche Abwehr meinerseits erinnern.“ *Parka*-Kutten und Jeans sollten nicht getragen werden. Dann wehrte er sich, als sie mit dem blauen FDJ-Hemd ins Theater sollten: „Nee. Theater ist für mich eine sehr, sehr feierliche Angelegenheit, da ziehe ich meinen einzigen guten Anzug an. Und drunter ein weißes Hemd.“ Er wird zum Außenseiter, er wird zur Versammlung einbestellt, hört sich die Vorwürfe an, ihn rettet, dass der ideologische Wind dreht, plötzlich reden sie wieder mit ihm, der als Einziger sein weißes Hemd im Theater getragen hatte. Damals schließt er seine einzige, nicht haltbare Ehe, ein Kind war unterwegs. 1980 bekommt er eine Tochter, die in Berlin lebende Schauspielerin Pauline Knof, geboren als Pauline von Schnitzler. Ein Theaterkind, dessen Mutter die Schauspielerin Barbara Schnitzler, dessen Großmutter die Schauspielerin Inge Keller, dessen Großvater der Fernsehkommentator Karl-Eduard von Schnitzler ist. Vater, Mutter, Großmutter, alle waren Ensemblemitglieder des Deutschen Theaters. Lehrer hatte er werden wollen, für Kunsterziehung und Deutsch. Er war in der Sprechergruppe der ABF, die agitpropartige Szenen einübte, und er dilettierte auf der Gitarre, hatte Spaß dabei. Jemand sagte, er müsse zur Bühne, er habe Talent. Aber seine Kumpels lachen ihn aus:

Männlein, Schauspieler? So wie du aussiehst? Du musst doch bekloppt sein! Vielleicht war ich ja bekloppt. Mir schien der Beruf des Schauspielers in mehrfacher Hinsicht attraktiv. Da spielte gewiss der Wunsch mit hinein, auf solche Weise eine Persönlichkeit sein zu können, die ich nicht war.

Von der ABF sei er oft über die Weidendammer Brücke gegangen, jene Brücke, über die Biermann mit seiner Gitarre gegangen war, um zum Westkonzert zu fahren, von dem er nicht mehr zurückdurfte. Mann mochte Biermann nicht, er hat auch nicht unterschrieben gegen die Ausbürgerung 1976. Wäre die Liste noch leer gewesen, so orakelt er im Rückblick, dann vielleicht. Biermanns Fehler sei gewesen: „Er gönnte seiner Klugheit nicht die Unauffälligkeit, die ihr gutgetan hätte." Mann ging über diese Brücke oft ins Berliner Ensemble BE und sieht den großen Brecht-Darsteller Ekkehard Schall, der ihn so beeindruckt, dass sie ihm beim Vorsprechen auf der Schauspielschule sagen: „Sie machen den Ekkehard Schall vom Berliner Ensemble gut nach." Mann hatte sich beim BE als Statist beworben, war genommen worden, stand zwei-, dreimal die Woche in Brechts *Der aufhaltsame Aufstieg des Arturo Ui* auf der Bühne, erlebte Schall aus nächster Nähe. Mann meinte, fürs Theater brauche er das Abitur gar nicht. Nach dem Vorsprechen sagten sie ihm, er solle den Abschluss machen: „Wir wollen gebildete Schauspieler." Der das sagte, das war der Leiter der Schule, der langjährige Intendant des Deutschen Theaters, der Jude und Kommunist Wolfgang Heinz, ein Schauspieler, Regisseur und Schauspiellehrer, den Mann in höchsten Tönen lobt, dem er unsäglich viel verdankt. An der ABF ist Mann in die SED eingetreten. Er sagt, es sei wegen der Menschen gewesen, welche, von denen er damals gesagt habe: „Gäbe es mehr von diesen, dann gäbe es – durch deren Arbeit nämlich – bessere Verhältnisse." Solche Leute hätten ihm den „Sinn des Staates" offenbart, „bis hin zu dessen Ende übrigens [...]." Mann bewirbt sich an der Schauspielschule Leipzig, die ihn nimmt. An der Volksbühne ist er zu dieser Zeit Statist, und Ursula Karusseit und Eberhard Esche, Schauspieler schon, aber noch am Anfang großer Karrieren, sagen ihm: „Junge, bist du verrückt, nach Leipzig zu gehen? Bewirb dich in Berlin, hier in der Stadt sind so viele Theater, also auch so viele unterschiedliche Lehrer!" Mann trickst, denn die Frist in Berlin ist abgelaufen, aber es gelingt. Der Mauerbau im August 1961 hält den Studienbeginn auf, der erst im Januar 1962 möglich wird; Manns Jahrgang ist der einzige, der deswegen nur zweieinhalb, nicht drei Jahre studiert. Er ist FDJ-Sekretär, lebt in einer kalten Mansarde in Friedrichshagen. Bei der Nationalen Volksarmee ist er nur sechs Wochen, an der Drehbank stellt er dort Ersatzteile für Zylinderköpfe von Automotoren her. Im dritten Studienjahr schon fügt sich sein weiterer Weg. Szenenstudium hatte er bei Regisseur Friedo Solter, einer, der in Manns Karriere wichtig bleibt. Im letzten Semester ist er Manns Lehrer. Solter gibt ihm die Hauptrolle in Viktor S. Rosows Stück *Unterwegs*. Das erspart Mann das Tingeln an

Nach der Wende zum Lost Place geworden: Der spätere Schauspieler Dieter Mann hatte im *VEB Kühlautomat* am Segelfliegerdamm in Johannisthal in der Produktion gearbeitet.

Traditionsreiche Berliner Bühne: das Deutsche Theater und die Kammerspiele (l.) 1984 zur Zeit der Intendanz Dieter Manns, im Hintergrund die Charité.

den Provinzbühnen, er fängt 1964 an mit der Hauptrolle des *Wolodja* am neben dem BE wichtigsten Theater der Hauptstadt der DDR. Er wird Mitglied des Deutschen Theaters, bleibt es bis zum Ausscheiden 2006. 1963 schon hatte er die erste Fernsehrolle. 1965 folgt sein Debüt bei der DDR-Filmgesellschaft DEFA in Gerhard Kleins Berlin-Film *Berlin um die Ecke*. Das Drehbuch hatte Wolfgang Kohlhaase geschrieben. Beide Filmemacher waren Berliner. Der Streifen wird infolge des *Kahlschlagplenums* der SED 1965 verboten und wird erst nach der Wende gezeigt; Mann sieht sich 1990 auf der Leinwand als jungen Mann wieder. Mit Kohlhaase und dem großen DDR-Regisseur Konrad Wolf dreht der inzwischen gut vom Fernsehen gebuchte Mann 1967 den Film über die Schlacht um Berlin mit dem Titel *Ich war neunzehn*. Mann ist gut im Geschäft. Mit dem Plenzdorf-Stück 1972 gelingt endgültig der Durchbruch.

Das mit den großen Berliner Theaternamen Max Reinhardt, Heinz Hilpert, Gustav von Wangenheim, Wolfgang Langhoff und Wolfgang Heinz verbundene Deutsche Theater ist einzigartig, weil es ein Ensemblehaus ist, das auch in der DDR den festen Kreis von exzellenten Schauspielern pflegt und schon deswegen einzigartige Leistungen in besonderer Qualität auf seine beiden Bühnen bringt. Das Ensemblemitglied Dieter Mann wird letzter Intendant der DDR-Ära, der erste in der neuen Zeit des vereinten Berlins. Er ist der prägende Chef des Hauses während der 1980er-Jahre. Sein Aufstieg, ein wenig wider Willen, ist verbunden mit dem 100-jährigen Jubiläum des so bedeutenden Berliner Hauses. Mann bleibt länger im Amt als die fünf Jahre, die er sich vorgenommen hatte. Grund dafür ist die Wende mit ihren Konsequenzen. Mann will das Haus erhalten, durch die schweren Wasser steuern, bleibt länger, übergibt es 1991 Wolfgang Langhoffs Sohn Thomas. Das Haus zeichnet ihn aus, indem es Mann 2004 die Ehrenmitgliedschaft anträgt, im Jahr seines 40. Bühnenjubiläums. Mann, der als Intendant in Mahlsdorf wohnte und für den Notfall eine Einraumwohnung in Theaternähe hatte, wenn es nicht mehr reichte, mit dem Wartburg heimzufahren, lebte zuletzt am Krüpelsee bei Königs Wusterhausen. Der leidenschaftliche Segler starb als Parkinsonpatient am 3. Februar 2022 in seiner Geburtsstadt.

„Ersparen Sie's – mir, uns, wem auch immer", bittet Mann, als Schütt ihn fragt, wie er in die Intendantenrolle kam. 1983 soll das Deutsche Theater den 100. Jahrestag seiner Gründung feiern. Es ist Großes geplant. Das Gebäude wurde aufwendig rekonstruiert. Am 29. September 1983 soll es neu eröffnet werden mit Friedo Solters auf acht Stunden Dauer angelegter Inszenierung von Goethes großem Lebens- und Alterswerk *Faust II*. Alle 76 Schauspieler des Theaters sollen auf der Bühne sein, in fast 150 Rollen. Mann soll den *Mephisto* geben. Er wird ihn in seinem Darstellerleben niemals spielen. Alles war fertig, die Ausstattung, die Bühnenbilder in Gestalt eines *Welttheaters*, die Lichttechnik sah alles vor, von der Kerze bis zum Laserstrahl. Mann: „Man kann schon sagen, es war eines der ehrgeizigsten Projekte des DDR-Theaters." Zuletzt 1909 und 1911 hatte das Haus unter der Regie Reinhardts beide Teile der Tragödie auf die Bühne gebracht. Der 1984 verstorbene Heinz, Ehrenbürger Berlins von 1983, der Max Reinhardt noch gekannt hatte, war 1968 über die politisch anstößige Inszenierung von *Faust I* als Intendant gestürzt. Das Vorhaben, den zweiten Teil zu inszenieren, wird nicht verwirklicht. Am Premierentag sollte nun, 1983, SED-Generalsekretär Erich Honecker kommen. Plakate, Programmhefte waren gedruckt. Aber die Bauarbeiten, der Baulärm, die Presslufthämmer, schließlich der Einsturz, als neue Einrichtungen wie die neuen Zuschauersitze schon eingebaut sind, der überraschend entdeckte alte Orchestergraben, all das behinderte erst die Probenarbeit, torpedierte dann die Premierenplanung. Professor Dr. Rolf Rohmer, seit 1982 Intendant, der angeblich nur ein einziges

Mal eine *Faust*-Probe besucht hatte, so Mann, „hätte im Sinne der ‚Faust'-Inszenierung eine Verschiebung des Eröffnungstermins anordnen müssen. Er tat es nicht, denn er wagte nicht, am offiziellen Datum zu rütteln." Hätte aber Rohmer überhaupt die Möglichkeit gehabt, die Eröffnung zu verschieben? Das Debakel nimmt seinen Lauf: „Die Presslufthämmer siegten." Rohmer erklärt kurz vor Weihnachten das *Faust*-Projekt für beendet. Ein wesentlicher Faktor dabei war, dass diese eine Inszenierung den größten Teil des gesamten Budgets des Theaters verschlungen hätte. Daraufhin geht ein Protest an die Parteileitung des Theaters. Unterzeichner sind der Dramaturg Hans Nadolny, die Schauspieler Otto Mellies und Dieter Mann, der auf einer Versammlung aufgestanden war, und von sich sagt, er müsse wohl „wegen dieser Art des Intendanten außer mir gewesen sein." Ein *Büromensch* sei Rohmer gewesen, Dienstschluss pünktlich um 17 Uhr, behauptet Mann: „Er war ein unentzündbarer Theoretiker." Das ist jedenfalls Manns subjektive Sicht seines Vorgängers. Tatsächlich war Rohmer Gelehrter, und zwar ein bedeutender, aber kein Theaterpraktiker, sondern ein Theaterwissenschaftler. Der gebürtige Leipziger, Jahrgang 1930, lehrte vor und nach der Intendantenzeit Theatergeschichte. Er vertrat sein Fach hochkompetent in den internationalen Fachverbänden und war sogar unter den Kollegen aus dem Westen als Fachmann angesehen. Rohmer war, und das ist Ausweis der Mutlosigkeit des Kulturapparats der Staatsführung, der falsche Mann am falschen Ort. Und das hatte nicht in seiner Verantwortung gelegen. Die Entwicklung im Haus beschleunigte sich. Mellies und Mann sind zum Rapport bei Politbüromitglied Kurt Hager ins Gebäude des Zentralkomitee ZK bestellt. Aus Manns Schilderung hören wir die Stille des *Stillstands* des Führungsapparats der DDR in Ost-Berlin, als er den Funktionär fragt, was der wohl getan hätte:

Hager saß da wie unter Schmerzen, er hat wirklich lange nachgedacht und dann leise gesagt: Verschiebung. Die aber würde nicht angeordnet werden – wer könnte wagen, Honeckers Terminkalender zu ändern!

Der Apparat rührt sich doch, aber in anderer Richtung. Als Mann nach zwei Kognak in der Theaterkantine zu Hause ankommt, sagt seine Lebensgefährtin, das Telefon habe geklingelt, er sei noch einmal zu Hager *einbestellt*. Mann hadert, er will *gebeten* sein, und wenn überhaupt, dann am folgenden Morgen: „Am nächsten Tag saß Kulturminister Hans-Joachim Hoffmann mit am Tisch. Sie hätten sich

Partei und Theater 1983: Kurt Hager (l.), für Kultur zuständiges SED-Politbüromitglied, Schauspielerin Vera Oelschlegel, Ehefrau von Berlins SED-Chef Konrad Naumann, und Wolfgang Heinz, ehemaliger Intendant des Deutschen Theaters.

beraten, ich solle Intendant werden." Mann lehnt ab. Dann fordert er Bedenkzeit. Sie wollen sie ihm nicht gewähren, tun es am Ende doch. Sie sind ratlos. Mann redet als Erstes mit Solter, dann mit Nadolny. Er fährt nach Spindlersfeld. Im Einfamilienhaus Harnischweg 5 wohnt Wolfgang Heinz. Mann bleibt bis morgens früh um vier. Der schon kranke, geschwächte Heinz brüllt Mann an. Er müsse es machen, das Haus retten. Mann ringt mit sich. Im Nachhinein sagt er, es doch zu machen, das sei vielleicht seine Art gewesen, dem Deutschen Theater seine Dankbarkeit zu zeigen. Immerhin war er bereits 20 Jahre am Haus gewesen. Mann sucht die Schauspielerin Vera Oelschlegel auf, die ihm zuredet. Sie ist die Frau des damaligen Berliner SED-Chefs Konrad Naumann. Der Übergang in der Intendanz war fließend. Mann traf Entscheidungen, Rohmer blieb bis zum Ende der Spielzeit: „Dann ging er, still. Nun saß ich da." Mann dachte an die Vorgänger, die in dem Amtszimmer gearbeitet hattet, es war ihm unheimlich: „Als Intendant habe ich mich nie als jemand verstanden, der über seine täglichen Pflichtmandate hinaus Ambitionen entwickelte." Die Geschichte des Theaters begegnet ihm, und er empfindet es als menschlich höchst anrührendes Erlebnis, als die große alte Dame des Deutschen Theaters, die 1897 geborene Jüdin und Emigrantin Elisabeth Bergner 1985 ins Haus kommt, um die Ehrenmitgliedschaft entgegenzunehmen. Sie trifft nach Jahrzehnten den 1901 geborenen Berliner und Juden Curt Bois wieder. Mann: „Es war schwer, die Tränen zurückzuhalten." Mann sieht sich rückblickend nicht als umtriebigen, vernetzten Kulturpolitiker, sondern er habe „still und ernsthaft im Spielplan gelebt, im Maschinenraum des eigenen Hauses." Vielleicht sei es seine größte Fähigkeit gewesen, seine Angst und seine Defizite auszugleichen. Im Grunde habe er nichts allein entschieden. Er habe immer auf Partner im Haus gesetzt, Solter als künstlerischer Leiter, Nadolny als Chefdramaturg, später Rosemarie Schauer als Stellvertreterin. Der Staatssicherheit hatte sich Mann entzogen, er wusste aber, dass es einen im Haus gab, wie es einen in jedem Haus gab. Jetzt boten sie sich an, für die heiklen Reiseangelegenheiten. Mann verzeichnete nur einen einzigen *Abgang* bei Aufenthalten im Westen, und selbst dieser Bühnenmeister kehrte zurück; er hatte von Paris aus nur ein einziges Mal in seinem Leben die Akropolis sehen wollen. Die Atmosphäre im seit jeher rebellischen Haus und in der SED-Parteigliederung blieb, wie sie gewesen war: „Parteiversammlungen im Deutschen Theater [...] blieben auch weiterhin Tummelplätze der Offenheit, der Frechheit, der Unbekümmertheit gegenüber allen, die auf allzu straffe Linie bedacht waren." Mann schätzte die Klassiker des Theaters, ganz besonders Gotthold Ephraim Lessing, in dessen *Nathan der Weise* er 1966 neben dem großen Wolfgang Heinz den Tempelherrn gegeben hatte. Im *Nathan* spielte er rund 220-mal. Mann förderte in seinen Jahren junge, aufstrebende Autoren und Theaterleute. Hervorzuheben sind zwei, die nach der Wende gesamtberliner Theatergeschichte schreiben: Heiner Müller, der das BE übernehmen wird, und Frank Castorf, der die Volksbühne führen wird. Mann folgte dem von ihm geliebten Lessing auch in dessen Aufmerksamkeit für zeitgenössische Dramatik. Müller schreibt in seiner Autobiografie *Krieg ohne Schlacht*, Mann habe versucht, den ersten Teil seines Stücks *Wolokolamsker Chaussee* zu spielen, als Vorspiel des Kriegsdramas *Winterschlacht* des ehemaligen DDR-Kulturministers Johannes R. Becher. Die sowjetische Botschaft protestierte, und die SED verbot die Aufführung von Müllers Stück. „Daraufhin hat Dieter Mann [...] seinen Posten zur Disposition gestellt, und es durfte gespielt werden." Aber seine Aussage zu diesem Thema illustriert den *Stillstand*, zu dem das Regime und seine Kulturfunktionäre das Theater in Ost-Berlin und der DDR auch in den 1980er-Jahren gezwungen hatten. Mann zählt auf:

So kamen wir zum „Lohndrücker" von Heiner Müller. Man darf das ja durchaus im Zusammenhang mit einer unglücklichen Tradition sehen: Gegenwart hatte es mitunter schwer am Deutschen Theater: „Die Sorgen und die Macht" von [Peter] *Hacks – nach wenigen Aufführungen abgesetzt. „Der Bau" von Müller – noch vor der Premiere getilgt. „Legende vom Glück ohne Ende" von Plenzdorf – ein abgebrochenes Projekt. „Tinka" und „Guevara" von Volker Braun – beizeiten abgewürgt. Lediglich Brauns „Die Kipper" schafften es bis in den Spielplan.*

Ende des Jahrzehnts nimmt die Unruhe zu. Beispielhaft für die Stille, die herrschte in Ost-Berlin und dafür, dass auch, dass gerade das Deutsche Theater unter Dieter Mann Ort des Endes der Stille und des *Stillstands* wird, ist eine Matinee im Januar 1988. Die Texte kannte Mann zum Teil gar nicht. Er hätte sich gar nicht getraut, Müller zu sagen, er wolle sie vor dem Vortrag sehen. Der Dramatiker, sagt der Intendant später, habe bereits geahnt, dass die Stadt, dass das Land, jedenfalls in der Kulturszene, in die von Müller so bezeichnete Phase der *repressiven Toleranz* eingetreten war. Mann schildert die ganz besondere, einzigartige Szenerie in seinem Theater:

Müller las auch den Teil V der „Wolokolamsker Chausee", das Haus voll besetzt bis unters Dach. Eine Stille wie eine Explosion. Ja, es gibt eine Stille, die hat geradezu etwas Dröhnendes, die knistert tatsächlich. Das war kurz nach der Luxemburg-Liebknecht-Demonstration, auf der es zu Verhaftungen gekommen war wegen aufreizender Plakate und Transparente gegen die Unterdrückung der freien Meinung.

Von der überwältigenden Stille schreibt auch Müller in seiner Autobiografie, die 1992 unter dem Titel *Krieg ohne Schlacht* erschien:

Es war eine atemlose Stille im überfüllten Zuschauerraum. Die Leute hielten noch im Januar 1988 nicht für möglich, daß so etwas laut gelesen wird. Auch ich hatte Schwierigkeiten, das zu lesen, ohne daß die Stimme zitterte, weil mir der Abschied von der DDR nicht leichtfiel. Plötzlich fehlt ein Gegner, fehlt die Macht, und im Vakuum wird man sich selbst zum Gegner.

Der kritische sowjetische Dramatiker Michail F. Schatrow Anfang 1990: In der späten DDR war es auch für das Deutsche Theater noch ein Wagnis, seine Stücke zu spielen.

Die Theater auch Ost-Berlins wurden, Schütte hat recht, zu Wegbereitern des Umbruchs von 1989. Das Deutsche Theater brachte 1988 das Stück des sowjetischen Autors Michail F. Schatrow heraus, das den Titel *Diktatur des Gewissens* trug. Premiere war am 5. Juli. *Versuche eines publizistischen Dramas*, so lautete der Untertitel, und der Intendant hatte die Rolle des *Alten Journalisten* übernommen, Barbara Schnitzler gab die *Swetlana*. Das *Neue Deutschland* hatte einen negativen Artikel gegen den in der DDR damals an mehreren Häusern gespielten Dramatiker veröffentlicht. Es war, räumt Mann ein, kein gelungenes Theaterstück, aber: „Was uns aufrecht und am Stück hielt, war dieser akute antistalinistische Stoff, der allabendlich vor und nach den Aufführungen unser Publikum und uns selber bewegte." Mit sich selbst hätten die Zuschauer nach den Vorstellungen diskutiert, oft schon ohne Moderation. Das Programm zur Aufführung war eine Zitatensammlung, enthielt Worterklärungen, kurze Texte. So fand sich das in diesen Tagen gängige Wort der Sozialistin Rosa Luxemburg: „Errichtung der Diktatur der Arbeiterklasse = Errichtung der wahren Demokratie!" Sie druckten das Telegramm Wladimir I. Lenins vom 23. Mai 1918 ab, in dem der Revolutionsführer den Leiter der Geschäftsstelle des Rats der Volksbeauftragten rügte, weil der nicht begründet hatte, warum Lenins Gehalt angeblich rechtswidrig von 500 auf 800 Rubel erhöht worden war. Es waren Texte, die Stiche waren gegen das Regime, wie auch der des Lyrikers Heinz Kahlau: „Er war schon Kommunist, / als man dafür nicht mehr bekam / als eine Kugel in den Kopf. / Seitdem / leistete er sich den Luxus / seiner eigenen Meinung.“ Der Text war als Mitschnitt auf drei oder vier Tonbandkassetten aus Moskau nach Ost-Berlin gekommen. Das Haus ließ sehr rasch eine Nachdichtung und eine Spielfassung schreiben, um es aufzuführen. Doch denkwürdig ist vor allem das Gespräch, das Mann nach dem Erscheinen des *ND*-Artikels mit Kulturminister Hans-Joachim Hoffmann führte. Es wurde die längste ihrer bisherigen üblicherweise routinemäßigen Unterredungen. Sie zeigt den *Stillstand* in der Ost-Berliner Führung:

Am Ende stand seine Gewissheit, der Umgang mit [KPdSU-Generalsekretär Michail S.] *Gorbatschow und jetzt dieser Kommentar würden den Genossen und der DDR auf die Füße fallen. Er sprach von Ignoranz und Sturheit. Dummheit sagte er nicht, aber Intoleranz, die ist mit der Dummheit wesensverwandt.*

Zur Aufführung des Schatrow-Stücks ging das Deutsche Theater unter Manns Leitung nach einem entschiedenen Gespräch nur den einzigen Kompromiss ein, dass es nicht im großen Saal, sondern nur in den kleineren Kammerspielen auf die Bühne kam. Der Dame von der SED-Bezirksleitung sagt Mann am Telefon, im Saal seien offene Mikrofone installiert, um sofort zu registrieren, falls es organisierte Provokationen geben sollte. Da Mann selbst mitspielte, machte er klar, dass er sich jederzeit wirkungsvoll von der Bühne aus ans Publikum wenden könne. Es gab ein paar Schmierereien und obszöne anonyme Anrufe, sonst ging alles glatt. In der schon angespannten Lage spitzen Schritte der Theaterangehörigen die Situation weiter zu. Die Gewerkschaftsgruppe schreibt an Ministerpräsident Willi Stoph und fordert Öffnung der Massenmedien für eine offene Diskussion. Ohne Illusionen schreibt Mann an Honecker. Mitte September 1989 erscheint Politbüromitglied Günter Schabowski auf einer Schauspielerversammlung im Deutschen Theater; er wird am 31. Oktober 1989 Erster Sekretär der SED-Bezirksleitung Berlin. Es wird ein arroganter Auftritt mit süffisantem Lächeln, aber nach Minuten steht der Funktionär auf verlorenem Posten. Er ist sauer, dass der *Spiegel* behauptet, er habe geweint. Mann: „Schabowski polterte und war zugleich völlig verwirrt.“ Es dauerte 45 Minuten, es kam kein Gespräch zustande. Mann: „Es gab keine Verständigung mehr, der Riss war nicht mehr zu kitten.“ Hinterher beklagte sich der SED-Funktionär beim Intendanten, der sich gegen die Vorhaltungen wehrte. Schabowski: „Tut mir leid, das musst du aushalten, ich muss es ja auch aushalten, wir alle haben auch keine Antworten – werden aber gefragt." Dann seine Frage an Mann: „Was machen wir denn nun?" Nach diesem Debakel kommt nur noch der Kulturminister ins Haus, das ist noch vor der Öffnung der Mauer. Auch er stimmt nur noch ein in die Ratlosigkeit. Mann ist zugegen bei dem letzten Treffen von Künstlern mit Kurt Hager. Der Auftakt: „Kurt Hager saß an einem Tisch, und es gab gleich zu Beginn eine große Pause." Gespenstisch habe das gewirkt. Der Friedhof sei eröffnet gewesen, sagt Mann, und Hager wiederholt Schabowskis Frage: „Ja, Genossen, was machen wir denn nun?" Allgemeine Hilfslosigkeit. Es ist, als ob das Regime sich in den *Stillstand* ergeben würde. Manns Gesprächseindruck: „Stille Ankunft, stilles Gespräch, stiller Abgang." Am 15. Oktober wieder im Deutschen Theater die Protestveranstaltung, auf der der Anwalt und Ministersohn Gregor Gysi den Vorschlag machte, die Kundgebung zu beantragen, aus der die Großdemonstration am 4. November 1989 auf dem Alexanderplatz wurde. Die Theaterleute hätten ihn gut gekannt, sagt Mann, Gysi sei geschickt in Scheidungssachen gewesen. In der von Mann gestarteten Lesereihe *Texte zur Lage* las der Schauspieler Ulrich Mühe aus dem im Westen erschienenen Buch von Walter Janka mit dem Titel *Schwierigkeiten mit der Wahrheit*. Janka, der ehemalige Chef des *Aufbau*-Verlags, den die SED ebenso wie die Nationalsozialisten in Bautzen eingesperrt und mundtot gemacht hatten. Das Theater war überfüllt, Lautsprecher übertrugen auf den Vorplatz, Mann versprach, die Lesung zu wiederholen, mahnte, bloß die Türen nicht einzudrücken. Mann spürte, es geschah etwas Unerhörtes: „Aber diese zwei Stunden wurden zur Sternstunde: absolute Konzentration. Man sagt gewöhnlich: Totenstille, aber das war eine Stille der wachen, denkenden, fühlenden Lebenden." Bewegtheit und Besonnenheit waren in der Waage geblieben. Zorn war da, auch Hoffnung. In Dieter Manns Theater, es steht exemplarisch für die Lage in den Theatern der Republik und in Ost-Berlin, für die Stimmung dieser Tage, herrschte die widersprüchliche Überzeugung, dass man der dramatischen Entwicklungen müde war, dass es aber nach wie vor um eine bessere DDR ging. Das alles noch, bevor die Mauer bricht:

Es war paradox – einerseits wollte man endlich von geschichtlichen Ideendramen verschont bleiben, andererseits spürte man deutlicher denn je die Sehnsucht nach einem wirklichen Sozialismus.

Die Lesungen wurden fortan ein festes Format des Deutschen Theaters. Auch Gäste aus dem Westen, die der Partei nicht genehm waren, konnten eingeladen werden. Darunter waren der Dichter Erich Fried, der Literaturwissenschaftler Hans Mayer und der Rhetorikprofessor und Präsident der West-Berliner Akademie der Künste Walter Jens. Auf Janka folgte zunächst der ehemalige Chef der Auslandsspionage des Ministeriums für Staatssicherheit Markus *Mischa* Wolf. Er war mit seiner Familie während des Dritten Reichs in der Emigration in Moskau aufgewachsen. Der Bruder des DDR-Filmers Konrad Wolf und Sohn des Dramatikers Friedrich Wolf brachte 1989 sein erstes Buch *Die Troika. Geschichte eines nichtgedrehten Films* heraus. Der Regisseur Alexander Lang las daraus und freute sich, dass Wolf persönlich anwesend war. Mann: „Das war ja die erste DDR-Veröffentlichung über die Verbrechen der Stalin-Zeit – das Buch erschien zeitgleich in der Bundesrepublik.“ Janka allerdings weigerte sich, auf der Kundgebung der Kulturschaffenden am 4. November 1989 zu sprechen, weil Wolf dort reden sollte. Mann äußert dafür Verständnis, unterstreicht aber, dass Wolf in diesem Herbst für die Fähigkeit hoher SED-Funktionäre stand, „sich kritisch gegen die eigene Hierarchie zu wenden.“ Zu seinem Auftritt habe auch das Pfeifkonzert gehört.

Aufstand auf der Bühne des Deutschen Theaters: Am 28. Oktober 1989 liest Ulrich Mühe aus dem Buch *Schwierigkeiten mit der Wahrheit* des 1956 inhaftierten ehemaligen Verlagschefs Walter Janka, der wie Dieter Mann in der ersten Reihe sitzt.

Wim Wenders – *Der Himmel über Berlin*

Das ikonische Motiv zu Wim Wenders' Film *Der Himmel über Berlin*: Der von Bruno Ganz verkörperte Engel Damiel blickt auf die Menschen auf den Straßen der Stadt.

DAS PENDANT zum staatlichen Vorzeigehaus Ost-Berlins, dem Deutschen Theater, waren in West-Berlin die renommierten Staatlichen Schauspielbühnen. Sie gerieten in den 1980er-Jahren in die Krise, die letztlich zu ihrem späteren Ende führte. Der 1980 berufene Generalintendant Boy Gobert holte sich 1985 für seine letzte Inszenierung mit ihm selbst in der Hauptrolle den Ost-Berliner Heiner Müller. Der *Spiegel* schrieb über Dieter Manns Protegé in seiner vernichtenden Kritik am 14. April 1985, Müller sei „Deutschlands teuerster Dramatiker und Einrichter, ein Nihilist, der gern durch Theaterblut watet […].“ Es war längst die Zeit der Grenzgänger von Ost- nach West-Berlin angebrochen. Die beiden großen DDR-Stars, die Berlinerin Angelica Domröse und ihren Mann Hilmar Thate, hatte Gobert 1980 zum gemeinsamen Neuanfang engagiert: „Ich lege euch das Schillertheater zu Füßen“, hatte der Hamburger ihnen gesagt, schreibt Domröse in ihren Erinnerungen. Der *Spiegel* war gnadenlos, zerriss Goberts Doppelinszenierung von Friedrich Schillers *Wallenstein*-Dichtung:

Jeder Abschied, sagt man, sei ein kleiner Tod. Boy Gobert, nach fünfjähriger Intendanz von Berlin schnöde verabschiedet, wählte ein großspuriges Sterben an zwei Abenden, Wallenstein, Wallensteins Tod. Ein langer Abschied, ein großer Tod? Eine ziemliche Pleite, eine Beerdigung dritter Klasse.

Gobert hatte den Etat in Höhe von 31 Millionen DM, so schrieb das Nachrichtenmagazin bereits am 29. Mai 1983, überzogen, und er überzeugte auch künstlerisch nicht. Kultursenator Volker Hassemer hatte Goberts Vertrag einfach nicht verlängert. An dessen Stelle hatte er den Linzer Heribert Sasse geholt, 37 Jahre alt, erfolgreich im seit 1973 von der einflussreichen Besucherorganisation *Theatergemeinde* betriebenen privaten Haus in der Knesebeckstraße 100, dem Renaissance-Theater. Richard von Weizsäcker schreibt über die Entscheidung in seinen Memoiren, Claus Peymann habe ihm vorgeworfen, dass man nicht ihn, den Burgtheater-Direktor aus Wien, als Nachfolger Goberts berufen habe. Von Weizsäcker räumt im Nachhinein ein: „Ich glaube, daß er recht hatte." Der ehemalige Regierende erkennt ausdrücklich an, dass Peter Stein an der Schaubühne durchschlagenden Erfolg damit gehabt habe, „die Revolte der Achtundsechziger auf das Theater zu bringen [...]." Das zukunftsvolle, avantgardistische, angesehene, ebenfalls vom Senat subventionierte Theater in West-Berlin, das war in den 1980er-Jahren Steins Schaubühne im Mendelsohn-Bau am Lehniner Platz. Es sind zwei große Schauspieler aus diesem Haus, die 1987 in dem großen Berlin-Film der Stadt im *Stillstand* die Hauptrollen besetzt haben.

Zwei Männerpaare prägen den Film *Der Himmel über Berlin*. Vor der Kamera sind es der Berliner Otto Sander und der Schweizer Wahl-Berliner Bruno Ganz. Beide sind über die Grenzen der Stadt bekannte langjährige Stars der Schaubühne, die 1981 den ehemaligen Kinobau Erich Mendelsohns am Lehniner Platz bezogen hatte. Hinter der Kamera und als Drehbuchautor ist es der Rheinländer Wim Wenders, dem der Kärntner Peter Handke zehn Texte, Monologe, auch Dialoge, geliefert hatte, ohne dass deren Kontext in dem Filmvorhaben bei der Abfassung schon klar gewesen wäre. Die Handke-Texte in ihrer *hohen* poetischen Sprache wurden Säulen der Dreharbeiten, die Wenders 1986 in West-Berlin ohne Drehbuch begann. *Inseln* nannte Wenders dieses *Geschenk* des Literatur-Nobelpreisträgers von 2019. Von einer zur anderen dieser *Inseln* hätten sich die von Tag zu Tag improvisierten Dreharbeiten wie über ein *Meer* hinwegbewegen müssen. Die beiden Freunde haben Gemeinsamkeiten. Da ist das Herkommen aus einer katholischen Welt. Da ist das Geborensein in die Welt der Nachkriegszeit. Wenders ist Jahrgang 1945, Handke Jahrgang 1942. Da ist die ihnen gemeinsame Begeisterung für den Film. Auch der Österreicher hat Filme gedreht. Wir sprechen dennoch von einem Wenders-Film. Schon weil er die Texte zwischen den Handke-Texten geschrieben hat, weil Wenders Mitproduzent und Regisseur ist. Was sehen wir? *Der Himmel über Berlin* zeigt uns eine graue und doch farbige Metropole. Und wir sehen immer wieder Berlins Himmel.

DER TITEL. Immer ist er da, dieser Himmel über Berlin. Wir sehen ihn gleich zu Beginn in den schwarz-weißen Bildern dieses ruhigen, behutsamen, unaufgeregten Films. Die Wolkenbilder, die Wolkenballen, die gezogenen Wolkenfäden. Das dunkle Grau, das muss das Himmelblau sein, das wir nicht als Blau sehen. Gleichmütig ist dieser Himmel über Berlin ewig präsent. In allen Wettern. Was auch immer unter seinem Gewölbe in dieser Stadt geschieht und seit jeher geschah. Seit jeher? Ja, an einer Stelle ist die Rede vom Urbeginn, vom Urstromtal, in dem die Siedlung liegt, wo die Wasser erst weichen mussten, dass trockenes Land wird. So nehmen das Engel wahr. Himmel ist Chiffre für die unaussprechliche Sphäre Gottes, den seine Engel umgeben. Sie sind in der biblischen Welt seine Boten, seine Vertreter. Wenders wird sagen, der Film sei religiös, nicht christlich. *Der Himmel über Berlin*. Wir denken an die Schlüsselszene in Konrad Wolfs Film *Der geteilte Himmel* von 1964. Da war er schon einmal, dieser Himmel über Berlin, doch als Firmament über einem nächtlichen West-Berlin. Dort hatte Wolf nicht drehen dürfen. Der Ost-Berliner Regisseur behalf sich mit bildsprachlichen Hilfsmitteln wie Waschmittelreklame von *Persil*, um seinen Zuschauern „Westen" zu suggerieren. Die Szene, die wortgetreu wiedergibt, was Christa Wolf den beiden Liebenden, die ins Dunkel der Trennung gehen, in ihrem Erfolgsroman von 1963 in die Münder gelegt hatte, enthält Roman- und Filmtitel. Manfred, gespielt von Eberhard Esche, Manns Förderer und Kollege vom Deutschen Theater, hatte in diesem Moment der Trennung gesagt: „Den Himmel wenigstens können sie nicht zerteilen." Von Hoffnung und Sehnsucht, von Liebe und Trauer ist die Rede, inmitten der geteilten Stadt. Aber Rita weiß es anders. „Doch", sagte sie leise. „Der Himmel teilt sich zuallererst." Also auch der Himmel über Berlin. Auch den haben sie geteilt. Sie teilen auch Hoffnungen, Sehnsüchte, machen nicht halt vor Liebe und Trauer. Erbarmungslos geteilt. Alles in dieser Stadt. Alles?

DER REGISSEUR. Der Vorname ist niederländisch, aber deutsche Ämter hielten *Wim* für unpassend, undeutsch. Er heißt deshalb von Geburt Wilhelm Ernst Wenders. Wim Wenders kommt aus Düsseldorf. Geboren am 14. August 1945. Der Vater ist Arzt. Das Elternhaus ist katholisch, konservativ. 1968 verlässt er diese Kirche, konvertiert in den 1980er-Jahren zum Protestantismus. Als er vier Jahre alt ist, zieht die Familie mit Wim und seinem gerade zur Welt gekommenen Bruder Klaus nach Oberhausen-Sterkrade. Der Vater wird dort Chefarzt. Das Ruhrgebiet und seine Menschen beeindrucken Wim. Es ist eine Nachkriegskindheit, belastet durch die nationalsozialistischen Verbrechen, ohne daran Anteil gehabt zu haben, betont Peter Buchka in seinem frühen Wenders-Buch *Augen kann man nicht kaufen*. Er zitiert den Satz von Wenders' *It's not a home, it's a house*. Mit 16 bringt der Rock 'n' Roll ihn davon ab, Priester werden zu wollen. Die in Potsdam redigierte Internetseite *Filmszene* schreibt 2007 zu Wenders' 60. Geburtstag über seinen frühen akademischen Werdegang:

Nach dem Abitur 1963 geht Wenders an die Uni und kann bald als Vorbild für jeden Studienabbrecher fungieren: Zwei Semester Medizin in München (Papa ist ja auch Arzt), ein Semester Philosophie in Freiburg, ein Semester Soziologie in Düsseldorf – dann brach er erst einmal komplett ab und vertiefte sich in das, womit er sich sowieso während seiner Studien statt des Lernens beschäftigt hatte: Aquarellmalerei. Immerhin fand Wenders während seiner Unizeit einen Freund, der später zu seinem Erfolg einiges beisteuern sollte: den österreichischen Autor Peter Handke.

Der *Filmemacher* 1975: In diesem Jahr drehte Wim Wenders als Teil 2 seiner Trilogie *Road Movie* den Streifen *Falsche Bewegung*, der auf Johann Wolfgang von Goethes Buch *Wilhelm Meisters Lehrjahre* basiert.

Film als Beruf, als Lebensthema war Wenders keineswegs vorherbestimmt. Im Gegenteil. Angeblich wollte die Großmutter den Siebenjährigen zu *Laurel und Hardy* ins Kino mitnehmen, aber sie landeten in einem brutalen Horrorfilm. Davon blieben jahrelang schreckliche Albträume. Aber das ändert sich. Der Abbrecher geht nach Paris, scheitert mit der Bewerbung an der Filmhochschule. Im Pariser Jahr lebt er in einem kalten Zimmer, wärmt sich in der Cinémathèque française, sieht als autodidaktischer Filmstudent fünf Filme am Tag. In Paris konsumiert er mehr als 1000 Filme. Er lernt alle wichtigen Streifen kennen. Er absolviert ein Praktikum bei der Kino-Company *United Artists* in Düsseldorf. Bislang lernte man Filmen durch Mitmachen, durch Mitarbeit in den Studios. Der große Berliner Drehbuchautor Wolfgang Kohlhaase wurde von seinen Kumpels zur DEFA geschleppt, guckte zu, bekam erklärt, was er sah. Wenders, das ist neu, studiert Film. Er gehört zum ersten Jahrgang der am 19. Juli 1966 gegründeten Hochschule für Film und Fernsehen in München. 1966 entsteht in West-Berlin die Deutsche Film- und Fernsehakademie Berlin. Wenders und seine Kommilitonen bringen sich die Praxis gegenseitig bei. Dozenten sind rar. Die Kommilitonen helfen einander bei ihren Produktionen. Peter Buchka schildert es 1983 in seinem frühen Wenders-Buch, und er hebt hervor, dass Wenders dort vor allem das Handwerk erlernt. Erneuerung im deutschen Film kommt seit 1960 weniger aus den Studios, sondern durch die „Reflektion des Mediums". *Filmemacher* nennen sich die jungen Regisseure; Wolf Biermann sagt von sich, er habe den analogen Begriff *Liedermacher* für sein Schaffen gefunden. 1970 produziert Wenders seinen Abschlussfilm *Summer in the City*. Ein Jahr später gründet er als einer von 14 Anfängern den *Filmverlag der Autoren*. Es ist für die neue Generation von Filmern die selbstgegründete Alternative zur daniederliegenden Filmbranche in Deutschland, deren wichtigste Figur in West-Berlin Artur Brauner ist. Neu ist die Zusammenarbeit mit dem Fernsehen als Geldgeber und Verwerter. Immer wichtiger für die Finanzierung wird die staatliche Unterstützung. *Gremienkino* ist der Begriff, den Buchka dafür nennt. 1974 beteiligt sich Wenders an der Berliner *Road Movies Produktion*, deren Name 1987 auch noch im Abspann von *Der Himmel über Berlin* zu lesen ist. Berlin? Wenders war dort das erste Mal als Abiturient. Eine Klassenreise von West-Schülern. Er erzählt es in einem TV-Interview. Er verlässt die Gruppe und staunt, dass es so etwas wie Berlin als Stadt überhaupt gibt. Deutschland? Der Nachkrieg prägt ihn. Er erlebt das Land als eines ohne Vergangenheit. Das ist seine Wahrnehmung des Umgehens der bundesdeutschen Gesellschaft mit dem Nationalsozialismus. Das macht wurzellos. Ihn und die neuen

Filmemacher. Sein Faible für Amerika war früh entstanden. Er nimmt an, als der US-Regisseur Francis Ford Coppola ihn in seine Firma nach Hollywood holen will. Coppola ist in dieser Zeit mit dem zum Klassiker gewordenen Vietnam-Streifen *Apocalypse Now* von 1979 mit Marlon Brando beschäftigt. Dessen Herstellung läuft aufgrund vieler unvorhergesehener Schwierigkeiten ebenso aus dem Ruder wie die Kosten. 1980 bekommt der Film Oscars für Kamera und Ton.

DER FREUND. Mit Wenders und Peter Handke verhandeln wir kulturelle, intellektuelle, geistige Großgestalten. Der eine ist im 21. Jahrhundert Weltregisseur, der andere zählt zur Weltliteratur. Wenders lebt in vielen Städten, zuletzt meist in Los Angeles, aber auch in der Berliner Zweitwohnung. Stadt ist für ihn wie für den Berliner Kohlhaase Ort des Kinos. Der Bamberger Literatur- und Medienprofessor Jörn Glasenapp erörtert die Bedeutung von Stadt in seinem Beitrag für den Wenders-Sammelband *Kontinuität im Wandel* von 2021 und zählt auf, dass Wenders Filme u. a. in und über Tokio, Lissabon, Havanna, Palermo gemacht hat. Als Fremder sei er diesen Städten begegnet, nur in Berlin habe er mehrere Jahre gelebt. Mit Berlin hat auch Handke eine Geschichte. Sein Biograf Hans Höller führt die Bezüge auf. Handke ist am 6. Dezember 1942 in Griffen, slowenisch Stara vas, geboren. Seinen Stiefvater Bruno Handke hatte die Mutter kurz vor seiner Geburt geheiratet. Schwanger war sie von einem anderen Mann. Das erfuhr Peter erst mit 18 Jahren. Er hatte den Berliner Bruno, vor der Einberufung zur Wehrmacht Straßenbahnschaffner in der Reichshauptstadt, bis dahin für seinen leiblichen Vater gehalten. Zwei Jahre ist er alt, da fährt seine Mutter mit ihm zu ihren Schwiegereltern nach Berlin. Kriegsschrecken, die Bilder der Bombardierung Berlins 1944 graben sich ins Bewusstsein des Kindes tief ein. Plötzlich einbrechende Schreckensbilder dieser Zeit gehören zu seinem Werk. Auch im Film sehen wir authentisches Filmmaterial von aufgereihten Toten, Opfern der Luftangriffe, Kinderleichen, Kinder, die das sehen. Diese Erfahrung findet sich im Filmbuch der beiden Freunde wieder. Peter Buchka mutmaßt, dass die Haltung, Erfahrung zu sammeln, zu beschreiben, mit dem Beschreiben neue Erfahrung zu sammeln, beide verbindet, sogar beider Freundschaft erklärt. Noch 1944 kehren Mutter und Kind zurück nach Kärnten, wo jetzt auch Krieg ist, wo die Nationalsozialisten Slowenen verfolgen, vertreiben, verschleppen. Nach Kriegsende geht Maria Handke mit Peter wieder nach Berlin. Bruno lebt dort, allerdings mit einer anderen Frau. Die unglückliche Ehe leben sie, wo auch Dieter Mann aufgewachsen ist, in Pankow, sowjetischer Sektor. Kurz vor der Blockade Berlins flüchtet die Familie

Wenders' Freund, der Texte für *Der Himmel über Berlin* geschrieben hat: der Kärntner Schriftsteller und Nobelpreisträger für Literatur des Jahres 2019 Peter Handke 1979.

1948 illegal zurück nach Kärnten. In Wenders' Geburtsstadt Düsseldorf zieht Handke im August 1966 nach ersten literarischen Erfolgen mit seiner damaligen Frau, der Schauspielerin Libgart Schwarz. Sieben Jahre lebt er in Deutschland. 1969 zieht er nach Berlin, wo seine Tochter Amina zur Welt kommt. Noch ein Bezug zu Berlin ist die Verfilmung seiner Erzählung *Die linkshändige Frau.* Zur Besetzung gehören vorwiegend Schauspieler der Schaubühne: Edith Clever, Angela Winkler, Bruno Ganz.

DER ERFOLG. Ein Deutscher dreht in den USA einen amerikanischen Film sehr individueller europäischer Machart und hat Erfolg. 1985 haben in Deutschland 1,1 Millionen Menschen den Film gesehen. Das ist Wenders' Streifen *Paris, Texas*. Nur ein Flecken Land in Texas, der heißt wie die französische Hauptstadt, der Film ist ein Roadmovie. Ein Film Reisender, wie Wenders einer geworden ist in der großen weiten Kinowelt. 2001 erzählt er über die Rückkehr nach Deutschland nach acht Jahren USA im Interview mit dem Journalisten Roger Willemsen. Seiner Sprache sei er unsicher geworden. Er spürte es, als er zum erneuten Schneiden von *Paris, Texas* nach Berlin gekommen war. Sein bevorzugter Schnittmeister bei rund 100 Projekten, auch der von *Der Himmel über Berlin*, einer, der sich von morgens bis abends in das gedrehte Material vertiefte, es bald besser kannte als der Regisseur, war der Kreuzberger Peter Przygodda, Spitzname *Keule*, der als Bauarbeiter und Anstreicher durch die Kneipe des Malers Kurt Mühlenhaupt, den *Leierkasten*, mit der Künstlerszene in Kontakt gekommen war. Sprache empfindet Wenders als *Heimat*. Um sich der deutschen wieder zu vergewissern, liest er in Berlin Abend für Abend ein Gedicht aus dem Reclam-Band von Rainer Maria Rilkes gesammelten Gedichten. Beeindruckt ist er ebenso von der bedeutenden Tänzerin und Choreografin Pina Bausch, auf die Wenders die Schauspielerin und damalige Gefährtin Solveig Dommartin hingewiesen hatte. Bauschs Arbeit ermutigt ihn, im Zirkus am Trapez Körper sprechen zu lassen. Dommartin spielt die Rolle der Artistin *Marion*. Es ist die Phase, in der sich *Der Himmel über Berlin* in Wenders vorbereitet. Berlin will er erzählen als Schlüsselstadt für das Bemühen, das geschichtslose Land zu verstehen. In einem 2002/2003 gehaltenen Vortrag sagt er über diese Zeit, er habe damals noch nie richtig in Berlin gelebt. Hätte es diese Stadt nicht gegeben, wäre er womöglich aus den USA in ein anderes Land gegangen. Monatelang sei er durch die Stadt gezogen, habe alles *angestarrt*, der eigenen deutschen Sprache *mit offenem Mund* zugehört. Die Inspiration durch die Stadt: „Ja, ich sollte die Geschichte dieser Stadt erzählen, wenn das irgendwie möglich wäre!" Weil der Himmel das Einzige gewesen sei, was die geteilte Stadt verband. Deshalb kam er auf den Titel. Er hatte für den Film keine Geschichte, keine Figuren, nur den Wunsch, „tief in diesen Ort hineinzugraben [...]."

DIE ENGEL. Wenders war auf der Suche nach Figuren, um das zu tun. Er wollte das Werkzeug der Stadt sein und war überzeugt, „dass Berlin sich in einen Film hineinerzählen wollte und mich dafür als Instrument bräuchte." Auf seinen Wegen durch die Stadt, zu Fuß, auf dem Rad, da fiel ihm unter den zahlreichen dekorativen Elementen eines auf: „Es gab jede Menge von Engelsfiguren in dieser Stadt, nicht nur auf Friedhöfen, die ohnehin davon bevölkert waren, auch auf öffentlichen Plätzen." Er wollte die Erkenntnis nicht akzeptieren, weil sie ihm so gar nicht ähnlich sah. Kindheitsfantasie erinnerte er, die katholische Jugend. Er beugte sich und behauptet, die Stadt selbst habe ihm die Hauptfiguren aufgezwungen. Sie würde sich auch um die Story kümmern. Die Engel waren geeigneter als Taxifahrer, Feuerwehrleute, Ärzte oder Versicherungsvertreter:

Die Möglichkeiten sind einfach endlos. Diese Engel können ja auftauchen, wo sie wollten, und in ihrer Wahrnehmung konnte überhaupt alles aufgedeckt werden, was man sich nur vorstellen konnte. Konnte es bessere „Zeugen" einer Stadt geben? Nicht nur, dass sie unsichtbar waren, sie würden sogar die geheimsten Gedanken der Menschen hören können.

Wenders begann ohne Drehbuch. Dieses Vorgehen ähnele dem Schreiben eines Gedichtes. Im Büro hing eine Pinnwand mit Bildern von Orten in Berlin, mit Einfällen, von Menschen, die die Engel besuchen könnten. Ein Faden teilte die Wand in zwei Hälften. Links die Szenen mit den Engeln als Engeln, rechts die Szenen mit Engeln, die Mensch geworden waren. Willemsen erzählt Wenders, dass sie fast mit dem Budget zu Ende waren, aber noch immer nur Szenen gedreht hatten, die Engel als Engel zeigten, weil das so faszinierend war. Sie drehten eine Woche nur die Szenen mit den Kindern, die die Fähigkeit haben, Engel wahrzunehmen, weil er sich nicht traute, mit den Engeln anzufangen. Zunächst probierten sie alles Mögliche aus, weil sie nicht wussten, wie die Engel aussehen sollten. Wenn die Kinder Sander und Ganz in Engelsverkleidungen sahen, aber darüber lachten, dann war die Idee verworfen. Schließlich blieben lange Mäntel und das kleine Zöpfchen am Hinterkopf als Merkmale. Als sie begannen mit den Engelsszenen, regnete es. Sander hatte Tropfen auf dem Mantel, und er fragte, ob denn Engel nass werden könnten, ob sich ihr Haar beim Windstoß bewege. Abends trat Wenders vor seine Pinnwand und überlegte, was sie am nächsten Tag drehen würden. Wie beim Gedichtschreiben habe er nicht gewusst, was die nächste Zeile bringen wird. Wenders: „Aber trotzdem drehten wir nicht ohne Netz und doppelten Boden: Die Stadt hielt uns!" Später ehrt sie ihn: 2010 mit dem Stern auf dem *Boulevard der Stars*, 2015 mit dem Verdienstorden.

DER BLICK. Wir ändern unseren Blick, wenn wir diesen Film erleben. Zu Beginn besonders lehrt er uns den anderen Blick. Denn wir sehen die Welt mit den Augen der Engel. Der Blick der Engel auf die Menschen, der habe liebevoll sein müssen, sagt Wenders. So würden sie doch auf die Menschen blicken. Der berühmte Henri Alekan als von Wenders reaktivierter Kameramann habe nicht gewusst, wie er das machen sollte. Es gelang, sagt Wenders. 77 Jahre alt war der gebürtige Pariser, der 1928 schon in Berlin beim Film gearbeitet hatte, also auch ein Element Berlin in diesem Berlin-Film. Alekan war ein Meister der Lichtgestaltung. Wenders sagt von ihm, er habe *Der Himmel über Berlin* in der Bildsprache des Stummfilms gedreht. Die Bilder wirkten wie alte Postkarten. Der Zirkus im Film heißt nach dem alten Mann *Circus Alekan*, und es ist ein französischer Zirkus, der in Berlin gastiert. Wir sehen einen weithin schwarz-weißen Film. Denn Engel sehen keine Farben. Damiel muss lernen, Farben zu sehen, als er Mensch ist. Lernen, was Temperatur ist. Und wenn wir Farbfilm sehen, dann wissen wir, dass wir Menschenperspektive sehen. Filmchemisch ist das noch in den 1980er-Jahren ein schwieriges Unterfangen im Kopierwerk, denn beide Sorten von Filmmaterial brauchen eine ganz eigene Bearbeitung. Die Kamera blickt engelsgleich durch Wände, in Wohnungen, in die Wagen auf der Stadtautobahn.

DER KOMMISSAR. Das Publikum kannte Peter Falk, den New Yorker, der im Film englisch spricht, nur gelegentlich Wörter in Deutsch radebrecht, aus seiner Rolle als Lieutenant *Columbo* der Polizei von Los Angeles in der gleichnamigen US-Krimiserie, zu deren wechselnden Regisseuren der später bedeutende Steven Spielberg gehörte. Falk kommt in *Der Himmel über Berlin* als Regisseur in die Stadt, dreht im Bunker einen Film über die NS-Zeit. Mit diesem Kunstgriff bindet Wenders diese Epoche der Stadtgeschichte in das Projekt ein. Er habe sich nicht getraut, die Engel direkt in diese Zeit gehen zu lassen, in den Bunker des *Führers*, den er sich als Kind immer vorgestellt habe, wenn er an die Hölle dachte. Peter Falk ist ein ehemaliger Engel. Er ist Mensch geworden. Wie es der von Ganz verkörperte Engel Damiel am Ende des Films auch wird. Diese ehemaligen Engel wissen, ahnen, spüren, wenn ihnen ein Engel nahe ist. Nähe suchen diese Engel zu den Menschen. Schmiegen sich ihnen an, berühren sie. Wir sehen es. Aber die Menschen spüren die Berührungen nicht, sehen die Engel nicht. Damiel und der von Sander gespielte Cassiel sind keineswegs die einzigen Engel. Sie begegnen einander in großer Zahl in der Staatsbibliothek des Architekten Hans Scharoun. Wir erkennen sie an den langen Mänteln, an den Zöpfchen bei den männlichen Engeln; es gibt auch weibliche.

HOMER. Der Figur des greisen Urerzählers des kulturgebärenden Mythos begegnen wir das erste Mal im Film in der Staatsbibliothek. Curt Bois spielt ihn. Ein Kinderstar war der 1901, also ganz zu Anfang des 20. Jahrhunderts als Kurt Boas im Haus Fontanepromenade 4 am Südstern zur Welt gekommene Berliner schon gleich nach dem Ersten Weltkrieg gewesen. Er ist Emigrant, Theatermann, Filmschauspieler. 1950 kam er aus den USA wieder, spielte am Deutschen Theater, ging dann nach West-Berlin. Es war für ihn wie für viele Emigranten schwer, wieder Fuß zu fassen in seiner Stadt. Wenders holt ihn. Bois ist als Person mit dieser Biografie schon Repräsentant Berlins und eine der wichtigen Facetten seiner Geschichte. Es kommt Wind auf, ist kalt, dämmert, in der Einöde, in der *Wüste*, sagt Wenders, des Potsdamer Platzes der 1980er-Jahre, durch die *Homer* mit Mütze, Schal, im Mantel schreitet, umspielt von Otto Sander als dem Engel, der ihn begleitet. Der Greis: „Ich kann den Potsdamer Platz

Solveig Dommartin, seine Partnerin, Wim Wenders und Henri Alekan am 10. Juni 1988: *Der Himmel über Berlin* und der Kameramann werden mit dem Filmband in Gold ausgezeichnet.

Diese Szene ist in der West-Berliner Staatsbibliothek gedreht: Otto Sander als Engel Cassiel mit dem greisen Schauspieler Curt Bois als Homer.

nicht finden!“ Er erinnert das Kaufhaus Wertheim, an dem plötzlich Fahnen hingen, der Platz sei voll von Fahnen gewesen, er meint die Fahnen der Nationalsozialisten, sagt: „Und die Leute waren gar nicht mehr freundlich und die Polizei auch nicht.“ Der alte Mann lässt sich in einen als Sperrmüll in der Ödnis deponierten Sessel fallen. Die Staatsbibliothek ist fern im Hintergrund. Da ist das einsam stehende Esplanade. Ein Krähenschwarm zieht über die Mauer. Sie erinnern uns an die Krähe, die der Berlin-Maler des Nachkriegs Werner Heldt in seinem bekanntesten Gemälde aufs Fensterbrett gelegt hat, an den Schwarm, den sein Malerkollege Rainer Fetting vor dem Fernsehturm malt. Im Drehbuch steht zur 4036. Einstellung: „TOTAL, außen, Dämmerung (8 Sek.) Ein Vogelschwarm, der wie eine Wolke durch den Abendhimmel zieht, mal durchsichtig, dann in der Gegenbewegung den Himmel verdunkelnd.“ Wenders weiß, dass Curt Bois den Potsdamer Platz gekannt hat, als er das pulsierende, quirlige, lebensvolle Herz der Stadt gewesen war. Dem Regisseur ist diese Dimension dieser Szene bewusst, in der die Gedankenstimme des *Homer* uns sagt:

Wo ist hier die Paßhöhe?
Auch das Flachland, auch Berlin hat ja
seine verborgenen Paßhöhen,
und dort erst fängt mein Land,
das Land der Erzählung an.
Warum sehen nicht alle schon als Kinder
die Pässe, Pforten, Durchschlüpfe
unten auf der Erde und oben im Himmel?
Würde sie jeder sehen, ...
gäbe es eine Geschichte ohne Totschlag
und Krieg.

DIE STADT. Die Sicht der Engel ist von oben. Ein Hubschrauber der britischen Schutzmacht ist dafür das Vehikel beim Drehen. Wir blicken auf die Dächer, in die Straßenschluchten. Peter Falk sehen wir das erste Mal im Flugzeug nach West-Berlin. Eine Maschine am Himmel über Berlin. Am Anfang umkreisen wir den Funkturm. Engel können überall sein. Von einem Moment auf den nächsten. Ihre unendlichen Möglichkeiten. Vom Funkturm schweift der Kamerablick auf das silbrige Koloss des Internationalen Kongresszentrums ICC, über die Schlucht durch die Stadt, die sich Bahngleise und Stadtautobahn teilen, auf die Fassaden der Häuser auf der anderen Seite, auf die Reklamebemalungen der Brandmauern. Der Blick von oben, wie vom Himmel. Wir sehen den Engel auf dem Ruinenturm der Kaiser-Wilhelm-Gedächtniskirche stehen; das ist das wohl bekannteste Standfoto aus dem Film. Wir sehen den Engel auf dem goldenen Engel der Siegessäule stehen, der eine Siegesgöttin Viktoria ist. Wir blicken auf den Tiergarten, die Ost-West-Achse entlang. Wir sehen West-Berlin.
Wenders will in den meisten seiner Filme erzählen, Geschichten. In *Der Himmel über Berlin* ist es nicht sein zentrales Anliegen, und er will zugleich dokumentieren. Gerade in *Der Himmel über Berlin*. Die Dokumentation der Stadt ist ihm wichtig. Denn er will ihre Geschichte abbilden. Von den ersten Menschen an, die die Engel schon gekannt haben. Die wenigen schwarz-weißen Bilder aus Ost-Berlin sind heimlich entstanden. Wenders berichtet darüber 2015 im Interview mit Knut Elstermann, als der Regisseur den Ehrenbären der Berlinale für sein Lebenswerk bekommt und die restaurierte Fassung von *Der Himmel über Berlin* vorgestellt wird. Wenders kannte damals schon den stellvertretenden DDR-Kulturminister. Horst Pehnert leitete die Hauptverwaltung Film und war Wenders wohlgesonnen.

Paris, Texas war vereinzelt auch in der DDR gezeigt worden. Wenders fuhr nach Ost-Berlin zum Filmminister, um die Genehmigung zum Drehen in der Oststadt zu bekommen. Missfallen erntete er schon mit der Aussage, dass es kein Drehbuch gebe. Als er Pehnert gesagt hatte, Engel seien Hauptfiguren, bemerkte der Minister, dass Engel doch durch Wände gehen könnten. Pehnert fragte, ob sie dann nicht auch durch *die* Wand gehen könnten, also durch die Mauer. Deshalb durfte Wenders nicht in Ost-Berlin drehen. Wir sehen von der Mitte der asphaltierten und ausgebesserten Fahrbahn aus nur Straßenansichten vom Prenzlauer Berg mit verfallenden, grauen, noch Spuren des Zweiten Weltkriegs zeigenden Fassaden. Die Bilder sind mit subjektiver Kamera gedreht aus der Perspektive eines Fußgängers. Wir erkennen, dass die dort parkenden Personenwagen ostdeutscher Produktion sind. Uns wird in diesem Film bewusst, dass es damals Straßen in Kreuzberg und anderswo im Westen gibt, die nicht besser aussehen. Wir sehen viel gerade von diesem Ortsteil. Wir sehen, wie der auf die Erde gefallene Engel Damiel durch die Oranienstraße geht und die Stadt bestaunt, die er nun mit menschlichen Sinnen, farbig vor allem, wahrnimmt. Bedrückend sind die flashartig eingesetzten Bilder von 1945. Kriegsbilder. Wenders berichtet von seinem Befremden bei der Sichtung alliierten Filmmaterials. Die sowjetischen Bilder waren schwarz-weiß, hätten dokumentarisch gewirkt, waren aber meist gestellt, die amerikanischen Filme seien farbig gewesen, hätten wie im Studio inszeniert gewirkt, seien aber original. Die beiden Engel gehen auf dem geharkten Grenzstreifen zwischen hier blühendweißer Mauer und Hinterlandmauer. Da steht ein Wachturm der Grenzpolizei, da stehen zwei von ihnen, und tatsächlich, wie der Filmminister befürchtet hat – Überblendung – Engel gehen durch die Mauer hindurch. Damiel stellt sich vor, wie es als Mensch sein wird: „Auf der Straße wird ein Dienstwagen vor mir halten, und der Bürgermeister wird mich ein Stück mitnehmen." Und hier vollzieht sich seine Menschwerdung. Damiel findet sich wieder auf der Westseite liegend, in der Waldemarstraße, Kreuzberg. Wir sehen es in Farbe, die von dem seit 1982 in Berlin lebenden Franzosen Thierry Noir bunt bemalte Mauerpassage, Kinder halten den gefallenen Engel für einen Betrunkenen.

DIE BERLINER. Der Mann im Imbissstand auf dem Gelände hinter der Ruine des Anhalter Bahnhofs. Falk findet den Namen *funny*, weil der Bahnhof scheinbar danach heißt, was an einem Bahnhof geschieht, er meint das Anhalten der Züge – „the station where the station stops." Ein bekanntes Standfoto zeigt Falk, wie er an der Bude steht, einen Plastikbecher Kaffee in der Hand. Der Mann wundert sich, dass Falk scheinbar mit sich selber spricht. Wir sehen Damiel, den Engel, der sich in Marion verliebt hat und von dessen Präsenz Falk weiß, zu dem er spricht, den aber der Mann im Imbisswagen in seinem weißen Kittel nicht sieht. Wir sehen Berliner in den Häusern gegenüber vom ICC. Großeltern, die mit der lauten Musik des Enkels hadern. Engel hören die Gedanken. Hören, was die Menschen beim Autofahren denken. Wir sehen Berliner am Steuer. Eine Frau im Mercedes, auf dem Beifahrersitz hockt menschengleich ihr großer Hund. Wir sehen Berliner, wie sie die BMW-Automobile durch die Schaufenster des großen Ladens am Kurfürstendamm, schräg gegenüber vom französischen Kulturzentrum *Maison de France*, betrachten, als die beiden Engel sich in einem BMW-Cabrio sitzend unterhalten. Ein junger Mann, der Schauspieler Hans-Werner Marquardt, später Kulturchef der Zeitung *B.Z.*, sagt zu der Frau neben ihm, so einen Wagen kaufe man nicht, man klaue ihn, sonst werde er einem geklaut. Jugendliche Arbeiter kommen Peter Falk auf der Brache hinter dem Anhalter Bahnhof entgegen, einer meint ihn als *Columbo* zu erkennen, ein anderer findet den Mantel zu schäbig, wieder ein anderer: „Der rennt doch hier nicht durch die Pampe, bist du verrückt?“ Berliner sehen wir in der U-Bahn, auch sie ein Berliner Kulturort wie im Musical, wie bei Tanja Dückers. Das Publikum des Konzerts von Nick Cave. Junge Menschen, Jeans, Mädchen zurechtgemacht, nach Manier der Jugendkultur des Jahrzehnts.

BERLIN & FRIENDS. Mehr als 35 Jahre habe die Bude aus Wenders' Film mit diesem Namen am U-Bahnhof Güntzelstraße Bundesallee/ Ecke Trautenaustraße gestanden, meldet der *Tagesspiegel* am 31. März 2016. Die *Berliner Morgenpost* hat fotografiert. Wir sehen an der Frontseite das Szenenfoto mit Peter Falk, das Foto mit Richard von Weizsäcker und dem Regisseur. Sechs Jahre habe die Bude leer gestanden, nun habe der Bezirk Wilmersdorf entschieden, dass sie beseitigt wird. Die Sondernutzungsgenehmigung sei abgelaufen. Angeblich habe die Bude repariert und woanders wieder aufgestellt werden sollen, weiß das Blatt dann am 7. April. Später verlautet, die Überlegung mit dem Denkmalschutz sei ein Scherz gewesen. Eberhard Diepgen lässt sich so zitieren: „Die Wurst war überdurchschnittlich gut.“

DIE FORTSETZUNG. Ideen, Orte, Menschen für so viele Szenen hatte Wenders an seiner Pinnwand. Für zehn Stunden Film hätte es gereicht, sagt Wenders. *Der Himmel über Berlin* zeigt im Abspann die Ankündigung *Fortsetzung folgt*. Wenders hat sie 1993 gemacht. *In* *weiter Ferne, so nah!* Wieder Berlin, viele Schauspieler sind noch dabei, andere nicht mehr, neue kommen dazu. Michail S. Gorbatschow, der letzte Generalsekretär der KPdSU, der letzte Präsident der Sowjetunion, stellt sich selbst dar. Cassiel steht neben ihm, berührt ihn, hört dessen Gedanken zu, die Gorbatschow selber spricht. Wenders darf nun ohne zu fragen in Ost-Berlin drehen. Schlüsselszenen entstehen in den Plattenbauten in der Karl-Liebknecht-Straße, an der St.-Marien-Kirche gegenüber vom Berliner Rathaus. Endlich. Das ganze Berlin. Curt Bois sollte wieder mitspielen. Aber es geht nicht. Wie schon einmal in der Geschichte der beiden großen Mimen springt der nun auch greise Heinz Rühmann ein, wieder ein Beteiligter, der als Person seine Biografie, sein Berliner Leben beiträgt zu einem Berlin-Film.

DAS REMAKE. Hollywood, das Wenders kennt, ist die Chiffre für die US-Filmindustrie, ein umstrittenes Mekka aller Cineasten, und Stadtteil von Los Angeles, was spanisch „die Engel" heißt, was also so viel wie *Stadt der Engel* bedeutet. Die Berliner Schriftstellerin Christa Wolf wird 2011 nach einem Aufenthalt in dieser ersten aller Partnerstädte Berlins den Roman *Stadt der Engel oder The Overcoat of Dr. Freud* herausbringen. *City of Angels*, so der Originaltitel, heißt auch das Remake von *Der Himmel über Berlin* von 1998 mit Nicolas Cage und Meg Ryan. Ironisch betrachtet Wenders diesen Film. Dem Verkauf der Remake-Rechte habe er zugestimmt, er habe den Deal einfach annehmen müssen: „Da sollten doch tatsächlich die Rechte an der Geschichte eines Films erworben werden, der ohne eine solche gemacht worden war!" Er war sicher, dass niemand mehr das Rezept zu so einem Film würde finden können. Nichts erfahre man in diesem Film über die Stadt, also über Los Angeles. Warum? „Weil die treibende Kraft hinter diesem amerikanischen Film seine STORY war, nicht mehr der ORT." Und der ORT seines Films ist Berlin.

NOCH EINE FORTSETZUNG? Die Frage nach der Fortsetzung stellen sie Wenders trotz der Fortsetzung von 1993 bis heute. In Cannes sagt es der 77-jährige Wenders am 26. Mai 2023 gegenüber der Presse so: „Meine Engel sind für immer im Himmel von Berlin verschwunden. Ich glaube nicht, dass ich zu der Idee der Engel zurückkehren werde." Aber er sagt auch, dass die Hauptfigur seines in Tokio spielenden Wettbewerbsfilms auf dem Festival 2023 mit dem Titel *Perfect Days*, der Toilettenreiniger *Hirayama*, womöglich wieder eine engelhafte Figur sein könnte, denn: „Nicht viele Leute sehen ihn. Für viele Menschen ist er unsichtbar." Kōji Yakusho als Hirayama wurde in Cannes als bester Schauspieler geehrt. Der Film ist Oscar-Kandidat 2024.

Die große Szene in der Fortsetzung von *Der Himmel über Berlin:* Otto Sander als Engel mit dem ehemaligen Sowjetführer Michail S. Gorbatschow in *In weiter Ferne, so nah.*

DIE MUSIK. *Nick Cave and the Bad Seeds*, 1983 gegründet in West-Berlin unter Beteiligung von Blixa Bargeld, treten in *Der Himmel über Berlin* auf. Die Band gehört zum Interieur der Musikszene der Stadt. Musik, auch ernste, ist Bestandteil dessen, was wir hören, wenn wir diesen Film sehen. Wir sehen mit den Augen der Engel, und wir hören mit ihren Ohren. Der Film funktioniere auch als Stummfilm, sagt Wenders. Die Macht der Bilder ist stark genug. Die Stimmen, die wir als Geraune, als Geflüster, als Geräuschkulisse wahrnehmen, sind ihrerseits eine Art Musik, Klang. Der Film habe viel Text, sagt Wenders. Anscheinend ist der Text nicht essenziell für sein Kunstwerk. Doch die Stimmen sind ihrerseits Musik. Stimmen, Text, Musik, Schauspiel, Geschichten sind Bestandteile einer anderen hohen Kunst. Mit ihr hat sich seit 1947 an der Komischen Oper in Ost-Berlin mit dem Wiener Walter Felsenstein der Lehrer des bedeutenden Intendanten der Deutschen Oper Berlin der 1980er-Jahre auf zukunftsweisende Art auseinandergesetzt. Der Felsenstein-Schüler Götz Friedrich folgt dem 1975 im Amt verstorbenen Gründer des Hauses in der Behrenstraße in Mitte in der Rolle des Opernintendanten 1981 nach, allerdings in Charlottenburg, im Westen der Stadt, im Haus in der Bismarckallee.

Götz Friedrich – Felsenstein, Deutsche Oper und *Berliner Ring*

Ost-Berliner in West-Berlin: Götz Friedrich 1981 bei den Proben von Leoš Janáčeks *Aus einem Totenhaus* an der Deutschen Oper in Charlottenburg.

ERST OST-BERLINER, DANN WEST-BERLINER, schließlich Gesamt-Berliner, insgesamt ein Künstler von Welt. Das ist die Geschichte des Opernregisseurs und -intendanten Götz Friedrich in Bezug auf Berlin. Die Musikwissenschaftlerin Marianne Reißinger hat 2000 seine Biografie vorgelegt. Die Frau, die damals schon mehr als 20 Jahre beim Münchner Boulevardblatt *Abendzeitung* als Musikkritikerin gearbeitet hatte, kannte ihn mehr als 25 Jahre. Ihr Buch erzählt seinen Werdegang bis ins Jahr 2000. Es kommt in diesem Jahr heraus, noch bevor der Protagonist zum Jahresende am 12. Dezember stirbt. Noch vier Tage zuvor hatte er die letzte Inszenierung seiner Intendanz zur Premiere geführt, die Oper des 2007 verstorbenen Italoamerikaners Gian Carlo Menotti *Amahl und die nächtlichen Besucher*. Begraben ist Friedrich, der in seiner West-Berliner Zeit in Grunewald wohnte, auf dem Waldfriedhof Zehlendorf. Die Grabstätte ist seit 2010 Ehrengrab des Landes Berlin. Die Stadt hatte ihn bereits 1996 mit ihrer Ernst-Reuter-Plakette geehrt. Seit 2008 gibt es an der Oper den nach Friedrich benannten Platz. 20 Jahre war Friedrich an der Komischen Oper, beinahe 20 Jahre an der Deutschen Oper Berlin, sein Vertrag wäre erst 2001 ausgelaufen. Aber er starb vorher.

Walter Felsenstein war auf seine Weise ebenfalls Wanderer zwischen Ost und West. Er wohnte lange noch in West-Berlin, fuhr den West-Mercedes, tankte im Westen, weil der Sprit dort besser war. Er sorgte, dass, wie noch bis in die 1980er-Jahre, für sein Haus als aufgrund der Qualifikation unabkömmliches Personal aus West-Berlin weiterarbeitete, Westmark bekam. Felsenstein behielt wie Brecht und Weigel den ausländischen Pass neben dem DDR-Ausländer-Pass, wahrte seine Reisefreiheit, arbeitete oft im Valuta-Westen, auch um seine dort lebende geschiedene Frau finanziell zu unterstützen. Felsenstein ist ein Neuerer der Opernwelt, genoss internationales Ansehen, verstand sich mit dem Staatschef Walter Ulbricht, überging gewieft schon in sich andeutenden Kontroversen die DDR-Kulturbürokratie und wendete sich direkt an den Botschafter der UdSSR,

Pjotr A. Abrassimow. Dessen Amtssitz Unter den Linden lag nur einen Block weiter. Das war möglich, weil die Komische Oper nach dem Zweiten Weltkrieg eine auf Initiative sowjetischer Kulturoffiziere entstandene Neugründung war. Ihr von Felsenstein erfolgreich umgedeutetes Gründungskonzept war die auf Unterhaltung ausgerichtete *Opéra comique* der sowjetrussischen Theatertradition. Der damalige noch gesamtberliner Magistrat hatte sich dagegen ausgesprochen, denn diese *Komische Oper*, die da im wiedererrichteten Bau des Metropol spielen sollte, schien das vierte Opernhaus zu werden neben dem auf Operette und Revue spezialisierten *Metropol-Theater*, neben der *Lindenoper* und neben der damals *Städtische Oper* genannten Oper in Charlottenburg. Umbenannt in *Deutsche Oper Berlin* wird Friedrichs späteres Haus erst 1961, als das vom Berliner Architekten Fritz Bornemann mit dem modernen Vorbau versehene Gebäude, das wir heute kennen, wieder bezogen wird. Hintergrund dafür war die innerstädtische Konkurrenz des Kalten Krieges, denn die Lindenoper firmierte unter dem gesamtstädtischen und gesamtdeutschen Anspruch andeutenden Namen *Deutsche Staatsoper Berlin*. Aus dem Herkommen der Komischen Oper wird auch verständlich, warum Friedrich als Intendant in West-Berlin auch die Leitung des der leichten Muse verbundenen *Theaters des Westens* übernahm. Das zweite Haus brachte die Chance der Erweiterung des Spielplans mit zusätzlichen Besetzungsmöglichkeiten für das Opernensemble sowie Kostenersparnis bei gleichzeitiger Nutzung der Theatertechnik und der Werkstätten der Deutschen Oper. In der Kantstraße inszenierte Friedrich 1988 noch einmal George Gershwins Musical *Porgy and Bess*, wie er es schon an der Komischen Oper getan hatte. Dafür hatte er von den Gershwin-Erben die Sondergenehmigung für eine deutsche Übersetzung bekommen. In der Behrenstraße war es die deutsche Erstaufführung, die am 24. und 25. Januar 1970 über die Bühne ging. Es war einer der wenigen Ausflüge des Jazzsängers und Filmschauspielers Manfred Krug auf die Theaterbühne. Er spielte die Rolle des Drogenhändlers und Schmugglers *Sporting Life*, und Friedrich sagt: „Das war eine meiner gewagtesten Rollen-Besetzungen." Der schon seit jeher eigensinnig unangepasste Krug hatte sich nach der Biermann-Ausbürgerung 1976 die Ausreise ertrotzt und war in den 1980er-Jahren in West-Berlin längst schon wieder etabliert, vor allem mit der Fernsehserie *Liebling Kreuzberg*.

Walter Felsenstein ragt wie ein Fels in Götz Friedrichs Biografie. Der Intendant der Komischen Oper, der am 8. Oktober 1975 wie sein Schüler im Intendantenamt stirbt, wirkt als Vater, Lehrerfigur, Chef, Vorbild, Konkurrent, Widerlager, dann beinahe als Gegner. Das Ab-

Götz Friedrich holte den Berliner Schauspieler und Jazzsänger an die Komische Oper: Manfred Krug am 22. Januar 1970 beim Proben für George Gershwins Musical *Porgy and Bess*.

nabeln von ihm wird für Friedrich und seine Entwicklung als Persönlichkeit, als Künstler, zum schmerzhaften Befreiungsprozess. Als der junge Dramaturg 1961 das 86 Seiten starke Büchlein über *Walter Felsenstein* mit dem Untertitel *Weg und Werk* herausbringt, ist das Ausfluss seiner Aufgaben am Theater. Das Buch zeigt seine Begabung zum Schreiben, zum Belehren, denn er hat, bald mit Professorentitel, neben den Opernaufgaben immer wieder die pädagogische Arbeit, das Vermitteln, Weitergeben von Opernwissen, Regieerfahrungen, des Konzepts von Felsensteins *Musiktheater*, des noch umfassender gedachten *Universaltheaters*, als Anliegen, als seine Sendung empfunden. Ein Besessener war Friedrich wie Felsenstein, beide waren von unerschöpflicher Arbeitskraft, Energie, was Rücksichtslosigkeit in Bezug auf Körper, Gesundheit mit sich brachte. Schon seine Eltern sorgten sich, dass der Jugendliche Götz Friedrich damals zu viel trank und, was ihm blieb, zu viel rauchte. Das Schild *Rauchen verboten* habe für ihn in keinem Theater gegolten, als er ein Großer geworden war. Sogar bei Fernsehinterviews am Intendantenschreibtisch der Deutschen Oper hält er die qualmende Zigarette zwischen den Fingern. Das Erste, was wir in Friedrichs Felsenstein-Buch erfahren: „Er sitzt im kleinsten Intendantenzimmer, das ich kenne." Zwölf Quadratmeter sei es groß gewesen, aber kein anderer Raum sei im Haus Bühne und Zuschauern so nah gewesen: „Mit wenigen Schritten gelangte er abends in eine der Proszeniumslogen, aus der er – verborgen, im Dunklen, unentdeckt – die Vorstellung beobachten und verfolgen kann." Ansporn sei das für alle im Theater gewesen, schreibt der Untergebene, Abhängige, den Verhältnissen Unterworfene. Dass das auch Kontrolle gewesen ist, Machtwille, Misstrauen, Suggestion von Allgegenwart, das kommt 1961 bei Friedrich nicht zu Wort. Die Lehre, der sich der Schüler sein Leben lang verbunden fühlt, wenngleich nicht in jeder Hinsicht, jedem Detail, in der Starrheit des Meisters, ist die vom *Musiktheater*. Friedrich zitiert Felsenstein im Buch aus einem Text von 1951, der die Doktrin des bewunderten Lehrers und Chefs von ihrer idealen Zielsetzung her erläutert:

Nach einer bis in die letzte Präzision werkgerechten Einstudierung muß glaubhaft zum Ausdruck kommen, daß der dramatische Zustand des wahrhaft in die Rolle verwandelten Menschen ihn veranlaßt, seinen sprachlichen und gestischen Normalausdruck zu verlassen und sich nur mehr musizierend und singend zu äußern. Der Zuschauer darf nicht mehr merken, daß der orchestrale Sänger-Apparat dem Dirigenten gehorcht, sondern muß Zeuge werden, wie der Darsteller die gesamte instrumentale und vokale Musik – völlig partiturgetreu – dramatisch neu gebiert.

Das Verständnis von Oper als Musiktheater fordert das Verschmelzen von Schauspiel, Gesang und Musik zu einer „identischen Einheit". Das gilt auch auf der Ebene der Gattungen des Theaters. Sprech- und Musiktheater und ihre Sparten, sogar der Zirkus, für Götz Friedrich auch die aus neuen technischen Instrumentarien erwachsenden Inszenierungsmöglichkeiten sollen nicht mehr nur theoretisch als Universaltheater verstanden werden, sondern praktisch auf die Bühne gebracht werden. In dieser Auffassung liegt die rigide Ablehnung der überkommenen, bürgerlichen, künstlichen, kulinarischen, virtuosen Darbietung von Oper beschlossen. Darin liegt auch der theoretische Horizont, der Felsensteins Theater dem realen Sozialismus sympathisch erscheinen ließ, obgleich es mit dem sowjetisch geprägten *sozialistischen Realismus* im Kern nichts zu tun hatte. Sein Theater sollte eines für das Volk sein, was schon darin begründet lag, dass die Komische Oper ausschließlich Werke in deutscher Sprache auf die Bühne brachte. Übersetzt wurde, was nicht auf Deutsch vorlag, neu übersetzt wurde, was nur unzureichend übersetzt in unbrauchbarem Deutsch greifbar war. Das ist die Andeutung des kunsttheoretischen und inszenierungspraktischen Horizonts Felsensteins, der Götz Friedrich in seiner Kindheit und Jugend aufgrund seines Herkommens ebenso wenig schwante wie ein Beruf in der Musikwelt überhaupt. Doch schon der Jugendliche spielt Johann Sebastian Bach und begeistert sich zu gleicher Zeit für den vom SED-Regime verpönten Jazz, für Glenn Miller, Duke Ellington. Er spielt als Pianist in der *Tanzkapelle Rot-Weiß*, schreibt das an Homer orientierte Theaterstück *Ilias*, inszeniert es in der Schule, tritt selbst auf, vergaß aber vorm Auftritt als Agamemnon, die Brille abzunehmen. Das berichtet die Journalistin Barbara Giese 2007 in einem langen Friedrich-Feature für den Deutschlandfunk.

Am 4. August 1930 ist Götz Friedrich im Krankenhaus der Domstadt Naumburg geboren. Seine Biografin beschreibt die Jugendwelt Friedrichs so: „In der evangelisch-lutherischen Strenge seiner sachsen-anhaltinischen Heimat zwischen Saale und Unstrut bestimmen das klare Denken, auch das Kalkül einer Generationen alten Juristenfamilie die Lebensordnung. Musische Neigungen gehörten zum

Protestantische Strenge, klares Denken: Götz Friedrich wuchs in der beschaulichen Weinstadt Freyburg an der Unstrut auf.

schönen Dekorum, das mit Vergnügen kultiviert wird." Mehr aber auch nicht. Kunst als Beruf, das war in dieser Welt nicht die Regel, obgleich es die Welt einer heiteren Weinlandschaft mit ihren Annehmlichkeiten war. Aufgewachsen ist er in dem Städtchen Freyburg, aus dem der Rotkäppchen-Sekt kommt. Götz bekommt als Erstgeborener Geschwister, Claus und Beate. Konfirmiert wird Paul Volrad Götz Friedrich am 18. März 1945. Der Krieg wird in wenigen Tagen vorüber sein. Der Vater hat nach dem Ersten auch den Zweiten Weltkrieg als Soldat mitgemacht. Geboren sind die Geschwister in eine wohlsituierte Anwaltsfamilie. Der Vater fuhr 1930 Auto, als Deutschland noch kein Autoland war, einen Wagen der Marke *Adler*. Hamsterfahrten auf dem Rad mit der Mutter, um Lebensmittel zu ergattern, gehören zur Kindheitserfahrung im Nachkrieg. Der Junge ist kurzsichtig, kommt aufs humanistische Domgymnasium, an dem er 1949 das Abitur macht, wohl das beste seit Jahren. Die Schule heißt inzwischen *Oberschule für Jungen*. Sachsen-Anhalt gehört zur Sowjetzone. Erst war die Gegend von den Amerikanern besetzt worden, aber mit dem Austausch zunächst amerikanisch besetzter Gebiete in der geplanten Sowjetzone gegen den vereinbarten US-Sektor in Berlin war die Rote Armee gekommen. Der Vater hatte sich mit den Amerikanern gut verstanden, aber die Familie blieb, wie lange Jahrzehnte auch der Sohn, nicht zuletzt wegen der Eltern, denn die Geschwister waren zeitig in den Westen gegangen. Marianne Reißinger schreibt, Friedrich habe *Heimat* gebraucht. Der Vater kam unter den Sowjets ins Gefängnis, wurde gefoltert, verlor die Sehfähigkeit auf einem Auge. Aber er blieb in Freyburg als Rechtsanwalt.

Verhältnis von Ich und Rolle: Götz Friedrich war in Weimar mit den Grundsätzen des russischen bzw. sowjetischen Theaterreformers Konstantin S. Stanislawski (1863–1938) konfrontiert.

Die Familie galt als *bürgerlich*. Götz Friedrich war kein Arbeitersohn, ein soziales Verdikt. Das war der Grund, warum ihm die gewünschte Juristenlaufbahn mit dem Ziel, Strafverteidiger zu werden, versagt blieb. Bei der Eignungsprüfung an der FU in West-Berlin scheitert er, weil er nicht weiß, was *Euthanasie* ist, vielleicht aber auch, weil der selbstbewusste Schönling mit dem langen Haar, der auf die Mädchen Eindruck machte und das ausnutzte, hochmütig mit übereinandergeschlagenen Beinen vor der Kommission gesessen hatte. Das war 1949 oder 1950. Den Vater hatte Götz geliebt. 1973, als der Vater mit 76 stirbt, darf der Sohn nicht zum Begräbnis in die DDR einreisen. Der Vater hatte alle Pensionsansprüche verloren und musste bis zum Tod arbeiten, um sich seinen Lebensunterhalt zu verdienen.

Die Entscheidung für die Ausbildung zum Diplom-Dramaturgen am 1947 gegründeten Deutschen Theater-Institut in Weimar war zweite Wahl. Das Institut war sowjetisch im Theaterverständnis, die Methode des Theaterreformers Konstantin S. Stanislawski wurde vermittelt. Das bedeutete praktisch, vereinfacht erläutert, Herkunft, Biografie und Werdegang einer Figur zu erschließen und aufzuschreiben, um sie wahrhaft verkörpern zu können. Der Bürgersohn hatte ob seiner Herkunft erneut Probleme, zugelassen zu werden. Der ein Leben lang höchst beredte Kandidat gibt im Aufnahmegespräch reichlich Auskunft über das Wissen aus seinem Lieblingsfach Geschichte als dem Hintergrund der eigentlich nachgefragten Klassikerstoffe und blendet sich zum Erfolg. Eine andere Version erzählt Barbara Giese: „Nur einer der Abiturienten spricht über Antigone und die Musikalität der Sprache von Sophokles. Aufgrund dieser eigenständigen Auswahl und Betrachtungsweise wird Götz Friedrich aufgenommen, obwohl er aus einem bürgerlichen Elternhaus kommt." Er weiß, dass er als eines der ganz wenigen Nicht-SED-Mitglieder immer mit Bestnoten, Bestleistungen überzeugen muss, um zu bleiben. Und es hilft ihm eine für das Regime ihrer *Klassenzugehörigkeit* nach als *Bauerntochter* verbuchte Liebe, die seine erste Frau und die Mutter seines ersten Sohnes wird, die Schauspielerin Ruth Maria Kubitschek. Sie geht lange vor ihm in den Westen. Den gemeinsamen Besuch in Berlin erinnert sie, wo sie Felsenstein und die Oper kennenlernten und wo er dann sagte: „Ich werde Regie-Assistent bei Felsenstein. Und er wurde es." Kubitschek weiß vom bürgerlichen Ambiente seines Elternhauses. Die Ehe wird 1964 ohne Aufsehen geschieden. Die weit stabilere Beziehung zu Felsenstein entsteht 1952 oder 1953 durch ein Theaterpraktikum. Erst wollte Friedrich zu Brecht ans Berliner Ensemble, aber da war es immer voll, so hatte er gehört, und er geht an die Komische Oper, obwohl Oper nicht seine Sache war:

Also versuche ich es mal bei Felsenstein, da lernt man über Theater genau so viel wie bei Brecht. Also bin ich zu Felsenstein gegangen. Gepackt hat es mich beim Praktikum, als Felsenstein mit Hans Reinmar den Falstaff-Monolog probierte. Da war ich dann auf einmal von der Oper fasziniert, infiziert für meinen künftigen Beruf.

In Weimar will er um keinen Preis auffallen. Aber er geht am Steinplatz in West-Berlin ins Kino, schwärmt gegenüber Kommilitonen von einem französischen Film, plötzlich droht die Exmatrikulation, er hat Glück, die Sache zieht sich, und zwei Monate später wurde der Streifen auch in der DDR gezeigt. Ausgestanden. Kino fasziniert ihn. In den ersten Jahren an der Komischen Oper schreibt er nebenbei Kinokritiken. Die Diplomarbeit hatte den Titel *Die humanistische Idee der Zauberflöte*. Nach dem Examen im Sommer 1953 wird er im Herbst zu Beginn der Spielzeit festangestellter Dramaturg in der Behrenstraße. Friedrich steigt ganz oben ein. Provinztheater bleiben ihm erspart. Er entpuppt sich als begabter, belesener, kenntnisvoller Überflieger, wird Felsensteins Lieblingsschüler, aber das Bestreben, eigene Wege zu suchen, zu finden, zu gehen, das ist seine andere Seite. Aus dem Erleben Friedrichs ist der Intendant ein strenger, bisweilen unnachsichtiger Mann, der in seinem Haus mit Aktenvermerken kommuniziert, die notfalls an Deutlichkeit nichts zu wünschen übrig lassen. Als Friedrich anfängt an der Komischen Oper, ist klar, dass er Regisseur sein will, nicht bloß Zuarbeiter, Handlanger, Helfer, und das für 800 Mark im Monat. Er leistet sich Eigenmächtigkeiten, die zu Konflikten führen, er steht sie durch, gewinnt, bekommt nach der ersten Inszenierung für 1957 bis 1959 den Vertrag als Wissenschaftlicher Mitarbeiter und Erster Regieassistent. Seine erste Regiearbeit findet in Weimar am dortigen Nationaltheater statt. Die Premiere von Wolfgang Amadeus Mozarts *Così fan tutte* wird ein Erfolg, erregt Aufmerksamkeit, sogar im Westen. Und an der Komischen Oper? Felsenstein inszeniert, was er will, so bleiben anderen am Haus *Randwerke* der Opernliteratur. Für ihn kamen auch Giuseppe Verdi, keineswegs randständig, oder Uraufführungen nicht infrage. So waren es für Friedrich nicht nur Brosamen. Neue Komponisten wie Siegfried Matthus verdanken so schon in diesen Jahren ihm ihre Förderung. Friedrich setzt durch, dass er Giacomo Puccinis *La Bohème* neu inszeniert. Er übersetzt das Stück neu. Er erntet nach der Premiere am 15. September 1959 Jubel, bei den Zeitungen sowohl in Ost- als auch in West-Berlin. Der französisch lizenzierte *Kurier* schreibt über die hochgelobte Einrichtung dieser beliebten Oper: „Und das, obwohl nicht der Meister selbst die ebenso phantasievolle wie perfekte Regie führte, sondern sein langjähriger, höchst gelehriger Jünger und Assistent Götz Friedrich." Solche vergleichenden Kritiken las auch Felsenstein, der bei Inszenierungen seiner Leute laut Friedrich durchaus Teamplayer war, Anregungen gab, half. Ihr Verhältnis sparte allerdings Privates aus. Friedrich: „Mit ihm essen zu gehen, ein Bier zu trinken – ein schrecklicher Gedanke." Der Aufstieg des Schülers setzt sich fort. 1968 wird er Oberspielleiter der Komischen Oper. Auch Ballett gehört spätestens an der Deutschen Oper zum von ihm verantworteten Repertoire. Die nächste Ehe des Frauenfreundes Friedrich ist die mit der Tänzerin Sighilt Pahl. Geschlossen wird sie am 28. Februar 1972, geschieden ohne Aufsehen schon 1974. Die 1957 gleich nach dem Vortanzen an der Staatlichen Ballettschule Berlin aufgenommene junge Frau aus Eberswalde ist Friedrichs Gefährtin bei dem tiefgreifendsten Schritt seiner Biografie, seiner *Republikflucht*.

Götz Friedrich war am besten Haus der DDR. Andere Häuser im Land waren Provinz. Es wäre Abstieg gewesen. Er arbeitete bald im Westen, auch im Ausland, wie es auch Felsenstein tat. Das Verzeichnis von Friedrichs Inszenierungen über seinen Lebensweg hinweg zeigt die Weltläufigkeit seiner Arbeit bis hin nach Chicago und Los Angeles. Er hatte mit Kurt Hübner und Peter Zadek in Bremen, dem wesentlichen Haus der Theater-Avantgarde der 1970er-Jahre, umfangreiche Gastier-Tätigkeit verabredet. Hübner beschreibt seinen Eindruck zu dieser Zeit in einem späteren Brief an Friedrich: „Unsere erste Begegnung bei einer damals noch geradezu verschwörerisch erscheinenden Zusammenkunft in Ost-Berlin hatte mich überzeugt, den richtigen Mann gefunden zu haben. Zudem: Mir scheint mein unterschwelliger Eindruck damals, dass Sie sich im Osten eingeengt fühlten, ein zutreffender gewesen sein." Felsensteins Nachfolge schien ihm keine Perspektive zu sein. Er habe sich gefragt, wie lange er sich würde halten können. Ihm sei klar gewesen, dass die Praxis Felsensteins, Probleme unter Umgehung der SED gleich mit dem Sowjetbotschafter zu lösen, zu Ende gehen würde. In der Partei war er nicht. Ambitionen als Politiker oder Kulturpolitiker hatte er keine. Dass Friedrich so lange blieb, habe an der *Faszination Felsenstein* gelegen. Felsenstein warf seinem Ersten Assistenten vor, dass er seine Pflichten versäume. Er halte „ihn für einen besseren Arbeiter als Mitarbeiter" schrieb sein Chef. Aufseiten Friedrichs war es ein ständiges Finassieren, Taktieren, Tricksen über viele Jahre. Aber wollte er in den Westen gehen? Es ist ein innerer Konflikt, Friedrich zögert und zaudert, aber dann hilft das SED-Regime nach:

Im Westen bleiben? Vielleicht fehlte mir damals auch der Mut. Ich war Mitte dreißig, inszenierte gerade mal sechs Jahre lang und sah auch keinen Anlass, von Felsenstein – das hatte nichts mit dem Osten zu tun – wegzugehen. Dann kam der Beschluss, dass ich keine Genehmigung mehr für Bremen bekam. Das hatte politische Gründe, stand in Zusammenhang mit den Anerkennungs-Verhandlungen des damaligen Bundeskanzlers Willy Brandt mit der DDR. Und danach kam das Verbot: Ich erhielt keine Erlaubnis mehr, in West-Deutschland zu arbeiten, wohl aber im Ausland. Die Folge war das Ausweichen nach Oslo und nach Kopenhagen.

Die Entspannungspolitik war Vorwand, Ursache der strikteren Abgrenzung der DDR im kulturellen Austausch. Friedrich in seiner wachsenden Prominenz und künstlerischen Potenz als renommierter Felsenstein-Schüler sollte nicht den Anschein fördern, es gebe eine gemeinsame deutsche Kulturnation. Ganz unverblümt steht es im Schreiben des Ministeriums für Kultur von 14. März 1968: „Ich muss Ihnen heute mitteilen, dass wir nach Lage und der Entwicklung in Westdeutschland kein Interesse daran haben, unsere Künstler in Westdeutschland tätig sein zu lassen.“ Friedrich war privilegiert. Es gab den Vertrag, in dem die Gage von 3250 auf 3750 Mark steigen sollte, dazu kamen 500 Mark Fixum für die wissenschaftliche Zuarbeit für den Intendanten, Abzüge gab es, wenn er die je sechs zugestandenen Wochen pro Spielzeit außerhalb Berlins arbeitete. Versicherungen, Wohnung, Ausbildung der Kinder, alles war vorzüglich geregelt. Da gibt es weiter die Anfragen aus der Bundesrepublik, dazu gehören August Everding aus Hamburg, Wolfgang Wagner aus Bayreuth. Vorzügliche Adressen. Das erste Mal soll das Konzept des Musiktheaters in der Wagner-Hochburg auf die Bühne kommen. Wagner ging das Risiko ein. Er hatte noch nie eine Friedrich-Inszenierung gesehen. Es setzt ein Ringen mit dem Kulturminister Klaus Gysi ein. Felsenstein unterstützt den „Professor Friedrich“. Und es gelingt. Das Visum kommt erst im letzten Moment. Im Sommer 1972 läuft Friedrichs Inszenierung von Richard Wagners *Tannhäuser* auf dem Grünen Hügel. Sie wird zum Skandal. Der konservative Journalist Hans Habe schimpft in der *Welt am Sonntag*: „Klassenkampf mit hohem C.“ Der CSU-Vorsitzende Franz Josef Strauß echauffiert sich in einem in die Theatergeschichte eingegangenen Leserbrief an die *WamS*: „Tannhäuser war nicht mehr der Held eines Weihespieles, der zwischen irdischer und himmlischer Liebe hin- und hergerissen wurde, sondern ein Gesellschaftsrevolutionär, der, von seiner Gesellschaft ausgestoßen und bestraft, das neue Zeitalter einer besseren Gesellschaft heraufsingen sollte.“ Erkennbar sind die Fronten des Kalten Kriegs, die Kritik richtet sich gegen den Regisseur aus der DDR als Repräsentanten seines Systems. 1973, als er in Bayreuth die Wiederaufnahmeproben leitete, war nichts anders, nur die Reaktion. Friedrich: „Und trotzdem schrieben alle Kritiker, die im ersten Jahr dagegen waren: Friedrich hat alles total geändert. – Das einzige, was sich geändert hatte, war mein Pass.“ Friedrich war der DDR auch schon 1972 längst entfremdet. Seine Frage war, ob jetzt schon, mit Anfang 40, Schluss sein sollte mit der Karriere. Warten auf das Ausscheiden Felsensteins? Er war doch keineswegs der geborene Nachfolger. Ein weiteres Bedenken war die im Zuge von Egon Bahrs Verhandlungen im Raum stehende Befürchtung einer Anerkennung

Auf der Fluchtroute von Götz Friedrich nach Schweden im Juli 1972: der Fährhafen von Sassnitz auf Rügen, hier Foto von 1970.

der DDR-Staatsbürgerschaft durch Bonn. Folge wäre, so seine Sorge, dass der Anspruch auf den Bundespass für jeden DDR-Bürger kassiert werden könnte. Er spürte seine große künstlerische Energie, fühlte sich an der Komischen Oper unterfordert, seitdem er nicht mehr in der Bundesrepublik arbeiten durfte. Und natürlich war der Übervater Felsenstein ein wichtiger Faktor. Er schämte sich, wie mancher Sänger (und wie sein Intendant) im Osten mit dem Mercedes umherzufahren und zu zeigen, dass er viel verdiente im Westen. Es ist das Unbehagen an der Arbeitssituation, aber auch an der seit 1968/69 verschlechterten wirtschaftlichen Lage. Wenn er mit seinem Vater, „ein von allen geschätzter Herr", in Ost-Berlin essen gehen wollte, *fein* essen gehen wollte, dann sei alles reserviert gewesen.

Half Götz Friedrich, sich im Westen zu etablieren: Der Intendant, einflussreiche Kulturmanager und Regisseur August Everding holte Friedrich an die Hamburger Staatsoper.

Das Abnabeln von Felsenstein ist ein Prozess, der sich in vielen Briefen dokumentiert, die Friedrich ihm schreibt, in denen er seine Haltung, dann seinen Entschluss begründet, nichts Böses über den Lehrer und das Haus zum Ausdruck bringt. Erst einmal aber genehmigt der Politbüro-Kulturzuständige Kurt Hager im Juli 1972, dass Friedrich mit dem eigenen Wagen, seinem *Lada*, einem in der Sowjetunion produzierten Lizenz-Fiat, zum Engagement nach Stockholm fährt. Seine Frau hat das Visum im letzten Augenblick bekommen, auch sie findet dann dort gleich ein Engagement. Es hat possenhafte Züge, wie sie gehetzt mit Kochgeschirr bis Sassnitz zur Fähre nach Schweden fahren, auf der Fahrt die Haushaltsutensilien aus dem Wagen werfen, weil ihm aufgeht, dass sie gefragt werden könnten, warum sie diese Gegenstände dabeihaben. Er bedenkt nicht, dass sich etwaige Verfolger der Staatssicherheit

in diesem Moment gefragt haben könnten, warum Kochtöpfe und Pfannen aus dem Auto fliegen. Dabei haben sie doch vom Theater in Schweden eine Wohnung bekommen, wo sie sich versorgen können, damit sie nicht im Hotel leben müssen. Er holt sich umgehend den Bundespass, sie zaudert wegen ihrer kranken Mutter. Sie melden sich krank, als die Fristen vorbei sind. Atteste gehen nach Ost-Berlin. Eine Delegation von Ministerium und Partei kommt nach Skandinavien, will ihn dazu bewegen, nach Ost-Berlin zu kommen, um die Ausreise offiziell bestätigen zu lassen. Angebote unterbreiten sie ihm keine, aber er weiß: „Für mich war die Wahrscheinlichkeit, dass ich nicht im Gefängnis lande, 0,5 Prozent." Er schließt sogar aus, die als diplomatische Repräsentanz fungierende Handelsvertretung der DDR in der schwedischen Hauptstadt aufzusuchen. Es entsteht ein postalisches Gerangel um einen Aufhebungsvertrag, den er nicht bekommt, er will sich Felsenstein gegenüber anständig verhalten, soweit das unter diesen Umständen noch geht. Felsenstein telegrafiert ihm am 13. Oktober 1972, dass Friedrich Vertragsbruch begangen habe. Das ist die Kündigung. Friedrich wiederum beteuert immer wieder seine Loyalität gegenüber der DDR und ihrer Kulturpolitik, seine Dankbarkeit gegenüber Felsenstein. Wir sehen: Diese Ausreise, für das Regime die *Republikflucht*, ist keineswegs ausgestanden mit dem Entgegennehmen des Bundespasses. Sein Weggang habe in der DDR Staub aufgewirbelt, mehr als im Westen, danach habe das Regime vielen Regisseuren legal die Ausreise für feste Engagements gestattet. Seine Eltern durften seine Wohnung auflösen, einiges brachte die Mutter mit in den Westen, als sie 1973 übersiedelte. Seine Theatersekretärin nahm seine Sachen an sich. Er bekam vieles später auf *Schleichwegen*. Als Gras über den Fall Friedrich gewachsen war, kam irgendwann im Verlauf des Jahres 1973 die Ausweisung des DDR-Bürgers Götz Friedrich. Es ist die Scheidelinie in seiner Biografie.

Er ist zunächst arbeitslos, was ihm fremd ist. August Everding, neu in der Rolle des Opernintendanten, holt Friedrich, neu im Westen, nach Hamburg. Das ist der Neuanfang. „Ich habe in Hamburg am Anfang ärmlichst gelebt", erinnert sich Friedrich. Seine Frau war ihren eigenen Weg gegangen. Sein Lada stand neben den Mercedes-Wagen auf dem Parkplatz der Staatsoper. Aber er wollte keinen VW oder Opel, er wollte gleich genauso einen Mercedes. Er hat es genossen, mit 220 oder 240 Stundenkilometern über die Autobahn zu rasen. Götz Friedrich etabliert sich rasch, in Westdeutschland, in Europa, wird Chefregisseur in Hamburg, als Everding wieder nach München geht. Friedrich hat einen großen Namen in der Opernwelt, jetzt auch im Westen. Aber als *Republikflüchtiger* darf er nicht über die Transitautobahn nach West-Berlin fahren, er kann nur fliegen. Auch als Intendant der Deutschen Oper Berlin. Aber er hat die Freiheit, kann sich entwickeln, die Vorzüge des Erfolgs genießen, arbeiten, arbeiten, arbeiten. Und Berlin? Götz Friedrich wollte Intendant an einem großen Opernhaus in einer großen Stadt werden. Am 21. Dezember 1979 heiratete er die amerikanische Sängerin Karan Armstrong, mit der er 1984 noch einen Sohn bekommt. Natürlich ist es schmeichelhaft, dass er Mitte der 1970er-Jahre, so kurz nach dem Verlassen Ost-Berlins, wieder für Berlin im Gespräch ist. An der Deutschen Oper ist Bedarf. Egon Seefehlner kehrt zurück an die Wiener Staatsoper. Der Berliner *Abend* kritisiert die Verschleppungstaktik des Senats in Hinsicht auf den neuen Oberspielleiter und den neuen Intendanten:

Für diesen Posten wird neben Schaubühnen-Direktor Peter Stein – eine nahezu unausdenkbare Sache – immer häufiger der Felsenstein-Schüler Götz Friedrich ins Gespräch gebracht. Friedrich, Verfechter des ‚realistischen Musiktheaters' und zur Zeit in Hamburg engagiert, wäre für Berlin in jedem Fall ein interessanter und aufregender Mann, der auch in Konkurrenz zu Ost-Berlin neue Akzente setzen könnte. Ob sich Götz Friedrich allerdings nach den gegenwärtigen Schwierigkeiten und Rückziehern des Senats überhaupt auf einen Wechsel von Hamburg nach Berlin verstehen könnte, ist fraglich.

Friedrich war 45 Jahre alt. Er hatte Zeit. Er drängte die Stadtregierung nicht, deren Art zu agieren ihm, wenn auch in Gestalt des Magistrats, seit 1953 vertraut war. Der Senat will ihn nicht als Oberspielleiter und holt überraschend Siegfried Palm an die Spitze des Hauses. Der virtuose Cellist von Weltrang scheidet 1981 aus. Das Haus ist in keinem guten Zustand. Friedrich tut, was er bei Felsenstein gelernt hat, er taktiert, führt die Verhandlungen mit dem Senat in aller Stille, die Presse erfährt nichts, es sieht aus, als habe ihn die Landesregierung im letzten Augenblick erst in die engere Wahl gezogen. Im Januar 1980 freut er sich, dass ihm auch diese Inszenierung gelungen sei. Mit 51 Jahren tritt er im Herbst 1981 das Amt in Charlottenburg an, in jenem Bezirk, in dem er unerlaubterweise im Kino gewesen war, er, der er inzwischen schon selber Opernfilme gedreht hatte. Generalintendant und zugleich Chefregisseur ist er, in genau der Personalunion, in der auch Felsenstein die Ämter verbunden hatte. Im Haus freuen sie sich, wieder einen professionellen Intendanten zu haben, wiewohl doch Friedrich noch nie eine Intendanz innegehabt hatte. Aber seine große Erfahrung, sein Renommee draußen in der Welt, nicht zuletzt seine 20 Jahre Berlin-Erfahrung, wenn auch auf der anderen Seite der Mauer, das hielten sie ihm zugute. Und er wusste, dass er nicht in irgendeiner großen Stadt arbeiten würde, wie er in einem Interview nach der Berufung sagte:

Die Deutsche Oper Berlin muß immer wieder auf die politische Situation aufmerksam machen, daß die Stadt ein neuralgischer Punkt an der Nahtstelle zwischen Ost und West ist. Ich wollte nicht einfach nur Intendant sein – diese Situation war für mich ausschlaggebend.

Er stellte klar, dass er nicht im Westen „Komische Oper machen" wolle. Die Strukturen der Häuser seien zu unterschiedlich. Als fünfter Nachkriegsintendant wollte er an die Vergangenheit des Hauses anknüpfen, bedeutende Gesangsstars zu holen, das Ensemble pflegen, Uraufführungen und Neuinterpretationen wagen. Seine Biografin Reißinger hebt hervor, er habe „die beiden anderen Berliner Häuser kontrastieren" wollen, „auch wenn sie jetzt im Ost-Teil der Stadt lagen und zumindest für die West-Berliner kaum erreichbar waren." Für ihn war seine ehemalige Oper in der Behrenstraße in Mitte bis zur Öffnung der Berliner Mauer ebenfalls unerreichbar. Alles in allem hat Friedrich Erfolg in West-Berlin, auch mit dem Theater des Westens, trotz des unumgänglichen Feilschens um Mittel mit dem Senat, trotz der Einreden des Landesrechnungshofs.

Der Ring schließt sich knapp zehn Jahre nach dem Verlassen Ost-Berlins. Und der *Ring* Richard Wagners war seine große und bestandene Herausforderung in den Jahren danach, auch und besonders in West-Berlin. Friedrich: „Der ‚Ring' ist ein Welttheater, aber ich kann ihn nicht mehr begreifen, ohne die Angst davor, was wir aus dieser Welt im Jahre 2000 gemacht haben werden." Bedeutend für die Opernstadt Berlin sind seine vier Ring-Inszenierungen in den Jahren 1984 und 1985. Das sind *Das Rheingold, Die Walküre, Siegfried* und die *Götterdämmerung*. Unter Kennern gilt Friedrichs Berliner Ring als Mythos. Wesentliches Element ist das allen vier Aufführungen gemeinsame Bühnenbild. Er will darauf gekommen sein, weil ihm ein Freund eine Postkarte der Metro in Washington, D.C. geschickt hatte. Der Absender hatte gemeint, das sei vielleicht eine Inspiration für den Ring. Peter Sykora hieß der Bühnenbildner: „Und plötzlich sagte ich: Peter, wir machen alles im Tunnel. So ist dieser Zeit-Tunnel entstanden." Die Idee sei gewesen: „Es gibt keine konkrete Zeit." Er entdeckt, dass die nordische Edda, die Wagners Dichtung zugrunde liegt, behaupte, es gebe zwei Enden der Erde. Diese Inszenierung transponiert Wagner ins Überzeitliche, womit Wagner eine neue, vielleicht erst seine eigentliche, wirklich treffende Interpretation erfährt. Das Bühnenbild mit dem Tunnel sprengt übliche Dimensionen. Die *B.Z.* nennt am 29. März 2017, bevor Friedrichs Inszenierung in zwei Zyklen mit insgesamt acht Vorstellungen ein letztes Mal in der Deutschen Oper aufgeführt wird, die Details: 13 Bögen hat der 34 Meter lange Tunnel. Die Bögen sind bis zu elf Meter hoch. Der am Bühnenhimmel hängende Bügel, der alles zusammenhält, wiegt eine knappe Tonne. 30 Sattelschlepper bringen die Bauteile in neun Tagen aus dem Magazin in Lichtenberg. 200 Scheinwerfer müssen für 550 Lichtstimmungen eingeleuchtet werden. Ein aufwendiger Aufbau, der verhinderte, dass das Haus währenddessen bespielt werden konnte. Deshalb schloss die Deutsche Oper für diese Zeit.

Ulrich Roloff-Momin, der erste gesamtberliner Senator für Kulturelle Angelegenheiten nach der Vereinigung, wollte Friedrich ersetzen. Der Politiker hatte versucht, den im damaligen Bombay geborenen Dirigenten Zubin Mehta als Generalmusikdirektor an der Deutschen Oper zu installieren. Seine Idee war, nach Daniel Barenboim an der Staatsoper und Claudio Abbado bei den Philharmonikern den dritten der acht bedeutendsten Dirigenten nach Berlin zu holen. Roloff-Momin hatte schon mit Mehta gesprochen. In seinen Erinnerungen, die Roloff-Momin 1997 unter dem Titel *Zuletzt: Kultur* veröffentlichte, erwähnt er auch Simon Rattle, später bei den Berliner Philharmonikern. Auch das klappt nicht: „[...] Kultursenatoren können keine Generalmusikdirektoren gegen den Willen der Intendanten berufen." Es lag also an Friedrich. Der parteilose Senator über den seit den 1970er-Jahren amtierenden Hausherrn: „In dieser langen Zeit hat er unzweifelhaft wichtige Inszenierungen abgeliefert, mit den Jahren jedoch ließ seine Innovationskraft deutlich nach. Als ich 1991 ins Amt kam, schritt er rüstig auf das Pensionsalter zu." Roloff-Momin hatte die Erhöhung der Zuschüsse für das von Friedrich geleitete Theater des Westens um drei auf 23 Millionen DM durchgesetzt, aber er wollte dort Helmut Baumann als neuen Intendanten. Der Ex-Senator: „War es schon schwer, Götz Friedrich beizubringen, daß er das Theater des Westens abgeben müsse, so erwies es sich als unmöglich, ihn endgültig aufs Altenteil zu befördern." Ihm erschien Friedrich als permanent gekränkt, „weil er nun plötzlich nicht mehr als Platzhirsch im Opernbetrieb auftreten konnte." Roloff-Momin wollte die nunmehr drei miteinander konkurrierenden Opernhäuser mit jeweils eigenen Profilen ausstatten. Er meinte, dass ihm das mit Friedrich in der Bismarckstraße nicht gelingen würde. Götz Friedrich dagegen erklärt: „Ich wurde nicht gefragt, ob ich aus meinen beidseitigen Berliner Erfahrungen zu irgendwelchen grundsätzlicheren Entscheidungsfindungen beitragen könne.“ Götz Friedrich war schon im Januar 1990 initiativ geworden und hatte mit dem noch von der DDR eingesetzten Intendanten der Staatsoper Günter Rimkus und dem Chef der Komischen Oper Werner Rackwitz gesprochen. Die drei hätten verkündet, „dass die Wiedervereinigung den Erhalt der drei Berliner Opernhäuser und Bereitschaft zur Zusammenarbeit bedeute.“ Harry Kupfer, seit 1981 Künstlerischer Leiter der Komischen Oper, berichtet: „Götz Friedrich war 1990 in Berlin der Oberboss. Mit ihm und Daniel Barenboim habe ich Nächte lang im Kempinski gesessen, um zu überlegen, was man nun sinnvollerweise tun könne. [...] Damals sagte man, das wäre ein Kartell – und dann wurde es zerredet. Wir haben damals bereits alle die Modelle diskutiert, die heute wieder auf dem Tisch liegen.“

Götz Friedrichs Berliner Ring-Inszenierung mit dem Zeit-Tunnel: René Kollo und Catarina Ligendza als Siegfried und Brünhilde in Friedrichs *Siegfried*-Inszenierung von 1984.

Tamara Danz – Familie, *Silly* und der *Aufstand der Rocker*

Kurz nach der Maueröffnung: Tamara Danz als Gaststar in einer ungarischen TV-Sendung am 19. Dezember 1989.

BÜHNENEQUIPMENT, TECHNIK, STUDIOEINRICHTUNG waren für eine Rockband in der DDR nicht erst in den 1980er-Jahren ein Problem. Selbst für eine Erfolgsformation wie *Silly*, die während der DDR-Zeit knapp eine Million Schallplatten verkauft hatte, allerdings ohne Umsatzbeteiligung. Das erzählt Frontfrau Tamara Danz in einem Text, den der Journalist Alexander Osang in seinem Band *Tamara Danz. Legenden* von 1997 abdruckt. Osang fragt in seinem Buch danach, wer sie eigentlich gewesen sei, und er fragt danach Menschen, die sie kannten, mehr oder weniger gut. Der Berliner war es, der für die *Berliner Zeitung* das letzte Interview mit ihr geführt hatte. Erschienen ist es am 25. Juli 1996. Firmen, die Ausrüstung verliehen, gab es in der DDR nicht. Jede der großen Bands hatte ihren eigenen Lastwagen für die Aufbauten und die Ausstattung für die Konzerte sowie festangestellte *Roadies*, die alles installierten und wieder einpackten. Silly, damals noch eine Sechser-Band, spielte in den Anfängen einige Sommer in Rumänien. In Mamaia am Schwarzen Meer waren auch westdeutsche Touristen. Silly hatte Verbindung zu einem Holländer mit rumänischem Hintergrund, der in Danz verliebt war, ihr Geldbote. Sie tauschten in Rumänien Westgeld ein, kauften Instrumente, Technik. So wurde es allmählich besser mit dem Material. „Kurios war auch das technische Wettrüsten", schreibt Tamara Danz, denn: „Je mehr Publikum man hatte, desto mehr Equipment mußte hingestellt werden." Die Gagen waren festgesetzt. Nur durch offizielle Kommissionsverhandlungen und Papierkrieg konnten Erhöhungen erreicht werden. Aber im Grund war es egal, ob Silly vor 20 oder vor 20 000 Leuten spielte. Danz: „Technik und Instrumentarium wurden unter konspirativen Bedingungen zu horrenden Preisen auf dem Schwarzmarkt erhökert, und das hatte zur Folge, daß immer mehr Konzerte nötig waren, um die Chose am Laufen zu halten."

Ernste Musik, acht Jahre Violinenunterricht, der leibliche Vater, Professor Herbert Kegel, international angesehener Dirigent der Dresdner Philharmoniker, der Stiefvater, Thomas Müller, Dirigent und Komponist neuer Musik in Halle, die Mutter, Eva Hassbecker, Sängerin am Opernhaus in Halle. Das ist das Herkommen von Tamara Danz' Mann Uwe Hassbecker. Zu Silly kam er, weil er sie liebte, sie ihn auch, sie wollte ihn für die Band, weil er ein exzellenter Gitarrist war und ist. Er, Hans-Jürgen *Jäcki* Reznicek am E-Bass und Keyboarder Ritchie Barton sind heute noch Silly. Tamara Danz hat es hinbekommen, nach sechs Jahren mit Barton, den neuen Gitarristen *Hassbe* zu holen, weiter miteinander zu arbeiten und die neue Beziehung so zu leben, dass Barton geblieben ist. Das war emotional anstrengend. Eigentlich galt die eherne Regel, dass die Musiker die Sängerin in Ruhe lassen, damit es keinen Ärger gibt. Der junge Geiger Hassbecker bekam von seinen Eltern irgendwann ein gebrauchtes Schlagzeug, wurde Trommler in der Schulband *Skolares*. Deren Gitarrenspieler

Wechselt in diesem Jahr zu *Silly*: Uwe Hassbecker (vorn) im Januar 1986 mit der Band *Gitarreros* bei *Rock für den Frieden* im Palast der Republik.

war schlecht, fand Hassbecker. Er übte selber auf einer geschenkten, zerschlissenen Wandergitarre, die er mit Angelsehnen bespannte. In der *Jungen Gemeinde* wurde viel gesungen. Der Weg zur Musik war beschritten. Er kam zur *Uschi-Brüning-Band*, das ist die Jazzerin, mit der Manfred Krug bis zum Schluss Konzerte gegeben hat. Als sie in West-Berlin auftrat, kam Hassbecker mit, hätte bleiben können, blieb aber nicht. Da war er 17 Jahre alt. Er wird an der Musikhochschule Weimar angenommen, dort, wo auch Götz Friedrich ausgebildet worden war. Mit Trickserei verkürzt Hassbecker die Dienstzeit in der NVA. Mit 19 heiratet er, wird Vater von Zwillingsjungs. Seit 1983 wohnen er und die Familie in einer kleinen Altbauwohnung in Lichtenberg. 1984 wird er *Gitarrist des Jahres*, Tamara Danz *Sängerin des Jahres*. Sie treten bei *Rock für den Frieden* zusammen auf. Die DDR-Allstar-Band *Gitarreros* tourt im Frühling 1986 durchs Land, wieder sind beide dabei. Sie schenkt ihm die LP *Bataillon d'amour*, malt in Silber ein Herz drauf und fragt: „Spielst Du auf der nächsten mit? Tamara". Ende des Jahres steigt er bei Silly ein.

13 Jahre später, im März 1996, heiraten sie. Der Krebs ist da. Sie ist nach Hause entlassen und liegt im Bett. Die Fenster des gebrauchten Vans, den Hassbecker gekauft hatte, sind schwarz abgeklebt, damit niemand hineinschauen konnte. Den Van brauchten sie, um Tamara Danz in ihrem Rollstuhl zu befördern. Nur dieses eine Mal brauchten sie ihn noch. Vom Standesamt Mitte kommt eine junge Frau in die Wohnung am Gendarmenmarkt, Jägerstraße 56, über dem Restaurant *Französischer Hof*. Die Wohnung hatte sich Tamara Danz besorgt, indem sie beim Berliner SED-Chef Günter Schabowski vorgesprochen hatte. Ritchie und dessen Freundin Uta sind Trauzeugen. Im letzten Interview sagt sie Osang, dass sie aus *erbtechnischen* Gründen geheiratet haben: „Wegen dem Studio und dem ganzen Kram, den wir an gemeinsamem Eigentum so haben." Geheiratet hätten sie nicht aus Liebe, aber zusammen seien sie aus Liebe: „Aber wir lieben uns natürlich, ist klar." Sie stirbt am 22. Juli 1996 mit 43 Jahren. Beigesetzt wird sie auf dem Friedhof in Münchehofe in einem weißen Sarg. Die kleine Backsteinkirche war Schauplatz einer ergreifenden Trauerfeier, die Menschen standen bis draußen. Am Grabstein liegen bis heute Devotionalien der Fans. Tamara Danz ist Ikone geworden. Sie ist Symbol. Sie steht für mehr als nur für sich selbst. Sie repräsentiert Ost-Berliner Mentalität, DDR-Identität, sie war *eine von uns*, sie hat nach der Wende für die Ostdeutschen gekämpft, sie war politische Künstlerin geblieben. Ihr Grabstein steht neben dem ihrer Mutter, die gleiche Gesteinsart, die gleiche Form, die gleiche Schrift. Tamaras Grabstein hat, auf den zweiten Blick erkennbar, gebrochene Kanten, ein Unter-

schied, den die Bildhauer gemacht haben. Beide Frauen standen einander nah. Der Vater war ein Stück weit außen vor. Auf der Trauerfeier ihrer Tochter saß Helene Danz, die gelernte Kindergärtnerin, im Rollstuhl. Der Krebs. Sie starb am 18. August. Vier Wochen nach Tamara. Der Vater war allein. Er hatte sich schließlich doch eingelassen auf die Tochter, ihre Karriere, war stolz auf den Erfolg. Ihre Familie, die musikalische, die im vom Vater aus einer Scheune umgebauten Haus in dem kleinen Dorf mitgelebt, gearbeitet hatte, mit ihren Eltern verschmolzen war, kümmerte sich um den alten Mann, den Vater von Tamara.

Alexander Osang erzählt die Geschichte der privilegierten Herkunft, des Ausbrechens und des Aufbrechens zur Musik der Tochter über den Lebensweg des Vaters, den er nach dem Tod der Tochter für sein Buch in Münchehofe besucht hat. Die Tochter wird am 14. Dezember 1952 im heutigen Breitungen an der Werra geboren. Ihren Namen hat die Tochter dem Vater lange vorgehalten. Leonore Tamara hieß sie. Den hatte Erich Danz aus Moskau mitgebracht, wo er 1951 und 1952 mehrere Monate verbracht hatte. Tamara stand für das von dem 25-jährigen Maschinenbauingenieur bewunderte Sowjetland. Bewundert hatte er auch die Delegationsleiterin Eleonore Staimer. Das war die Tochter des ersten und einzigen DDR-Präsidenten Wilhelm Pieck. Plausibel ist, dass Osang die Namen als Ausdruck der erzieherischen Wunschvorstellung des Vaters deutet. Vielleicht aber verwirklichen sich Leben und Überzeugung des Vaters in der Tochter anders, als Erich Danz es sich als werdender Vater gedacht hatte. Er wird in Konflikt mit seiner Partei kommen. Er wird dem Ideal seines Sozialismus treu bleiben, dessen Verbesserung ihm die SED verunmöglicht, ihm sein Bemühen verübelt, ihn ins Abseits verweist. Die Scheune in Münchehofe baut er eigenhändig zum Wochenendhaus um, als die Partei ihn rauswirft. Die Tochter will einen Staat wie die DDR, aber einen besseren, offeneren, menschlicheren. Da sind sie doch wieder ähnlich. Eine Kinderfreundin sagt, sie habe Tamara um ihre Eltern beneidet, weil die mit dem wilden, aufmüpfigen Mädchen geduldig gewesen seien, mit ihr immer geredet hätten, sie überzeugen wollten. Die Karriere des Vaters bestimmt das sehr besondere Leben der Diplomatentochter. In der zweiten Hälfte der 1950er-Jahre ist er als Wirtschaftsberater an der DDR-Botschaft in Bulgarien, in den 1960er-Jahren Botschaftsrat in Rumänien. Das bedeutet Leben in den Hauptstädten, bedeutet Sprachen. Sie kann Bulgarisch, Rumänisch, Russisch. Denn in Bukarest geht sie zur russischen Schule, trägt das rote Pionierhalstuch der sowjetischen Pioniere, nicht das DDR-übliche blaue. Die Parteileitung bestellt den Botschaftsrat deswegen ein.

Den von Tante Anna in Breitungen geschenkten Hund nennt sie wie die Serie im West-TV *Lassie*. Wieder moniert die Partei das beim Vater, der das Tier *Bessie* rief; Tamara blieb beim inkriminierten Hundenamen. Der frühe Krebs von Helene Danz verhindert ein nächstes Kind. Von 1959 bis 1963 lebt die Familie in Ost-Berlin. Die Tochter muss sich in der Schule sprachlich anpassen. Bulgarisch kann sie fast besser als Deutsch. Tamara Danz muss hier ihr Berlinern erlernt haben, das der von ihr später aus der Band gedrängte, aber für den Erfolg von Silly maßgebliche Texter Werner Karma so erlebt hat, als er sie das erste Mal traf: „Tamara klang wie ein Berliner Hinterhofgör, sie sprach meinen Slang, unartig, unverblümt, und war so umwerfend ehrlich wie herzlich." Im Frühling 1981 habe Danz verkündet, sie singe nur noch Texte von ihm. Da gehörte er dazu. Karma erklärt den Erfolg

Oktoberklub und *FDJ-Singebewegung:* Hier startete Tamara Danz als Sängerin. Wir sehen sie (ganz rechts) 1983 auf dem *Festival des Politischen Liedes* der 10. Weltfestspiele der Jugend.

von Silly damit, dass er erst die Texte schreiben konnte, die danach vertont wurden. Üblich war es in der Szene, auch im Westen, andersherum. Dadurch seien die Texte für Silly direkter geworden, klischeefrei, freier von Konventionen der Branche.

Mitte 30 war Erich Danz in der Berliner Zeit. Konflikte brachen auf. Er wollte den Sozialismus, aber moderner, effizienter. Er stritt mit Bürokraten, suchte Kontakt zu Angehörigen anderer Botschaften, besonders zu denen von der tschechischen Botschaft. In der ČSSR bahnte sich der *Prager Frühling* an. Mitte der 1960er-Jahre bekam er das erste Parteiverfahren. Rüge. Degradierung. Verlust des Diplomatenstatus. Als er nach drei Jahren Syrien in offizieller Funktion heimkehrt, werden er und seine Frau auf dem Flughafen Schönefeld festgenommen und verhört. Absurde Spionagevorwürfe, so schildert er es, und sagt, er habe nur mit dem Verteidigungsminister Tennis gespielt. Ende der Karriere, Parteiausschluss, staatsanwaltschaftliche Ermittlungen. Er muss als Technologe zur Lampenfabrik Narva. Das ist 1976. Er kauft den alten Stall in Münchehofe. Im Grunde ein Akt innerer Emigration eines nach wie vor parteitreuen Sozialisten. In der Berliner Zeit ist Tamara auf der vom Vater ausgesuchten naturwissenschaftlich ausgerichteten Erweiterten Oberschule EOS *Heinrich Hertz* in Adlershof, aber diese erste Wahl ist nicht ihre. Sie habe, sagt der Vater, Umgang mit „langhaarigen jungen Menschen" gepflegt. Sie wechselt an die EOS *Klement Gottwald* in Treptow, wo sie 1971 Abitur macht. Sie hat ihren ersten festen Freund, Gitarrist, Gründer der Schulband, Uwe Kropinski. Osang vermutet, damals schon habe sie gewusst, dass sie Musikerin werden will. Erich Danz setzt durch, dass sie an der Humboldt-Universität anfängt, *Sprachmittlerin* zu studieren. Nach drei Semestern ist Schluss. Der alte Vater beteuert, er habe nichts gegen die Musik gehabt. Er und seine Frau hätten damals in Südthüringen, wo sie herstammten, auch im Chor gesungen. In Breitungen, wo sie geboren ist, gibt es eine nach der Tochter benannte Straße genauso wie in Friedrichshain. Musik sei Hobby, kein Beruf, sagt der Vater. Er besorgt ihr die Einzimmerwohnung in der Seelower Straße in Prenzlauer Berg, hilft beim Einrichten, trägt Kohlen hoch. Die *Hochschule für Musik „Hanns Eisler"* nimmt sie 1973 nicht an, aber sie bekommt 1977 nach drei Jahren Ausbildung den Berufsausweis der 1949 gegründeten renommierten Musikschule Friedrichshain in der Zellestraße 12. Das war die Erlaubnis, in der DDR öffentlich aufzutreten. Schon während der Zeit an der Universität hatte sie mit dem streng reglementierten Singeklub der FDJ-Bezirksleitung Berlin, dem *Oktoberklub*, Kontakt aufgenommen, und das war ihr Anfang als Sängerin. Wolfgang Martin, Journalist und ehemaliger Musikchef der rbb-Radiowelle *Antenne Brandenburg*, zitiert sie dazu in seinem 2021 erschienenen Buch *Paradiesvögel fängt man nicht ein*:

Als ich angefangen habe, wurde ich natürlich doch mehr als blondes Püppchen eingesetzt. Das war die Intention derer, die mich eingesetzt haben, die mir die Chance gegeben haben [...] *überhaupt auf die Bühne zu steigen. Also so mehr drei Prinzessinnen im Background-Chor* [...] *die dann gleichzeitig ein Trittchen machen und schöne Handbewegungen und mit dem Arsch wackeln. Und den Rest musste man sich hart erarbeiten.*

Die Bühne, sie betont das im Nachhinein, der unmittelbare Kontakt mit dem Publikum, das war für sie ein wichtiger Faktor. Nach der Ablehnung bei *Hanns Eisler* sei sie auf die *freie Wildbahn* in Ost-Berlin gegangen, zu den Amateurkapellen, die überall spielten. Eine der bekannteren war die 1976 gegründete Band des DDR-Rockpioniers und Berliners Horst Krüger. Dort sang Danz, als Musiker auf sie zukamen, die eine Sängerin suchten. Einer von ihnen, Mathias Schramm, sagt, dass es damals keine Rocksängerinnen in der DDR gab. Danz kam in den Probenraum in der Rosenthaler Straße. Kennengelernt hatten sie sich in der *Großen Melodie*, einem Kellerklub des alten Friedrichstadtpalastes, bei einem Jazzkonzert. Schramm erinnert sich, sie sei ganz klein, ganz schüchtern, etwas ängstlich gewesen. Schramm meint, sie hätten *Lady Bump* gespielt, sie habe sich geniert, den lauten Schrei zu machen, den das Stück enthielt:

Das war ihr einfach zu laut. Nach dem Vorsingen war eigentlich klar, daß wir sie nehmen. Sie war nicht die große Sängerin, und bewegen konnte sie sich schon gar nicht. Aber sie hatte dieses tierische Organ.

Sie machten Tanzmusik, spielten in Ost-Berliner Hotels, dann kamen die Saisonauftritte in Rumänien, Bulgarien, Länder, die Danz kannte, auch Norwegen. In den Schwarzmeerländern waren deutsche Touristen aus beiden Staaten im Publikum, säuberlich getrennt je nach Härte der jeweiligen Mark. Danach richtete sich das Repertoire, zu dem internationale Chart-Hits gehörten. Silly hat sich 1978 als *Familie Silly* gegründet. *Familie* lassen sie 1980 weg. Die Kulturbürokratie wollte keine englischen Namen. Um Silly durchzusetzen, heißt es, habe Danz erzählt, ihre Katze heiße so. Schramm erzählt:

Das Ost-Berliner Musiklabel Amiga existierte seit 1947: Die LP *Mont Klamott* brachte Tamara Danz und Silly 1983 den Durchbruch.

Irgendwann kam Tamara mit dem Wörterbuch an und suchte das Wort ‚silly' raus. Es mußte klar sein, daß wir verrückt sind. Eine verrückte Truppe. Deswegen haben wir noch ‚Familie' davor gesetzt. Und natürlich auch, weil es deutsch war. Eine verrückte Familie. So wollten wir gesehen werden. Silly ist eigentlich von Anfang an ein künstliches Produkt gewesen. Alles, was wir taten, diente dem Zweck, schnell bekannt zu werden. Wir mußten auffallen. Unser Motto war immer: Angreifen. Wenn man angreift, ist man vorn.

Ein Mike aus West-Berlin taucht auf einem Konzert auf, berichtet Schramm, Kontakt entsteht, er verspricht viel. Wolfgang Martin spricht von einem Talentsucher von *Hansa* aus West-Berlin. Durch ihn kommt 1980 die erste Platte heraus, Titel der Single ist *Silly*, eine Westproduktion bei *Rocktopus*. Das war das Rocklabel der legendären West-Berliner Tonstudios *Hansa* in der Köthener Straße. International berühmt war *Hansa* spätestens durch David Bowie geworden, der dort seine Berlin-Hymne *‚Heroes'* produziert hatte. Schramm meint, die Produktion sei ein Witz gewesen: „Ich weiß bloß nicht, ob das irgendjemand da drüben mitbekommen hat." 1981 bekommt Silly vollkommen überraschend die *Goldene Lyra*. Das ist der Preis des

Festivals Bratislavská Lyra in der ČSSR, der Ostblock-Entsprechung zum Grand Prix Eurovision de la Chanson. Im gleichen Jahr folgt die erste Platte mit dem Staatsmonopol *VEB Deutsche Schallplatten/ Amiga* mit dem Titel *Tanzt denn keiner Boogie?* Die Platte vereint neun über längere Zeit mit dem *Rundfunk der DDR* produzierte, sehr unterschiedliche Titel. Tamara Danz schreibt über diese Phase, dass sie „mit der Zeit unser Spinner-Image" abgelegt hätten, glaubwürdiger geworden seien und sich Leute und Institutionen fanden, die sie unterstützten. Die Produktionsbedingungen in Ost und West unterscheiden sich nicht nur technisch. 1988 produziert Silly das Album *Februar* zum großen Teil in den *Preußen Tonstudios* ebenfalls in West-Berlin. In Ost-Berlin, in der Brunnenstraße, habe „immer einer hinter dir" gestanden, sagt Danz. Das fehlte im Westen. *Februar* ist die erste offizielle deutsch-deutsche Koproduktion des DDR-Labels *Amiga* mit der *BMG Ariola München*. Die in den 1980er-Jahren zunehmenden Kooperationen im Musikbereich sind auf den Devisenhunger der DDR-Wirtschaft zurückzuführen. Doch schon vor der Maueröffnung zeigt Sillys Geschichte, dass die Verbindungen der Gesamtstadt Berlin auch in der Rockszene wirksam sind.

Die Präsenz Ost-Berlins als Lebensort und Produktionsort von Silly ist auf dem Amiga-Album immer wieder erkennbar, mit dem die Band 1983 den Durchbruch erlebt und das 1984 in der Bundesrepublik erscheint. Es heißt *Mont Klamott*, und es bedeutet ein vollkommen neues Image der Gruppe. Die Texte sind alle von Werner Karma, der allerdings nur bei zweien als Texter genannt ist, bei den übrigen steht ein Pseudonym. *Mont Klamott* wird 1983 *DDR-Rockalbum des Jahres*. Der DDR-Rundfunk spielt die Gruppe jetzt nicht mehr nur in der Jugendsendung *DT 64* oder nachts, die Kritiken sind rundum positiv, die Fans haben es immer schwerer, Karten für Konzerte zu bekommen, wobei Silly in Ost-Berlin seltener spielt, um den Status der *Hauptstadt* als besonderen Ort zu akzentuieren. Der erste Coverentwurf allerdings wird abgelehnt, weil er zu sehr der westlichen *New-Wave-Ästhetik* entsprochen habe. Das betraf den Grafiker Bernd Scheubert, der damals die meisten Plattencover für die DDR-Stars und für die aus dem Westen kommenden Lizenzplatten der Amiga gestaltete. Nach der Wende machte er eine erfolgreiche internationale Karriere als Maler, porträtierte sogar Helmut Kohl. Der erste Song, der dem Album den Titel gibt, handelt vom Schuttberg, dem Großen Bunkerberg im Volkspark Friedrichshain. *Frühling auf dem Mont Klamott* hatte schon 1969 ein Lied von Wolf Biermann geheißen, und auch das Lied von Silly ist keine systemnahe Hymne auf Ost-Berlin, sondern thematisiert Luftverschmutzung und fehlendes Grün:

Mitten in der City zwischen Staub und Straßenlärm
Wächst 'ne grüne Beule aus dem Stadtgedärm
Dort hängen wir zum Weekend die Lungen in den Wind
Bis ihre schlappen Flügel so richtig durchgelüftet sind

Der Refrain bezieht sich auf die Stadt: „Auf'm Dach von Berlin / Mont Klamott (Mont Klamott) / Sind die Wiesen so grün." Das Lied erzählt vom Gespräch mit einer alten Dame auf der Parkbank, davon, dass den „Vätern dieser Stadt" mal etwas eingefallen sei, damit die Menschen frische Luft zum Atmen haben. Aber die alte Dame weist das Lob zurück, betont die Mühen der Trümmerfrauen, die den Ruinenberg zusammengetragen haben und spricht das negative Urteil über die Stadtväter aus:

Die alte Dame lächelt matt
Lass sie ruhn, die Väter dieser Stadt
Die sind so tot seit Deutschlands Himmelfahrt
Die Mütter dieser Stadt hab'n den Berg zusamm'gekarrt

Mont Klamott ist das Album, das nicht nur Silly den Durchbruch bringt, sondern das damit auch für Tamara Danz den Durchbruch als Künstlerpersönlichkeit bedeutet. Ihr Gesicht steht für Silly und für eine Sängerin, die den Weg zum Erfolg gefunden hat. Es ist ihr Gesicht mit den auftoupierten Haaren, wie sie zeitweise auch Uwe Hassbecker und *Ritchie* Barton tragen. *Hassbe* allerdings trägt später mit femininer Anmutung sein langes blondes Haar. Der studierte Historiker und gelernte Kultur- und Konzertorganisator Peter Matzke drückt es in einem Artikel des seit April 2015 erscheinenden Fachmagazins *Schall* aus Anlass des 20. Todestags der Silly-Frontfrau so aus:

Spätestens 1983, als das Album Mont Klamott erschien, avancierte die Berliner Band Silly zur wichtigsten Band Ostdeutschlands […]. *Für den Erfolg gibt es einige Gründe, der wichtigste: ihre Sängerin Tamara Danz. Stimmgewaltig und authentisch, bewaffnet mit Charme, Intelligenz, aber auch mit ordentlicher Berliner Großschnauze. Wenn sie im Prenzlberg um die Blocks zog, folgte ein Kometenschweif von Fans und Freunden* […].

In der Schlussphase der DDR war es nach den Konzerten so wie in den Theatern nach der Vorstellung. Tamara Danz erzählt davon im Interview mit dem *Forschungszentrum Populäre Musik* der Humboldt-Universität mit Sitz am alten Bau der Linden-Universität, Kupfergraben 5. Gegründet wurde das Institut 1983. Das Gespräch ist in den *News 2/91* abgedruckt. Spontane Gespräche mit den Jugendlichen fanden da statt, nichts Organisiertes, aber „hinter der Bühne war immer die Hölle los.“ Es war das Ende vom *Stillstand Aufstand Berlin*:

Dennoch war klar für uns, dass wir unsere Öffentlichkeit und Popularität einsetzen müssen, um diese unerträgliche Situation des Stillhaltens zu brechen. Die Leute vor der Bühne machten täglich ähnliche Erfahrungen wie wir, waren selbst emotional aufgewühlt. Wir empfanden so etwas wie unsere Pflicht, mit unseren Möglichkeiten Gespräche aufzunehmen, Kontakte herzustellen, die Solidarität untereinander zu stärken. Solche Effekte haben wir auch erreicht …

Der Publizist Michael Rauhut, Autor eines diesbezüglichen Aufsatzes in der von Martin herangezogenen, 2009 in Norwegen erschienenen ostdeutschen Kultur- und Alltagsgeschichte mit dem Titel *DDR – Det det war* [deutsch: *DDR – das war es*], zählt die Musiker von Silly zu den Initiatoren der Protestresolution von Rockmusikern. Der Aufruf richtete sich gegen die „unerträgliche Ignoranz der Staats- und Parteiführung“, die Widersprüche bagatellisiere und an ihrem starren Kurs festhalte. Unmittelbarer tagespolitischer Auslöser war, so die Robert-Havemann-Gesellschaft, die Verhaftung von 46 Personen beim Friedensgebet an jenem 18. September 1989 in Leipzig. Ähnlich wie in der Resolution von Kulturschaffenden gegen die Ausbürgerung Biermanns vom November 1976 beteuert der Text den Konsens mit der SED über das gemeinsame Ziel: „Es geht nicht um ‚Reformen, die den Sozialismus abschaffen‘, sondern um Reformen, die ihn weiterhin in diesem Land möglich machen.“ Über westliche Medien hätten sie vom *Neuen Forum* gehört, sagt Danz. Sie habe neben ihrer Freundin, der Sängerin Angelika Weiz, Martin Schreier, Jürgen Ehle und Toni Krahl, dem Sänger von *City* und Vorsitzenden der *Sektion Rockmusik im Komitee für Unterhaltungskunst der DDR*, zu den ersten fünf gehört. Die Struktur der Sektion wollten sie nutzen. Sie fungierte faktisch als Verband der Rockmusiker, den die Staatsführung formal nicht zugelassen hatte. Sie unterstand als Teil des Komitees dem Ministerrat. Als Erstes nahmen sie Kontakt mit Bärbel Bohley auf. Der Text der Resolution wurde an jenem 18. September 1989 im *Jugendklub der FDJ „Maxim Gorki"* in der Charlottenburger Straße 117 in Berlin-Weißensee beschlossen. Rund 50 Musiker waren dabei, rund 3000 haben unterschrieben. Bezug genommen wurde auf den Aufruf des *Neuen Forums*, der nicht rundweg akzeptiert wurde, für den aber weitgehende Sympathie zum Ausdruck gebracht wurde. Die SED weigerte sich zunächst, die Resolution der Musiker zu veröffentlichen. So wie das bei der Biermann-Resolution gewesen war. Unterschrieben hatten neben den Silly-Musikern auch Mitglieder von *City* und *Pankow*, der Liedermacher Gerhard Schöne sowie der Schlagersänger Frank Schöbel. Tamara Danz verlas den Wortlaut auf den Konzerten. Am Schluss der Resolution, die sich deutlich gegen Konservative und Rechtsradikale wendet, hieß es:

Feiges Abwarten liefert gesamtdeutschen Denkern Argumente und Voraussetzungen. Die Zeit ist reif. Wenn wir nichts unternehmen, arbeitet sie gegen uns.

In ihrem bei Osang abgedruckten Text *Ein Höchstmaß an Freiheit. Das stürmische Jahr 89* bezieht sich Tamara Danz auf die mitauslösende Ausreisebewegung Richtung Ungarn und ČSSR und hebt hervor, dass sich Musiker zusammentaten, die sonst kaum Berührungspunkte gehabt hatten. „Ehrlich gesagt, ist uns der Arsch auf Grundeis gegangen", erinnert sie: „Wir wußten genau, daß die Aktion überwacht wird." Der *Selbsterhaltungstrieb* sei angesichts des Handlungsbedarfs ausgeschaltet gewesen, das Mitziehen der *Fan-Schar* sei „sowas wie 'ne kugelsichere Weste" gewesen. In der Garderobe war es nach den Konzerten voll. Leute schrieben den Text ab, um ihn „in der Uni oder sonstwo anzupinnen." Es gab Auftrittsverbote und *Zuführungen*, also Verhaftungen. *Aufstand der Rocker* war die Schlagzeile der *Bild*-Zeitung, die plötzlich den Text hatte und ihn druckte. „Scheiße – haben wir gedacht –, jetzt haben wir die Kontrolle verloren, keine Chance mehr, die Sache im Osten auszupokern", schreibt Danz. Aber die *Obrigkeit* habe reagiert, erst jetzt und wegen der Westpresse, eine Abordnung der Unterzeichner empfangen. Das war der spätestens seit der Biermann-Resolution eingeübte Beschwichtigungsmechanismus der SED. Zurückziehen sollten sie die Erklärung, die politischen Veränderungen seien auf dem Weg, „die Wende käme von oben." Die Aktion störe. Danz: „Das Ganze ging aus wie das Hornberger Schießen, und wir sind rausgeschwebt mit dem Hochgefühl, endlich zur Kenntnis genommen zu werden." Es gibt Rufmord, anonyme Vorwürfe von

Bestechung und Bereicherung der prominenten Künstler, damit sie wieder stillhalten. Die Drohung mit den Westmedien bewirkt, dass die Staatsmedien den Text doch drucken. Andere Verbände wagen sich mit ähnlichen Forderungen heraus.

Am 15. Oktober 1989 tritt Silly beim improvisiert organisierten *Konzert gegen Gewalt* vor Tausenden in der Erlöserkirche in Lichtenberg auf, das sich gegen die Gewaltanwendung von Polizei und Staatssicherheit bei den Demonstrationen zum 40. und letzten Staatsfeiertag der DDR am 7. und 8. Oktober 1989 richtet. Es war jener Staatsbesuch, bei dem Michail S. Gorbatschow wörtlich gesagt hatte: „Ich glaube, Gefahren warten nur auf jene, die nicht auf das Leben reagieren." Beim Konzert war die Stasi drinnen und draußen dabei. Toni Krahl von *City* singt das Spottlied auf Erich Honecker mit dem Titel *So winkt man, wenn der Zug abfährt*. Der Generalsekretär wird zwei Tage später abgesetzt. Tamara Danz über diese Tage:

Die „Wir-sind-das-Volk"-Zeit war für mich das allergrößte, ein unvergleichlicher Rauschzustand. Ich leide noch immer unter dem Entzug.

Tamara Danz (r. neben der Brillenträgerin) und Silly sind dabei: *Konzert gegen Gewalt* am 15. Oktober 1989 mit rund 3000 Menschen in der Erlöserkirche in Berlin-Lichtenberg.

Bärbel Bohley – Die *neue Plastik DDR* zerrinnt ihr zwischen den Fingern

Die Opposition ist auf der Straße: die widerständige Ost-Berliner Malerin Bärbel Bohley bei der großen Demonstration der Kulturschaffenden am 4. November 1989 auf dem Alexanderplatz.

FEHRBELLINER STRASSE 91. An den Besuch der Rockmusiker bei der Bürgerrechtlerin Bärbel Bohley erinnert sich Toni Krahl in seinem Interview mit Wolfgang Martin. Im Sommer 2023 annonciert Silly, dass Krahl als neuer Frontmann bei der Formation singen werde. Der 73-jährige Gitarrist und Sänger berichtet Ende Juni 2023 in einem Gastbeitrag in der Zeitschrift *Superillu* von seiner *Seelenverwandtschaft* mit Danz und von der *freundschaftlichen Konkurrenz* zwischen Silly und City: „Wir feierten zusammen, wir tranken zusammen und ließen auch ab und an mal die Sau raus." Bei den Silvesterfeiern in Münchehofe war auch DDR-Starentertainerin Helga Hahnemann dabei. Da war wieder die Familie zusammen. Die Nähe zwischen Krahl und Danz nutzte auch die Staatssicherheit. Krahl erwähnt, dass es derselbe Spitzel war, der beide Bands überwachte. Damals im Wendeherbst 1989 sind er und die Musiker zu der Malerin gegangen. Sie wollten wissen, was das *Neue Forum* so mache:

> *Jedenfalls saßen wir da im Kreis in ihrer Küche. Sie war ja eine ganz besonders herzliche Frau mit einer großen Wärme, die sie ausstrahlte – und hat gar nicht auf uns eingewirkt oder geredet. Sie gab uns einfach ihren Aufruf, überschrieben mit „Die Zeit ist reif", und sagte: „Lest euch das mal durch", was wir auch gleich taten. Keiner von uns wollte nun eintreten in das Neue Forum, was natürlich ein großes Politikum gewesen wäre. Nach einer Weile sagten wir zu Bärbel: Was ihr da macht, finden wir eigentlich ganz gut und möchten es unterstützen, indem wir ein paar Formulierungen finden, um diesen „Die Zeit ist reif"-Aufruf und die Zulassung des Neuen Forum zu unterstützen. Daraus ist dann die Resolution geworden.*

Bohley ist mit Jens Reich, Rolf Henrich und Katja Havemann, der Witwe des Biermann-Freunds Robert Havemann, die Gründungsfigur der wirkungsmächtigsten Bürgerrechtsbewegung innerhalb der DDR-

Opposition. Die erste Begegnung mit Havemann und seiner Frau kam zufällig zustande. Bohley übergab in Grünheide konspirativ ein Buch aus dem Westen, und in der Begegnung erlebte sie eine neue Welt: „Ich bin gewissermaßen aus der Welt der Kunst in die Welt der Politik eingetreten.“ Getroffen hatten sich die vier Gründer wieder im Havemann-Haus in Grünheide. Dort verfassten und unterschrieben sie am 9./10. September 1989 den Aufruf *Aufbruch 89*, aus dem das *Neue Forum* hervorging. Es ist der Aufruf mit der Überschrift *Die Zeit ist reif*. Bohleys Wohnung war eines der Zentren der Bürgerbewegung. Bei ihr klingelte unentwegt das Telefon, sie beantwortete unendlich viele Briefe, nutzte die in Ost-Berlin vorhandenen Kontakte zu Westmedien, und die Leute standen bei ihr vor der Tür, wie eben die Rockmusiker. Die in Templin geborene Autorin und Journalistin Holde-Barbara Ulrich hat 1991, also kurz nach der *Wende*, den Band *Schmerzgrenze* mit einem Gesprächsporträt der Frau mit dem roten Haar veröffentlicht. „Unten das Atelier, oben Wohnung, Versammlungsstätte, Büro – alles in einem“, erzählt Ulrich von der Bleibe der Malerin. In der Küche saßen sie beide, Bohley kochte Kaffee, es war Oktober, die

Bohley-Vorwürfe wegen Stasi-Verdachts gegen ihre Anwälte: Gregor Gysi (l.) und neben ihm Wolfgang Schnur 1990.

Küche der einzige geheizte Raum. Der Efeu zwängt sich durch die Ritzen des grüngerahmten Fensters. Es ist eines der ältesten Häuser am Teutoburger Platz. Bohley wohnt dort seit 1969. Bei ihr wurde nie *rekonstruiert*, wie das Sanieren im DDR-Deutsch heißt. Grau ist der Bau in der Seitenstraße zwischen Kastanien- und Schönhauser Allee in Prenzlauer Berg: „Im Hausflur blättert der Putz von den Wänden, an der Decke schwimmen riesige braune Wasserflecken. Die vielen farbigen Reproduktionen den Treppenflur hinauf sind wie Lichtblicke: [Egon] Schiele, [Franz] Marc, [Edvard] Munch, [Käthe] Kollwitz." Anscheinend ein kunstsinniges Haus. Das erläuternde Schild im Hauseingang verkündet im Juni 2023, bei der 2005 abgeschlossenen denkmalgerechten Sanierung sei auch die „während der Vor- und Nachwendezeit durch die Mieterschaft im Treppenhaus installierte Kunstplakat-Sammlung mit einbezogen worden." Vielleicht sind die Plakate unverdächtiger Ausdruck von Solidarität der Nachbarn mit der Malerin gewesen. Wir erfahren bei Ulrich, dass „vor dem alten abgewrackten Haus" zeitweise bis zu fünf Autos des Ministeriums für Staatssicherheit standen. Bohley erzählt, aus einem Bauwagen habe die Stasi Fotos gemacht, sogar im eiskalten Winter, so dass sie verwackelten. Jeder, der ins Haus wollte, habe Name, Adresse, Alter, Beruf angeben müssen. Die Journalistin über die Künstlerin: „Als Biermann ausgewiesen und Robert Havemann gestorben war, avancierte sie zum Staatsfeind Nummer eins." Sie war umstellt von Informellen Mitarbeitern. Im engsten Kreis ist es die vorgebliche Freundin und Überzeugungstäterin Monika Haeger. Ihre Anwälte Wolfgang Schnur und Gregor Gysi – beide beginnen mit der Wende Politikerkarrieren –, die Kirchenleute Konsistorialpräsident Manfred Stolpe und Generalsuperintendent Günter Krusche identifiziert Bohley später als angeblich gegen sie aktive IM. Politik lebt vom Austausch über die wichtigen Dinge, die Gesellschaft und Staat betreffen, schreibt Bohley unter Berufung auf die große Denkerin Hannah Arendt. Dafür brauchen Bürger Raum, öffentlichen Raum, dafür zugängliche Räume. Freien Austausch gab es im SED-Staat nicht. Deshalb waren Wohnungen wichtig. Und Kirchen und die Räume, die sie boten. Damit begann das Problem. Bereits das Kontakttelefon, das die Malerin für die Bürgerrechtsbewegung über ihren Anschluss betrieb, bedurfte der offiziellen Unterstützung der Kirchenleute, damit das System es nicht als Instrument verbotener Nachrichtenweitergabe ansah.

FAMILIE BOHLEY. Deshalb war Familie wichtig. Wie wichtig, haben wir schon bei Silly gesehen. Bärbel Bohley ist Berlinerin. Geboren als Bärbel Brosius am 24. Mai 1945. Sie lernt 1969 beim Fasching

Dietrich Bohley kennen. Sie heiraten 1970, im gleichen Jahr wird ihr gemeinsamer Sohn Anselm geboren. Ihr Mann, Theologe, wagt eine Existenz als freischaffender Künstler, malt als Autodidakt. Seine Mutter in Halle, Witwe mit sieben Kindern, unterstützt die junge Familie. Im Band *Mut. Frauen in der DDR* von 2005 schreibt Bohley in ihrem Lebensabriss, seine beiden Elternteile hätten Anselm so frei wie möglich erziehen wollen, er sollte ein *Weltbürger* werden. Anselm kam in den evangelischen Kindergarten, ging nicht zu den *Jungen Pionieren*, nahm nicht an der vormilitärischen Ausbildung teil, verpflichtete sich nicht mit 14, drei Jahre Dienst bei der NVA zu machen. Dietrich Bohley, sein seit 1978 von seiner Mutter geschiedener Vater, kommt 1980 ins Gefängnis. Er ist Wehrdienstverweigerer, leistet auch nicht den Ersatzdienst als *Bausoldat*. Heidi Bohley, bis heute mit dem von ihr gegründeten Zeitzeugenbüro aktiv, ist die Schwägerin. Sie ist die geschiedene Frau des Bruders von Dietrich, Michael Bohley. Die in Görlitz gebürtige Weggefährtin auch beim *Neuen Forum* teilt mit: „Über die Scheidungen hinaus blieben wir eng befreundet und Bärbel war immer sehr wichtig für mich.“ Es ist ebenfalls 1970, dass Bärbel Bohleys Bruder Ulrich Brosius wegen Staatsverleumdung zu zwei Jahren und zwei Monaten Gefängnis verurteilt wird. Heidi Bohley spricht von einem politischen Witz als Anlass der Verfolgung. Der Bruder hat danach mit schweren gesundheitlichen und seelischen Konsequenzen zu kämpfen. Er hatte auf der Werft in Wismar unter widrigen Bedingungen Rost von Schiffsrümpfen klopfen müssen. Im von dem Schriftsteller Hans Joachim Schädlich 1992 zusammengestellten Band *Aktenkundig* gibt Bärbel Bohley Auskunft über Kindheit, Jugend, Staatssicherheit, die Familie:

Die Stasi – was war sie wirklich in meinem Leben? Sie hat mein Leben begleitet, solange ich denken kann. Damals hatte sie kein eigenes Gesicht. Ich kannte sie nur aus den ängstlichen, vorsorglich flüsternden Gesichtern meiner Eltern, als sie erörterten, ob sie in den Westen gehen sollten, weil mein Vater arbeitslos geworden war. Damals war ich acht Jahre alt, und mein Vater hatte seine geliebte Arbeit als Lehrer aufgeben müssen, weil er nicht in die SED eintreten wollte.

DAS WÜSTE BERLIN. Ihre Mutter war Hausfrau, der Vater Konstrukteur. Das steht im Katalog der Bohley-Ausstellung der kommunalen *Galerie Pankow* von 2021. Heidi Bohley schreibt auf der Internetseite der Robert-Havemann-Gesellschaft: „Fritz und Anneliese Brosius gehörten zur Schicht der sogenannten ‚kleinen Leuten', die in Geschichtsbüchern selten eine eigene Stimme haben." Knapp drei Wochen nach dem Ende des Zweiten Weltkriegs ist Bohley zur Welt gekommen. Die Mutter ist die letzten Wochen im Luftschutzkeller. Immerhin ist der Vater da. Es ist die Ruinenwelt des Nachkriegs-Berlin. Sie wächst in beengten Verhältnissen in der Marienstraße in der Nähe des Bahnhofs Friedrichstraße auf, schreibt Ulrich: „Laufen lernte sie auf Bergen von Scherben und Trümmern. Manchmal dachte sie, daß Männer von Natur aus nur ein Bein oder einen Arm oder ein Auge haben." Sie spielt in den Ruinen des Reichstags. Das Kind kannte die Überbleibsel der Reichskanzlei. Es ist das Land, in dem niemand Verantwortung trägt, tragen will für Krieg und für Diktatur. So sieht Bärbel Bohley es im Rückblick. Ein Land, das dem ähnelt, das Wim Wenders frappierte, das Land ohne Vergangenheit. Berlin kannte sie nur als geteilte Stadt. Ohne und mit Mauer: „Aber geteilt war sie immer." Der Vater hörte heimlich den West-Berliner Sender RIAS. Sie war 16 Jahre alt, als die Mauer gebaut wurde. Weder antikommunistisch noch proamerikanisch sei sie erzogen worden. Aber sie kannte die Verachtung ihrer Eltern für *Mitläufer*, für die vor und nach 1945, „es waren oft dieselben." Bohley: „Ich wollte damals glauben, dass die Mauer notwendig sei, um den Sozialismus aufzubauen." Die Niederschlagung des Prager Frühlings 1968 ist der Wendepunkt. Seitdem habe sie nicht mehr an die Reformierbarkeit des Sozialismus geglaubt. Die Zukunft habe alternativlos ausgesehen. Ihre Wahl war nur, entweder in den Westen zu gehen oder im Osten ohne allzu viele Kompromisse zu leben: „Ich glaubte, das letztere am besten in der Kunst zu verwirklichen." Aber die Eltern hätten ein Kunststudium als *Reise zum Mond* angesehen. Vater und Großvater hatten gemalt. Aber als Lebensentwurf war Malen nicht akzeptiert.

KUNSTHOCHSCHULE. „Mit 17 bezieht sie die erste eigene Wohnung, erlernt einen ‚ordentlichen' Beruf, aber ihre Liebe gehört der Malerei", unterrichtet uns die Schwägerin. Bärbel Bohley wollte als Erstes selbstständig sein. Sie wollte in kein Studium flüchten, sondern ging nach dem Abitur 1963 in die Lehre als Industriekauffrau, war dann Einkäuferin beim VEB Starkstromanlagenbau, einem verstaatlichten Teil der AEG in Weißensee. Sie empörte sich, dass ein befreundeter Maler sie in seiner Beurteilung für ihre Bewerbung um den Studienplatz auf der Kunsthochschule als naiv bezeichnet hatte. Er sagte: „Meinst du, sie wollen Studenten, die nicht mehr formbar sind?" 2005 schreibt Bohley vom dort spürbaren Druck des Regimes, dem man sich zu entziehen wissen musste. Die Mitglieder der Hoch-

Kannte die Kunststudentin Bärbel Bohley: Walter Womacka (SED) war bis 1988 Rektor der Kunsthochschule Berlin-Weißensee, hier 1983 in seinem Atelier am Monbijoupark.

schule bekamen zwar als angehende Künstler gesellschaftlich einen gewissen Sonderstatus zugestanden, aber: „Rigide Methoden, um die Künstler anzupassen, gab es trotzdem mehr als genug." Dazu gehörten auch Militärübungen. Direktor der Kunsthochschule war zu ihrer Zeit der Staatskünstler Walter Womacka. In seinen Memoiren *Farbe bekennen* von 2004 erwähnt der Mann, dessen künstlerische Handschrift bis heute den Alexanderplatz prägt, auch Bohley. Womacka berichtet, wie er die *„Sicherheit"*, also den für seine Hochschule abgestellten Mann von der Staatssicherheit, fragt, wie verbindlich denn die Ergebnisse der Stasiüberprüfung der jährlich 600 bis 800 Bewerber seien. Sie gäben nur *Ratschläge*, so die Antwort. Also, sagt Womacka, „dann entscheiden wir, wie ich es für richtig halte." Das *Wir* und das *Ich* wechseln auf bezeichnende Weise. Wer die Prüfung bestanden habe, werde immatrikuliert, und dann die mokante Bemerkung: „Auch Bärbel Bohley zum Beispiel, die bei uns zwischen 1969 und 1974 studierte und ihr Malerdiplom machte. Sie war eine unauffällige Studentin, und das in jeder Hinsicht." Nicht aufzufallen, das war Überlebensmaxime im von Womacka getragenen Diktaturstaat seiner Partei.

FREISCHAFFEND. Abschied von einer Karriere und bescheidene Lebensverhältnisse waren Folge ihrer Entscheidung, ab 1974 als freie Künstlerin zu arbeiten. Voraussetzung dafür war die Mitgliedschaft im *Verband Bildender Künstler*. Sie war sogar in der Sektionsleitung. Bohley schildert, wie dieselben Kollegen, die sie draußen freundlich grüßen, 1982 auf Druck der dem Politbüromitglied Kurt Hager unterstehenden ZK-Abteilung wegen ihrer politischen Arbeit dafür stimmen, dass sie ihre Verbandsfunktion verliert. Namen nennt sie keine. Aber jedermann weiß, dass in diesem Verband ihr früherer Hochschulleiter Walter Womacka eine führende Rolle spielte. Nach ihrer ersten Haft bekam Bohley ab 1984 Ausstellungs- und Reiseverbot. Ulrich schreibt 1991: „Als Künstlerin ist sie nur wenigen Insidern bekannt. Das hat nichts mit der Qualität ihrer Bilder und Blätter zu tun. Fachleute halten sie für eine große Begabung." Aufgrund der Haltung der Partei ihr gegenüber sei diese Begabung jedoch kaum dokumentiert. Bis heute gibt es keine Monografie über die Malerin Bärbel Bohley. Auch die erarbeitete Biografie ist unveröffentlicht. Damals keine Aufträge, keine Ausstellungen, keine Publikationen: „Sie hatte als Künstlerin nicht zu existieren." Ihre Existenz? „Ich habe Keramikpötte bemalt und die dann verkauft." Bevor der Konflikt ernst wird, hatte sie Erfolge. Die erste Ausstellungsbeteiligung ist 1978 in der Galerie *Junge Kunst* in Frankfurt an der Oder. 1979 und 1980 sind Bilder von ihr im Ausstellungszentrum am Fernsehturm unweit des Alexanderplatzes zu sehen. Ihre erste Einzelausstellung findet 1981 in der *Galerie im Alten Museum* statt. Inga Kerkin vom Staatlichen Kunsthandel der DDR schreibt im Vorwort des Katalogs, Bohley sei seit der Ausstellung im Vorjahr „als eigenwillige Künstlerin bekannt." Am Text fällt auf, dass er mehrere Aussagen darüber trifft, was die Mittdreißigerin alles *nicht* ist. Ihre „nüchterne Motivwahl" wirke auf viele Besucher „provozierend". Damit rechne sie aber „nicht bewusst", denn: „Provokation ist nicht Ziel ihrer Arbeit." Studien, Zeichnungen, Gouachen, jener Zwischenform des Farbauftrags zwischen Öl und Aquarell, aus den vergangenen beiden Jahren zeige die Ausstellung. Sie arbeite traditionell, Anfang sei für sie das Aktzeichnen: „Unerbittlich mit sich selbst bei der Suche nach der eigenen Haltung kehrt sie immer wieder mit Notwendigkeit zu diesem Anfang zurück." Stadtmensch sei die Künstlerin, Landschaften spielten bei ihr keine Rolle. Oft stelle sie Menschen dar vor Liniengerüsten, mindestens Horizontlinien, verzichte auf konkrete Umgebungen, schaffe imaginäre Umwelten. Der Katalogtext benennt in der folgenden, befremdlich formulierten Passage das Thema, den Gegenstand, das, worum es Bohley künstlerisch vor allem gegangen ist:

Mitunter ist ihr vorurteilsfreies Herangehen überraschend. Es wird aber nicht zum Gesetz ihrer Arbeit, die thematische Richtung ihrer Aktzeichnungen bleibt offen. Eindringlich greift sie ihr nahe Probleme der Isolierung oder der Verletzbarkeit des Menschen auf. Immer wiederkehrend ist letztendlich eine enge Verbindung von Gequältsein und natürlicher Schönheit des Menschen.

Was diesem Text vor allem fehlt, ist jeglicher Bezug zur Ideologie, zur Gesellschaft, zum DDR-Staat. *Isolierung, Verletzbarkeit, Gequältsein* sind ins Wort gebracht. Aber die Frage bleibt, was es ist, was den Menschen isoliert, verletzt, quält. Sind das Elemente jeden Menschseins, passiv erlebt, oder sind es Gesellschaft, Staat, Partei, die es ihm aktiv zufügen? Es sind Gedanken, zu entnehmen dem Raum zwischen den Zeilen des Textes, die den Gast der Ausstellung entlassen in die Betrachtung der Werke der Künstlerin, der 42 Bilder, Grafiken und Druckgrafiken, von denen zwölf in schwarz-weißem Druck in der Broschüre gezeigt werden. Hervorgehoben ist die auf Seite 2 platzierte Grafik mit dem mehrfach orthografisch falschen Bildtext „Illustration zu Hans Henyjahn ‚Perudja' I"; zu diesem Roman zeigte die Ausstellung noch drei weitere Werke. Hans Henny Jahnn heißt der 1959 verstorbene, höchst eigenwillige expressionistische Schriftsteller und Orgelbauer, und sein Erstlingsroman von 1929 heißt richtig *Perrudja*. Jahnn ist kein sozialistischer Klassiker, sondern er ist immer schon Außenseiter gewesen, der ähnlich Alfred Döblin in *Berlin Alexanderplatz* Realien in seine Texte montierte, was Bohley als Malerin in Collageform in ihrem Werk ebenfalls tut. Vor allem aber hat Jahnn ein Menschenbild von zutiefst archaischen, vorkulturell anmutenden Zügen, von entfesselter, entgrenzter, enttabuisierter Sexualität. Hatte

das beim Staatlichen Kulturhandel der DDR irgendjemand bemerkt? Jahnn jedenfalls stellt, und das hat Bärbel Bohley womöglich auf den Musiker und Schreiber aufmerksam werden lassen, radikal die Frage, was der Mensch denn sei.

Die Künstlerin wollte nicht im Westen bleiben: Bürgerrechtlerin Bärbel Bohley im September 1988 vor einem ihrer Werke.

IHRE BILDER VOM MENSCHEN. Künstlerische und politische Arbeit haben bei Bärbel Bohley einen gemeinsamen Nenner. Das Objekt beider Formen ihrer Auseinandersetzung ist identisch. Es ist der Mensch, seine Bedrückung, seine Freiheit. Annette Tietz, Leiterin der *Galerie Pankow*, schreibt im Vorwort zum Ausstellungskatalog der Bohley-Schau aus Anlass des 75. Geburtstags: „Ihr Werk umfasst zu einem großen Teil Abbildungen des menschlichen Körpers. Aktdarstellungen, Figuren im Raum, Portraits sind immer wiederkehrende Motive ihrer Arbeit. An ihnen werden Zustände menschlichen Daseins in immer neuen Variationen ausgelotet." Die retrospektive Werkbeschreibung ähnelt dem im Katalog von 1981 charakterisierten zentralen Interesse der Künstlerin als Mittdreißigerin. Die Kunsthistorikerin und heutige Privatdozentin an der Humboldt-Universität Angela Lammert hat sich in einem zwischen 1988 und 1991, also noch zu Bohleys Lebzeiten entstandenen, aber seitdem nicht publizierten Text mit deren Werk befasst. Der Artikel ist im Katalog der Ausstellung von 1991 enthalten. Auch hier ist die Rede davon, sie habe nach der Wende von der Rückkehr ins Atelier gesprochen. Zitiert wird die Bohley-Maxime vom Frühjahr 1990, die die Verklammerung von Kunst und Leben, damit verbunden von künstlerischem und politischem Arbeiten, zum Ausdruck bringt: „Kunst ist für mich der Versuch eines utopischen Entwurfs vom Leben." Lammert greift die Kaltnadelradierung *Schweigen* von 1985 heraus, die schon durch den Titel den Zusammenhang von Kunst und Politik, und die daraus erwachsende Betroffenheit zeigt, und recht eigentlich lässt sich die Radierung deuten als eine Innenansicht der Menschen der DDR, wie die Künstlerin sie und also sich selbst wahrnimmt. Lammert beschreibt, was der Betrachter wahrnimmt:

Drei Figuren kauern ratlos, in sich zusammengesunken. Sie haben als Gruppe Gleichbetroffener Zusammenhalt. Der Arm der mittleren Figur scheint in das aufgestützte Bein der rechten fast überzugehen. Und doch fehlt auch da ein kleines Stück, wirken alle drei gleich isoliert. Voneinander und vom Betrachter abgewendet versinnbildlichen sie verschiedene Möglichkeiten des Schweigens. Die Schwärzen der parallelen Kaltnadelstriemen bündeln sich wie ein Sog um eine imaginäre Mitte. Diese klingt wie der Widerhall des Schweigens mit seiner Leere nach und bestimmt zugleich die Haltungen.

Und was heißt Kunstschaffen für den Menschen, für das Individuum Bärbel Bohley persönlich? So antwortet sie 2010: „Ich kann für mich sagen, dass die Freiheit nicht erst 1989 anfing. Alle meine Entscheidungen sind frei getroffen worden, insofern habe ich mich immer frei gefühlt." Es war dieses Empfinden ihrer Freiheit, was sie stark gemacht hat.

FRAUEN FÜR DEN FRIEDEN. Es ist die erste nichtkirchliche politische Gruppierung in Ost-Berlin, dann in der DDR. Initiatorin ist 1982 Bärbel Bohley zusammen mit Mitstreiterinnen. Im Dezember des Vorjahres war in Polen das Kriegsrecht ausgerufen worden. Auslöser von Bohleys Aktivität war das im März 1982 in Kraft tretende neue

Wehrdienstgesetz. Danach sollten Frauen im Verteidigungsfall und im Fall der Mobilmachung zum aktiven Militärdienst einberufen werden können. Wann der Fall eintrat, das bestimmte die SED. Die durchdringende Militarisierung der Gesellschaft war die beabsichtigte Folge. Begonnen hatte dieser Prozess 1978 mit der Einführung des Wehrkundeunterrichts in den Schulen. Ein Freund riet Bohley zu einer *Eingabe*. Das war das Protestventil, das das SED-Regime vorsah. Antwort kam keine. Aber viele Frauen unterschrieben, am Ende 150, darunter Katja Havemann und Ulrike Poppe, bekannte Bürgerrechtlerinnen. Es ging den Frauen um ihre Kinder, vor allem um die Söhne. Die Unterzeichnerin Almut Ilsen: „Die Vorstellung war grauenvoll, dass Frauen auch in diese Maschinerie sollten, zumal wir gemerkt haben, wie zerstörend sie auf Männer wirkte." Im Brief hatte es geheißen: „Wir Frauen sehen den Armeedienst für Frauen nicht als Ausdruck ihrer Gleichberechtigung, sondern als einen Widersinn zu ihrem Frausein." Der Staat reagierte, weil der Text auch im *Spiegel* veröffentlicht wurde. Erst mit Einzelgesprächen, die die Zurücknahme der Unterschrift bezweckten, im Fall der Weigerung mit Drohungen. Ein Kern der Unterzeichnerinnen beschloss, als „Frauengruppe für den Frieden" zusammenzubleiben, um den Dialog mit der Macht zu erzwingen. Im Dezember werden Ermittlungsverfahren eröffnet, gegen Bärbel Bohley eines mit Haft. Sie kommt in das Untersuchungsgefängnis in Berlin-Hohenschönhausen: „Die sechs Wochen Einzelhaft waren ein Kampf um die eigene Würde." Schon in der Vorbereitung auf die Haft hatte Bohley Erich Loests 1981 im Westen erschienene Biografie *Durch die Erde ein Riss* gelesen. Der Schriftsteller hatte von 1958 bis 1964 in Bautzen in Haft gesessen. Bohley: „Er schrieb, dass er jeden Tag 10 000 Schritte in seiner Zelle gegen die Verzweiflung anlief. Die lief ich auch – und führte stille Gespräche mit ihm oder sang ein Biermann-Lied." Aber nach der Freilassung auf internationalen Druck und ohne Prozess ging es weiter. 1984 gab es das erste DDR-weite Treffen der *Frauen für den Frieden*. Bis 1989 gab es jährlich eins, immer in einer anderen Stadt. Bohley wurde 1985 Mitgründerin der *Initiative Frieden und Menschenrechte*.

EIN BILD FÜR HONECKER. Die Grünen-Bundestagsabgeordnete und Friedensaktivistin Petra Kelly und ihr Freund und Kollege, der ehemalige Generalmajor Gert Bastian, hatten am 12. Mai 1983 auf dem Alexanderplatz mit drei weiteren Bundestagabgeordneten und DDR-Oppositionellen für den Frieden demonstriert. Sie entrollten ein Transparent mit dem Slogan der Friedensbewegung *Schwerter zu Pflugscharen*. Die Volkspolizei greift nach kurzem ein, nimmt die Gruppe

Engagierte Partnerin in der Bürgerrechtsbewegung: Am 12. Mai 1983 entreißt die Staatssicherheit der grünen Bundestagsabgeordneten Petra Kelly auf dem Alexanderplatz ihr Transparent.

fest, entschuldigt sich bei den Parlamentariern, als sie feststellt, dass es sich um westdeutsche Prominenz handelt. Am 1. November 1983 war Petra Kelly beim Treffen der *Frauen für den Frieden* in Bohleys Wohnung dabei. Kelly wird eine Freundin und Helferin, die aufgrund ihres Diplomatenpasses als Bundestagsabgeordnete frei ein- und ausreisen kann und aus dem Westen Publikationen und technische Hilfsmittel nach Ost-Berlin bringt. Im September 1987 ist es Petra Kelly, die Erich Honecker bei dessen Besuch in der Bundesrepublik eine Grafik Bärbel Bohleys übergibt mit einer Widmung und der Aufforderung, Veränderungen in der DDR zuzulassen. So steht es im Ausstellungskatalog der *Galerie Pankow*, der auch eine Abbildung der Grafik enthält. *Niemandsland* – wir sehen eine schwache Horizontlinie, die den Raum andeutet. Auf einem tischartigen übermannshohen Gestell sehen wir einen Menschen liegen, darunter stehend eine Gestalt. Nackte Menschen. Einer sitzt, stützt den Ellenbogen auf. Einer hockt etwas entfernt am Boden. Eine Frau liegt, links, etwas weiter vorn. Auf einem bank-, kastenartigen Gegenstand eine andere Frau, beide Hände an der Stirn, links hinter ihr wohl ein Mann, dessen Hand mit ausgestrecktem Zeigefinger ins Nirgendwo aus dem Bild hinaus weist. Vorn zwei Menschen, offenbar Frauen, schwarz mit straffen Pinselstrichen, anscheinend in Gewändern. Eine Szenerie der Trostlosigkeit, Aussichtslosigkeit, Hoffnungslosigkeit.

ROSA LUXEMBURG. Im Juli 1987 setzte das Ministerium für Staatssicherheit Maßnahmen gegen die oppositionelle Führungsfigur Bärbel Bohley fest. *Zersetzung* nennt das die Stasi-Sprache:

Es ist ein Rahmenprogramm von Maßnahmen einzuleiten, in deren Folge der Bohley staatlicherseits politisch und politisch-operativ vertretbare Zugeständnisse entgegengebracht werden. Erreicht werden soll die Bohley zu korrumpieren, ihre Glaubwürdigkeit unter den Exponenten der PUT [= Politische Untergrund-Tätigkeit] *zu erschüttern, gegen sie gerichteten Zwiespalt hervorzurufen, eine indirekte Disziplinierung zu erreichen.*

Freiheit sei immer die Freiheit des Andersdenkenden, lautet ein vielzitierter Satz der Sozialistin Rosa Luxemburg. Die Bezirksleitung der SED Berlin, der FDGB und die Nationale Front der DDR hatten zum 17. Januar 1988 zur *Kampfdemonstration* an der Gedenkstätte der Sozialisten in Friedrichsfelde aufgerufen. Es sprach das Politbüromitglied Egon Krenz. Anlass war der 69. Jahrestag der Ermordung von Karl Liebknecht und Luxemburg. Oppositionelle entrollten ein Transparent mit dem Luxemburg-Satz. Die Staatssicherheit griff sofort zu, es kam zu Festnahmen. Viele Antragsteller auf Ausreise waren verhaftet worden, auch Freunde von Bohley waren unter den Festgenommenen. Nach einigen Tagen wird sie verhaftet: „Zum ersten Mal hatte ich Todesangst, wenn ich im fensterlosen Kastenwagen saß und von Hohenschönhausen in die Untersuchungshaftanstalt Magdalenenstraße transportiert wurde." Das Gefängnis in der Genselerstraße ist heute Gedenkstätte. Nach der Wende wollte die Senatsverwaltung für Justiz es erst für den offenen Vollzug nutzen. Für die Insassen damals bedeutete die Haft Erniedrigung, Demütigung, nicht nur psychische Gewalt, Holzpritsche, Napf und Löffel. Bohley erinnert sich an den

Sollten endgültig in den Westen abgeschoben werden (v. l.): die Bürgerrechtler Wolfgang und Regina Templin, Werner Fischer und Bärbel Bohley zeigen am 6. Februar 1988 ihre DDR-Reisepässe.

Trainingsanzug als Häftlingskleidung. Sie geriet in Panik. Im Nachhinein erklärt sie damit ihre Zustimmung, die DDR für ein halbes Jahr zu verlassen. Sie wird aus der Haft an einen Bahnhof gebracht, ihr Sohn kommt dazu, und beide fahren in den Westen. Zeugnis dieser Zeit ist die Publikation *Englisches Tagebuch 1988*, das ihre Freundin Irena Kukutz aus ihrem Nachlass herausgegeben hat, teils aus dem von Bohley geführten Tagebuch dieser Zeit, teils aus späteren Gedächtnisprotokollen. Die Malerin sah auf dieser großen Reise Kunst, die sie das erste Mal im Original sah. Ein Beispiel ist der Isenheimer Altar. Und sie besuchte Rom. Es ist die Ausnahme, die Bohley verkörpert, dass sie in die DDR zurückwill. Und sie kämpft darum im Westen, in der Bundeshauptstadt Bonn, mithilfe von Petra Kelly, die sie mit Spitzenpolitikern zusammenbringt, darunter Oskar Lafontaine und Willy Brandt; zufällig begegnet sie Egon Bahr. Ihr Sohn hatte gerade die Lehre begonnen, als sie abgeschoben wurde. Nach der Wende macht er Abitur an der Abendschule. Sein Traum, sagt seine Mutter zu Ulrich, war eine eigene alternative Gärtnerei. Das gelingt erstmal nicht. Aber heute findet sich im Internet die Seite des Landschaftsarchitekten Anselm Bohley, und er hat noch eine Wohnung in der Fehrbelliner Straße 91.

DIE ABWESENHEIT DER KUNST. Als Holde-Barbara Ulrich sie kurz nach der Wende fragt, ob sie wieder malen möchte, antwortet sie noch: „Hoffentlich! Und im übrigen arbeiten wir doch an einer neuen großen Plastik DDR. Wenn das keine Kunst ist ..." Im Gespräch mit ihrer Freundin und Biografin Irena Kukutz erzählt Bärbel Bohley 2010, wie sie sich von Malerei und Kunst verabschiedet hat:

Ich kann mich erinnern, 89, für eine Grafikmappe sollte auch ich eine Grafik machen und dann war hier die Bude voll und man bedrängte mich immer, eine Grafik abzugeben. Da habe ich mich hingesetzt, weil ich keine Zeit hatte, eine Grafik zu machen, und habe einfach auf ein Papier geschrieben: Manchmal ist die Kunst abwesend. Und habe das so oft geschrieben, um in jede Mappe so ein Original reinzulegen. Das war mein Abschied von der Kunst.

ZERRONNEN WIE EIN SANDHAUFEN. Als Holde-Barbara Ulrich sie im September 1990, ein knappes Jahr nach der Öffnung der Mauer, fragt, was aus der *Plastik DDR* geworden sei, an der sie habe arbeiten wollen, antwortet sie: „Wurde nichts draus. War nur ein Sandhaufen, der durch die Finger rann." Sie habe angenommen, „daß die Menschen hier viel stärker mit ihrem Staat, ihrem bisherigen Leben verbunden sind." Sie hätten den Lockungen der freien Markwirtschaft, der Aussicht auf ein rasches besseres Leben nicht widerstanden. Bohley engagiert sich weiter politisch. Die Bürgerbewegung löst sich auf, ein Teil bildet mit den westdeutschen Grünen die neubenannte Partei *Bündnis 90/Die Grünen*. Die ehemalige Malerin ist noch Mitglied der freigewählten Ost-Berliner Stadtverordnetenversammlung im Berliner Rathaus, sie unterstützt die FDP, und einen Sturm der Empörung und scharfe Angriffe bringt ihr der Besuch von *Einheitskanzler* Helmut Kohl am 23. August 1995 in ihrer Wohnung in der Fehrbelliner Straße 91 ein. Die schwarze S-Klasse des Kanzlers war rückwärts in der Einfahrt geparkt und erregte das Aufsehen der Nachbarschaft. Unter den Neugierigen waren auch Journalisten. Aus den Fenstern im ersten Stock des Hauses mit der damals schäbigen Fassade schauten die Bewohner. Die Kettenraucherin geht nach Bosnien, engagiert sich humanitär im Bürgerkriegsland, kehrt mit der Krebserkrankung zurück und stirbt am 11. September 2010 in Gehren in der Uckermark. Begraben ist sie auf dem Dorotheenstädtischen Friedhof, seit 2016 ist ihr Grab als Ehrengrab gewidmet, und am Mauerpark gibt es ebenfalls seit 2016 den Bärbel-Bohley-Ring.

Ralf Schüler und Ursulina Schüler-Witte – Der Koloss ICC

ICC und Funkturm, davor die in der Berliner Bevölkerung umstrittene Figur: Jean Ipoustéguy schuf *Ein Mensch baut seine Stadt* im Jahre 1980.

BUNDESKANZLER HELMUT KOHL bezeichnete die Jahresversammlung der Weltbank und des Internationalen Währungsfonds als bedeutendste Veranstaltung der Nachkriegszeit und betrachtete sie als prägend für das weltweite Ansehen Deutschlands und Berlins. Der Westteil der Stadt war 1988 Gastgeber dieses Kongresses mit Vertretern aus 151 Ländern und insgesamt rund 11 000 Besuchern. Dass die Stadt eine der größten Zusammenkünfte der damaligen Zeit überhaupt beherbergen konnte, ermöglichte der größte Bau, der nach 1945 in der Stadt errichtet worden war. Das *Internationale Congress Centrum* unter dem Funkturm war seit Ende der 1970er-Jahre neues Entrée der über die AVUS nach West-Berlin hereinkommenden Autofahrer, und es gehört zum Stadtbild. Das ICC war ein überaus erfolgreicher Bau. 1984, 1985 und 1986 wurde es mit dem World Travel Award als international führendes Kongresszentrum ausgezeichnet; danach wurde die Vergabe des Preises zunächst eingestellt, weil immer nur das ICC infrage gekommen wäre. Der Bau war im West-Berlin der 1980er-Jahre Schauplatz einer unübersehbaren Zahl von Veranstaltungen, angefangen mit dem Presseball, der ab 1980 aus dem Palais am Funkturm übersiedelte und nun dort stattfand.

Der Neue-Heimat-Chef Albert Vietor hat die Architekten des ICC Ralf Schüler und seine Frau Ursulina Schüler-Witte am Tag der Einweihung und termingerechten Eröffnung, dem 2. April 1979, nicht zum Cocktail-Empfang eingeladen. Das Verhältnis zum Chef des Generalübernehmers und gewerkschaftlichen Baukonzerns selbst war zutiefst gestört. Es war ein großes Fest mit 7500 geladenen Gästen, dazu kamen 5000 Karten für die Party, sodass mehr als 12 000 Menschen dabei waren. Der Regierende Bürgermeister Dietrich Stobbe erklärte den Bau für eröffnet. Bundespräsident Walter Scheel hielt eine gutgelaunte Rede. Herbert von Karajan hatte die Akustik akzeptiert und spielte mit den Berliner Philharmonikern. Ralf Schüler war sehr nervös, weil er vor dem Auditorium sprechen musste, und er spielte auf die andere Hälfte der Stadt und den *Palast der Republik* an, als er sagte: „Einen Palast zu bauen, war nicht unsere Absicht. Wir haben ein Instrument für die internationale Verständigung entworfen."

Das ICC zitiert mit seinen markanten seitlichen Fachwerkträgern die Architektur des Funkturms aus den 1920er-Jahren. Verschmutzt und nicht mehr gereinigt sind Anfang des 21. Jahrhunderts die glatten aluminiumeloxierten Fassaden des 2014 geschlossenen Riesenbaus. 7500 Menschen fanden in den beiden großen, durch eine gemeinsame Bühne verbundenen Sälen Platz, wenn sie zusammengeschaltet und die Schotten geöffnet waren. Wie sehr bauliche Entscheidungen und Vorhaben in beiden Stadthälften aufeinander bezogen waren, schildert die von der Witwe 2015 vorgelegte *werkorientierte* Doppelbiografie von *Ralf Schüler und Ursulina Schüler-Witte*. Ihr Mann ist am 10. März 2011 gestorben. Beide sind Berliner. Sie weisen sich architekturgeschichtlich für immer durch diesen singulären Bau aus. Größeres, Wichtigeres, Monumentaleres haben sie nie mehr gebaut. Es ist ein kämpferisches Buch, das die Windungen West-Berliner Baupolitik beschreibt, die die Entsprechung zu den internen Kämpfen in Ost-Berlin sind. Ursulina Schüler-Witte setzte das Engagement für ihre gemeinsamen Bauten, besonders für das ICC, unter Berufung auf das Urheberrecht der Architekten fort. Dass beide dieses Recht für das ICC ausgehandelt hatten, war besonders. Juristisch sei das eigentlich bislang undenkbar gewesen, sagt sie in einem Interview des Vereins Deutscher Architekten VDA. Beide hatten am Beispiel des Hamburger Pendants erkannt, dass sie als geistige Urheber nicht wie die Kollegen dort unter der Fuchtel des Bauträgers, des Gewerkschaftskonzerns *Neue Heimat*, stehen wollten. Alle Änderungen, so stand es im grundlegenden Vertrag von 1972, waren mit ihnen beiden abzustimmen. Das Buch dient der Auseinandersetzung, die sie bis zu ihrem Tod im Mai 2022 geführt hat.

Kampf fand im Kalten Krieg auch am Zeichentisch statt. Schüler-Witte erzählt davon, dass 1971 bei Fertigstellung der Entwurfszeichnungen eine besondere technische Untersuchung für den 5000er-Saal des ICC vergeben werden musste. Dabei wurde überprüft, ob bei den verschiedenen Konfigurationen des Saales von jedem einzelnen Platz exzellente Sichtverhältnisse auf die Bühne gewährleistet waren. Dank der Entspannung war eine Vergabe an das *Institut für die Technologie kultureller Einrichtungen* mit Sitz Unter den Linden möglich. Ost-Berlin verlangte 9500 DM für die Sichtlinienuntersuchung. Das teuerste Angebot aus den USA hatte bei 250 000 DM gelegen. Der Dumpingpreis sollte garantieren, dass Ost-Berlin den Auftrag bekam. Tatsächlich verschwand kurz nach der Übergabe der Plansatz des ICC und ein neuer wurde angefordert. Der verantwortliche Institutsleiter,

Eröffnung des ICC am 2. April 1979: Bundespräsident Walter Scheel trägt sich mit Buttercreme aus dem Spritzbeutel in das Gästebuch aus Marzipan ein.

ursprünglich aus Überzeugung aus Braunschweig in den Osten gegangen, wollte 1977 wieder zurück und wurde bei Schülers angestellt. Er berichtete, dass der 1969 in West-Berlin gefällte Beschluss, das ICC mit einem 5000er-Saal zu bauen, Partei und Politbüro alarmiert habe, weil man nichts Entsprechendes zu bieten hatte. Das ICC sei Anstoß zum Bau des *Palastes der Republik* gewesen, schreibt Schüler-Witte, der auf dem Grund des gesprengten Stadtschlosses hochgezogen wurde. Er wurde, wie der Ost-Berliner Stadtplaner Hermann Henselmann es vorgedacht hatte, Sitz der Volkskammer und verfügte ebenfalls über einen Saal mit 5000 Plätzen, der regelmäßig für die Parteitage der SED genutzt wurde:

Die von uns mitgebrachten und dann auf mysteriöse Weise verschwundenen Zeichnungen wurden, wie wir nun erfuhren, sofort zur Auswertung abgeholt. Es war daher auch kaum als Zufall anzusehen, dass einige der für das ICC entworfenen Ausbauelemente, zum Beispiel die absenkbaren Tribünen und Deckenteile oder die in unterschiedlichen Höhen verfahrbaren Hubpodien, die eine große Nutzungsvielfalt der Säle 1 und 2 sowie des Bühnenbereichs ermöglichten, im Palast der Republik in ähnlicher Ausführung wieder auftauchten.

Die DDR habe ihr gesamtes Baupotenzial an Geld und Arbeitskraft auf den Palast konzentriert. Unter den Bedingungen der Planwirtschaft sei es gelungen, im August 1973 mit dem Bau zu beginnen, zwei Jahre vor dem ICC, und in 32 Monaten, drei Jahre vor dem ICC, fertig zu werden. Eröffnet wurde der Palast am 23. April 1976. Bei höherem Bauvolumen habe die Erbauung des ICC 42 Monate gebraucht. Ost-Berlin habe offiziell Kosten in Höhe von 485 Millionen Mark genannt, es gebe Schätzungen, dass es in Wahrheit bis zu einer Milliarde gewesen sei, zumal das Gros der Baumaterialien aus dem Westen eingeführt werden musste. Die Architektin kommt zum Ergebnis, der Palast sei bei vergleichbarer Kostenhöhe viel teurer als das ICC gewesen. In der Endabrechnung kostete das allerdings bedeutend größere ICC ebenfalls ein knappe Milliarde DM.

56 Jahre haben Ralf Schüler und Ursulina Schüler-Witte zusammen gearbeitet und gelebt. Ihre Biografie hatten beide zusammen schreiben wollen. Es scheint, dass beider Leben erst eigentlich mit ihrem Zusammentreffen beginnt. Es ist eine Studentenbeziehung im geteilten Berlin, die uns in die Universitätswelt der 1950er-Jahre zurückführt. Es ist eine Ost-West-Berliner Beziehung. Als das Paar mit seinem Architekturbüro in Tegel mit der Beauftragung des Ost-Berliner *Instituts für die Technologie kultureller Einrichtungen* zum *Handelspartner* der DDR wird, freut sich der am 26. Oktober 1930 geborene Ralf Schüler darüber, dass er problemlos nach Ost-Berlin einreisen darf und seinen Heimatbezirk Pankow besuchen kann, in dem er auf-

gewachsen, zur Schule gegangen ist, noch als Student in West-Berlin bei den Eltern gewohnt hat. Sie, am 2. Februar 1933 geboren, wohnte lange in einem kleinen Zimmer in der Ansbacher Straße in Schöneberg, ebenfalls bei der Familie. Über seine Berufung zum Architekten schrieb Ralf Schüler in einer Vita von 2010 von sich selbst in der dritten Person:

In sehr jungen Jahren erlebte Ralf die Zerstörung seiner Heimatstadt Berlin, die er zuvor als völlig intakte, bewunderte und geliebte Stadt kannte. Und so war die vor 50 Jahren getroffene Entscheidung, Architekt zu werden, auch getragen von seinem Wunsch zu helfen, seine Heimatstadt Berlin wieder mit aufzubauen.

Seine Kindheitserfahrung von 1936 vom Potsdamer Platz stellt Schüler-Witte als *Vorwort* und zugleich als Schlüssel für die Architekturauffassung ihres Mannes an den Anfang. Da sieht der kleine Junge inmitten der Masse von staunenden Berlinern am Himmel zwei silbrige Zeppeline, hört das Brummen ihrer Motoren. Luftschiffen widmet er sämtliche Studienarbeiten, er baut Modelle dieser Gefährte. Schon als Student beginnt er eine Sammelleidenschaft auszuleben, die sich auf technische Gegenstände richtet, an denen ihn die an der Funktion ausgerichtete Gestaltung anzieht. Er wird für den Schrottwert von 7000 und 8000 DM alte Lokomotiven vor der Zerstörung bewahren und von Reichsbahn-Loks durch die DDR nach West-Berlin schleppen lassen; eine der Schüler-Loks stand während der 750-Jahr-Feier der Stadt vor der Technischen Universität TU. Seine Frau macht das früh geprägte künstlerische Denken ihres Mannes plastisch, indem sie eine Passage aus Hans Rosenkranz' Biografie des Ferdinand Graf von Zeppelin von 1931 zitiert:

Weil er vom Zweck aus baute, konnte er sich von den bisherigen Lösungen [früherer Konstruktionen für Luftschiffe] *freimachen. Diese Fähigkeit aber ist es, die sein Werk und ihn selber so modern macht: denn vom Zweck aus zu bauen, das ist ja das Wesen des heutigen Maschinenbaus, das ist ja die These der modernen Architektur. Vom Zweck, von der Aufgabe, von der Sache auszugehen, und nicht von überkommenen Vorstellungen und überlieferten Formen, das ist das Geheimnis der Moderne, und das ist das Geheimnis Zeppelins.*

Das *Studium generale* mussten beide wie alle Ingenieure und Architekten an der Technischen Universität der 1950er-Jahre absolvieren, der Versuch einer Lehre aus der NS-Zeit. Techniker sollten sich in Geisteswissenschaften bewandern, konnten in den humanistischen Fächern verschiedene Schwerpunkte setzen. Ursulina Schüler-Witte: „Ich bemerkte ihn das erste Mal mit Bewusstsein im Wintersemester 1953/54, als er in einer Vorlesung für Baukonstruktion bei Professor [Helmut] Bressler etwas zu spät kam, erstaunlicherweise einen Hut auf hatte (den ich später nie wieder bei ihm gesehen habe) und einen Blumenstrauß neben seinem Sitz im Hörsaal verstaute." Ralf Schüler war zwar kein Hutträger, aber sein Leben lang trug er Fliege. Die Studenten siezten sich untereinander. Schüler war als Geselle im Elektromechanikerhandwerk ins Studium gegangen, hatte erst zwei Semester Elektrotechnik in Dresden studiert. Für Medizin wurde er nicht zugelassen an der Humboldt-Universität, weil sein Vater eine Seifenfabrik mit drei Angestellten hatte und als *Kapitalist* galt. Hilfsbereit sei der junge Mann gewesen. Sie hatte sich kurz vor dem Abitur zur Verblüffung von Lehrern und Familie entschieden, statt Journalismus Architektur zu studieren, hatte aber Probleme aufgrund ihrer unzureichenden *abstrakten Vorstellungsgabe*. Ihr wurden die Studiengebühren erlassen, obwohl beide nicht aus wohlhabenden Elternhäusern kamen. Nebenher arbeiten mussten beide. Die Vermittlungsadresse war die TUSMA, *Telefoniere und Studenten machen alles*. Sie wertete Spielscheine des mit gelochten Scheinen organisierten Glücksspiels Lotto aus oder kellnerte im Ausflugsrestaurant Söhnelwerft in Kohlhasenbrück am Griebnitzsee. Ihr Freund blieb im Metier und baute für Architektenbüros Modelle. Als Studentin sei sie eigentlich schüchtern gewesen. Zwei „Mädchen", so schreibt sie es, gegen 13 Jungen seien sie in ihrem Semester gewesen. Sie habe sich burschikos gegeben, um die Schüchternheit zu überspielen. Ursulina Witte übernahm in männlich dominierter Umgebung männliche Muster. Beim Faschingsfest, geplant als „Goethe-Fest" zu ihrem 22. Geburtstag, stellten sie fest, dass sie auf einer Wellenlänge funkten. Im Sommer 1955 trampten sie gemeinsam nach Paris. 1956 starb mit 48 Jahren seine Mutter unter mysteriösen Umständen, ein Schock, dessen Folgen Ralf Schüler sein Leben lang begleiteten. Er verschob sein Vordiplom, zog nach Zehlendorf in eine Dachwohnung in dem vom berühmten Baumeister schon der 1920er-Jahre Max Taut entworfenen Reihenhaus Reiherbeize 9 in der Siedlung Onkel Toms Hütte. Ihre fachlichen Schwerpunkte ergänzten sich: „Ralf war der geniale, äußerst innovative und kreative Architekt und der detailsichere Konstrukteur, während ich ihn oft mit meinen unkonventionellen und phantasievollen Einfällen überraschte." Er bereitete sich auf die Diplomarbeit vor, sie machte das Examen 1960. Ralf konstruierte nebenbei Möbel, sie half, er lernte Orgel, weil er daran dachte, eine zu konstruieren: „Aber Ralf liebte es nicht, sich prüfen zu lassen." Macher und Macherin hatten sich getroffen. Architekten wie Hans Scharoun, von dem die Philharmonie stammte und für den

Zeppeline, die 1936 über dem Potsdamer Platz schweben: Ralf Schüler hat sie als Kind erlebt, und ihre Ästhetik und Statik haben den späteren Architekten immer fasziniert.

beide in der hektischen Endphase von Wettbewerben arbeiteten, oder ihr gemeinsamer Professor Bernhard Hermkes, der den Ernst-Reuter-Platz entworfen hatte und bei dem beide angestellt waren, orderten seine Möbel. Ralf Schüler fand eine Wohnung im Devrientweg in Lichterfelde, und sie halfen Hermkes beim Entwurf des Gebäudes der

Bleibende Spur der Schülers im West-Berliner Stadtbild: der *Bierpinsel* in der Steglitzer Schloßstraße mit seiner von dem Architektenpaar vorgesehenen roten Fassade.

Architektur-Fakultät der TU. Es ist der erste Bau in Deutschland, bei dem die Schalungen für die Betonfertigteile aus Formen bestanden, die aus Glasfaser und Kunstharz gefertigt waren. Die Idee stammt von Ralf Schüler. Das Paar machte sich nach sechs Jahren Anstellung bei Hermkes zum 1. September 1967 selbstständig.

Als Angestellte hatten beide sich 1964 zum ersten Mal an einem Wettbewerb beteiligt. Sie hatten allerdings übersehen, dass sie sich als Mitarbeiter des Preisrichters Hermkes nicht hätten beteiligen dürfen. Sie machten die Entwürfe für den neuen U-Bahnhof Blissestraße im Urlaub in der Nähe des Benediktinerklosters Admont. Material und Gerät hatten sie in ihren Citroën 2 CV, ihrer *Ente*, in die Alpen transportiert. Die Pleite mit den Wettbewerbsregeln wurde ihnen erst bewusst, als alles fertig war. Im Ergebnis bekam kein Mitbewerber den Zuschlag, und ihr formal disqualifizierter Entwurf wurde ein *Sonderankauf*. Bausenator Rolf Schwedler und BVG-Direktor Karl König, ab 1965 für zehn Jahre Wirtschaftssenator, sollen gesagt haben: „Die beiden holen wir uns trotzdem.“ Zwei Jahre später bestellte Schwedler das Paar zu sich und stellte ihnen frei, welchen U-Bahnhof der Verlängerung der Linie U9 bis zum Rathaus Steglitz sie entwerfen wollten. Sie entschieden sich für den als Doppelbahnhof konzipierten, damals so bezeichneten Bahnhof Schildhornstraße, der bis heute nur halb genutzt wird. Gebaut ist er als Umsteigebahnhof in zwei Geschossen für eine bis ins 21. Jahrhundert Projekt gebliebene Linie U10 von Weißensee nach Lankwitz, die im Südwesten Berlins als parallel geführte Konkurrenz zur von Ost-Berlin kontrollierten und betriebenen S-Bahn gedacht war. Dieses Vorhaben war die wirtschaftliche Grundlage des eigenen Büros der Schülers, das seinen Sitz zunächst in der Gabrielenstraße 66 in Tegel hatte. Sie waren die ersten freien Architekten, die nach 1945 in den Fußstapfen Alfred Grenanders, von dem der Bahnhof Alexanderplatz und rund 70 weitere Bahnhöfe in der Stadt stammten, einen solchen Auftrag bekamen. Im Kontext mit dem Bahnhofsprojekt entwickelten dessen Architekten für diesen Knotenpunkt die Idee einer *Stadtmarke* als weithin sichtbare Markierung. Zunächst dachten sie an eine Skulptur, deren Finanzierung jedoch unmöglich schien. Daraus entstand das Konzept eines Turmbauwerks, dessen erste Skizze in revolutionär anmutender Gestalt auf das Jahr 1967 datiert. Die Verwirklichung des zeitweilig als Abschreibungsprojekt finanzierten und als ganzheitlich Inneres und Äußeres in Einklang bringenden Vorhabens ist eine langwierige eigene Geschichte. Der *Bierpinsel* genannte gastronomische Treffpunkt war ursprünglich in einem volltönenden Rot gehalten. Er eröffnete im Oktober 1976 und erwies sich bis weit in die 1980er-Jahre als Publikumsmagnet. Im Grunde entspricht die Geschichte dieses Baues bereits dem spannungsreichen Verhältnis beider zum ICC und seiner Geschichte. Es ist die Geschichte eines Aufbruchs in eine moderne, fantasievolle, aber zweckgerichtete und dem technischen Zeitalter angemessene, dabei einzigartige und eigenwillige Baugestaltung, die langfristig unverstanden bleibt und von Bauherren und Finanziers zum Schmerz der Urheber missachtet wird.

Ralf Schülers Geschichte mit dem ICC geht, verbunden mit dem Funkturm, auf das Jahr 1937 zurück. Da stand er an der Hand seines Vaters vom damaligen S-Bahnhof Witzleben, heute Messe-Nord/ICC, kommend, staunend am Rand des großen Platzes, der einst Vorplatz des Kongressbaues werden sollte, und betrachtete den ihm riesenhaft erscheinenden Turm. Hinauf wollte er da, doch der Vater kaufte einen Bastelbogen, bei dem man die ausgestanzten Füllungen der Nachbildung des Stahlgerüstes herausdrückte und der nach dem Zusammenbauen fast so groß war wie der Junge selber. Als er und seine Frau 50 Jahre später, 1987 zur 750-Jahr-Feier Berlins, den Platz umgestalteten, setzte Schüler in die Klinkerbrüstung zum Graben der Stadtautobahn hin eine Klinkersäule an die Stelle, an der er mit seinem Vater gestanden hatte: „Niemand wusste von der heimlichen Bedeutung dieser Säule, die als eine Art Entrée zum Vorplatz deklariert wurde.“ Der Bauplatz des ICC hat in seiner Gestalt eine spezifische Bedeutung für die Architektur des Bauwerks. Bevor die Bauleute mit dem Aushub begannen, war dort ein großer, weiter Parkplatz, der sich den Messedamm entlang zog, abgegrenzt mit einer kleinen Hecke. Der Messedamm wurde vor dem Baubeginn 30 Meter Richtung Messegelände verschwenkt, um den Bauplatz zu vergrößern. Auf dem Platz hatte eine große Tankstelle mit einem kreisrunden Grundriss gestanden, unter deren Dach sich an einer Seite die Zapfsäulen befanden. Als die Tankstelle verschwand, war es eine in Weiß und Blau gehaltene *Aral*, aber zuvor gehörte sie zur *Gasolin* mit den Farben Rot und Weiß. Auf dem großen Platz standen ordentlich aufgereiht die Fernlaster, die im Transitverkehr West-Berlin versorgten. Pächter war ein aus süddeutscher Familie stammender Spätheimkehrer namens Werner Eimer.

Die gemeinsame Geschichte von Ralf Schüler und Ursulina Witte mit dem ICC beginnt im Spätsommer 1965. Schüler wohnt in der Lagardestraße in Zehlendorf, hat inzwischen die Zeichenmaschine, das wichtigste Arbeitsgerät des Architekten, in der Wohnung. Sie beteiligen sich am Wettbewerb für den Bau mehrerer neuer Messehallen zur Schließung des Rings der vorhandenen Hallen sowie eines Kongressgebäudes auf dem Richtung Grunewald gelegenen Areal an

Der künftige Bauplatz des ICC mit der kreisrunden Tankstelle: Blick 1959 vom Funkturm auf die Kreuzung Masurenallee/ Neue Kantstraße/ Messedamm.

der Jafféstraße. Schüler entwickelt einen neuen Hallentyp, plante bei Bedarf zu spannende farbige Segel, die Marktatmosphäre schaffen sollten, und einen Kongressbau, der viele verschiedene Raumkombinationen zuließ. Zum Schluss wurde es für die beiden Angestellten von Hermkes, die wieder im Urlaub Entwurf und Modell erarbeitet hatten, terminlich eng:

Wir stellten also unsere Arbeit fertig und gaben sie, das Modell auf dem Dach unseres 2 CV transportierend, am 30. September 1965 um 10 Minuten vor Mitternacht – also zehn Minuten vor Fristablauf – beim Pförtner der Berliner Ausstellungen ab: die Geburtsstunde des ICC Berlin. Auf den Tag genau zwölf Jahre später wurde das Richtfest für das ICC gefeiert.

Am Abend des 4. April 1966 brachte der Bote der Post das Telegramm mit der Nachricht, dass sie den ersten Preis gewonnen hatten. Der Jurypräsident und Berliner Professor Werner Düttmann, einer der maßgeblichen bauausführenden Architekten der Kongresshalle im

Tiergarten, war von der Professionalität der Newcomer so beeindruckt, dass er hinter dem Entwurf ein renommiertes internationales Büro vermutete. Die Sache verpuffte, weil kein Geld für die Verwirklichung da war. Aber die einflussreiche Chefin des Berliner Verkehrsamtes, Ilse Wolff, machte Druck, weil die Kongresshalle mit ihren 1200 Plätzen nicht mehr genügte, um der Nachfrage nach Tagungen und Kongressen nachzukommen. Im Januar 1969 war es wieder ein Gespräch mit Senator Schwedler, bei dem sie erfuhren, dass ein Bau nach dem Entwurf von Schüler und Witte gewünscht war, aber das Kongresszentrum solle nicht irgendwo in der „Pampa" gebaut

Mit dem Brückenbau auf das bisherige Messegelände: der Kolossalbau ICC von der Messedamm-Seite im Jahr 1979.

werden, wo es „kein Mensch wahrnehmen würde“, sondern an einer Stelle, wo es ständig sichtbar sein würde. Beide bekamen den Auftrag, die Standorte zu prüfen. Heraus kam am Ende eines langwierigen Prozesses der am meisten problembelastete Bauplatz:

Dieser in vielerlei Hinsicht ungünstige Standort war weitaus zu schmal, um dort den Wettbewerbsentwurf – selbst in abgewandelter Form – errichten zu können. Auch war er vom Verkehrslärm stark belastet, insbesondere durch die Schwerlasttransporte auf dem Messedamm und die Erz-Züge auf der Bahntrasse neben der Stadtautobahn. Zudem gab es kaum Raum auf dem Grundstück für einen Vorplatz in angemessener Größe und ebenfalls keinen ausreichenden Platz zur Aufnahme des Individualverkehrs und der Taxen sowie der Zubringerbusse auf Straßenniveau.

Das Konzept des ICC trägt den Anforderungen dieses Bauplatzes Rechnung, indem es eine völlig neuartige Form von Kongressbau zugrunde legt. Die rund 80 verschiedenen Räume, in denen, wie vom Senat gewünscht, nahezu jede Art von Veranstaltung durchgeführt werden kann, stapelt diese Funktionen in die Höhe, weil es in der Fläche nicht möglich ist. Um die für einen Kommunikationsbau erforderliche Schallisolation herbeizuführen, ist das Gebäude als Haus-im-Haus-Konstruktion entworfen. Im Aufbau sind schallisolierende Schotten vorgesehen. Lagerungen von tragenden Bauteilen sind durch neuartige Neoprenlager gedämpft, die Schallübertragung verhindern. Die Vorfahrt von Fahrzeugen erfolgt unterirdisch unter dem Vorplatz. Das zur Aufnahme der Baulogistik zuerst gebaute Parkhaus ist auch von der Stadtautobahn her erschlossen und hat Raum für 650 Fahrzeuge. Nicht gebaut wurde das im Entwurf vorgesehene Hotel, was ein wesentlicher Nachteil für die Wirtschaftlichkeit des durch eine über mehrere Etagen geführte Brücke fußläufig mit dem eigentlichen Messegelände verbundenen Gebäudes war. Die Beschlussfassung des Senats setzte erklärtermaßen voraus, dass das ICC zum Betrieb eine fortdauernde Subventionierung benötigte, die jedoch durch die vom Kongress- und Veranstaltungsbetrieb generierten Einnahmen in der Stadt kompensiert werden würde. In Vorbereitung der Entwürfe für den Bauplatz machte das nach wie vor unverheiratete Paar zahlreiche Reisen zu vergleichbaren Bauten. Eine dieser Reisen führte sie 1970 nach Moskau, wo sie, streng beaufsichtigt von einer alten Dame auf dem Hotelflur, in getrennten Zimmern nächtigten. Sie waren von der Größenordnung eines Saals für 5000 Menschen beunruhigt. Die befürchtete Anonymität des einzelnen Besuchers und die Problematik der raschen Entleerung des Raumes im Falle einer Gefahr waren zwei der besorgniserregenden Faktoren. Der große Kreml-Saal fasste sogar 6000 Personen, wirkte der Anonymität durch Aufteilung der Sitzbereiche in rangähnliche Tribünen entgegen und sicherte durch breite Gänge eine staufreie Entleerung: „Wir haben uns später von der Architektur dieses großen Kreml-Saals beim Entwurf des 5000er-Saals im Berliner Kongresszentrum inspirieren lassen."

Das ICC verfügte über die zweitgrößte Bühnenanlage in Europa. Es wird verbunden mit Begriffen wie „Technik- oder Zukunftsgläubigkeit", „Raumschiff- oder Weltraumarchitektur" oder „High-Tech-Architektur". Das trifft nicht die Intention der Architekten. Verglichen wird das ICC mit dem Centre Pompidou, das Richard Rogers und Renzo Piano für Paris entworfen haben. Seine Witwe zitiert Ralf Schüler mit seiner Antwort auf die Frage, was ihn an den von ihm gesammelten Dampfmaschinen so fasziniert: „Das sind alles schöne Dinge, Skulpturen, Kunstwerke, die haben keine Spekulation auf Formen. Sie sind gemacht, wie sie werden wollten, um das zu sein, was sie sind." Dieses Denken entspricht der für das 20. Jahrhundert vom Bauhaus entwickelten, jetzt neu formulierten Formel *form follows function*. Schülers architektonische Maxime lautet: „Die Dinge so werden zu lassen, wie sie werden würden, könnten sie selbst werden, wie sie sein möchten." Der Bau ist, darin liegt das Verdienst seiner Schöpfer, als ganzheitliches Gebilde entworfen, bei dem Form und Funktion, Außen und Innen aufeinander bezogen sind. Jedes Detail ist ins Gesamte einbezogen. Die Kunst am Bau ist nicht aufgesetzt, nicht Beigabe. Das Lichtleitsystem, die eine Seite blau, die andere rot, ist selbst schon ein Kunstwerk, das mit einem zentralen Lichtkunstwerk verschmolzen ist. Die Gastronomie ist nach den Arten des Reisens thematisch gestaltet. Kongressgäste aus aller Welt, für die das ICC entworfen ist, sind immer auch Reisende. Für das an der Stirnseite gelegene Restaurant *Pullman* hat Ursulina Schüler-Witte in Paris Mobiliar und Gegenstände bei der renommierten alten Schlafwagen-Compagnie *Wagons-Lits* gekauft. Was beim *Bierpinsel* nicht gelingt, schaffen sie beim ICC, sie gestalten im Detail bis hin zu den Speisekarten die Inneneinrichtung der Gastronomie und sind damit bis kurz vor der Eröffnung beschäftigt. Auch die Geschichte um die von den Berlinern missbilligte Skulptur des Künstlers Jean Ipoustéguy auf dem Vorplatz ist eine eigene Geschichte Berliner Missratens.

Das Ehepaar Schüler-Witte hat noch viel vor allem in Berlin gebaut. Von ihnen stammen auch die beiden Denkmale für die 1919 ermordeten Kommunisten Rosa Luxemburg auf der Lichtensteinbrücke und Karl Liebknecht am Neuen See im Tiergarten. Sie wurden im Oktober 1987, im Jahr der 750-Jahr-Feier, übergeben. Die Einweihung feierten Schüler-Wittes im November 1987, zu dieser Zeit ungewöhnlich, so „gesamtdeutsch" wie die Denkmale selber. Die Holzgussformen waren bei *Dove und Mintel* in West-Berlin entstanden, die Lettern hatte der *VEB Kunstguß* in Lauchhammer gefertigt, der alten preußischen Gießerei, die schon Karl Friedrich Schinkels Stahlmöbel hergestellt hatte. Auch deren Vertreter waren im ICC dabei. Die Kosten übernahm das Paar selber. Dieses ICC, tief im Westen der geteilten Stadt, ist am 30. April 1987 Schauplatz des feierlichen Auftakts der stadthistorisch und als kulturelles Großereignis für das Jahrzehnt bedeutsamen 750-Jahr-Feier des Westteils. Im Vorfeld hatte es im Hintergrund Bemühungen gegeben, den SED-Generalsekretär zur Eröffnung ins ICC zu holen. Aber daraus wurde am Ende doch nichts.

Entwurf und Spende engagierter Berliner Architekten: Das Denkmal für Rosa Luxemburg an der Lichtensteinbrücke am Landwehrkanal stammt vom Ehepaar Schüler-Witte.

B-IA 750
Einigkeit und Recht auf künstlerische Freiheit!
Einigkeit und Recht auf künstlerische Freiheit!

Detlef Stronk – Hinter den Kulissen der 750-Jahr-Feiern

Ost/West bei der 750-Jahr-Feier Berlins 1987? Der Beton-Trabant auf dem Rathenauplatz war Bürgerprotest gegen Wolf Vostells im Hintergrund sichtbare autokritische Skulptur *Zwei Beton-Cadillacs in Form der Nackten Maja.*

B*ERLIN, DANN FREUE DICH!* Das war die letzte Zeile des Liedes zur Eröffnung der West-Berliner Feier zum 750-jährigen Bestehen Berlins, das am 30. April 1987 von 750 Chorsängerinnen und -sängern im ICC gesungen worden war. Wilfried Rott erzählt in seiner West-Berliner Geschichte *Die Insel*, dass der Text gar nicht zu verstehen war, weil die zehn Orchester, die musizierten, den Gesang übertönten. Der Regierende Bürgermeister Eberhard Diepgen sprach, sein inzwischen als Bundespräsident amtierender Vorgänger im Rathaus Schöneberg, Richard von Weizsäcker, und Bundeskanzler Helmut Kohl hielten ebenfalls Reden. Ost-Berlin protestierte, weil ihm die Massierung zweier bundesdeutscher Verfassungsorgane, zudem noch christdemokratischer, zu viel der Präsenz des Bundes in West-Berlin war, das diesem Bund nur in kompliziert beschränkter Weise zugehörig sein durfte. Überdies behagte Ost-Berlin nicht, dass von Frieden, Freiheit und Einheit der mauergeteilten Stadt geredet worden war, insbesondere von Diepgen. Die doppelte Feierlichkeit war in der doppelten Stadt von den alltäglichen ost-westlichen Statusdebatten begleitet, aber sie brachte über Status und Mauer hinweg dennoch erstaunliche Begegnungen und Entwicklungen zuwege. Die Oberfläche der rauschenden, vielfältigen, kostenträchtigen Feierlichkeiten bekräftigte die bestehenden Gegensätze und erweckte den Anschein berlinpolitischen *Stillstands*. Aber sie verbarg einen gesamtberliner Untergrund, in dem als Vorspiel zum Jubiläum Kulturpolitik zum Vehikel statuspolitischen Auslotens eventueller Fortschritte wurde.

Detlef Stronk war beileibe kein Kulturpolitiker. Aber als Chef der Senatskanzlei im Schöneberger Rathaus Eberhard Diepgens machte er in enger und ständiger Abstimmung mit seinem Chef trotzdem Kulturpolitik, präziser formuliert, machte er Politik mit der Kultur. Stronk hat 2009 einen Band über *Berlin in den achtziger Jahren* veröffentlicht, und er sah sich und die Stadt laut Untertitel *Im Brennpunkt der deutsch-deutschen Geschichte*. Er kam, angefangen mit dem Amt als jüngster deutscher Wirtschaftsstaatssekretär, in West-Berlin als Mithandelnder in den Brennpunkt, präziser formuliert, berlinisch-berlinischer Geschichte. *Fast ein Berliner* sei er, berichtet er. Geboren ist er am 17. Januar 1945 auf dem Gut in Alt-Sellin bei Greifenberg, heute Gryfice. Das ist 80 Kilometer östlich von Stettin. Seine im siebenten Monat schwangere Mutter hatte mit einem der letzten Züge das zer-

Nahm Detlef Stronk 1981 aus Bonn mit nach West-Berlin: Elmar Pieroth (l.), zunächst Wirtschaftssenator, mit seinem Bruder Kuno 1970 auf dem Weingut der Familie.

bombte und bald umkämpfte Berlin Richtung Osten verlassen, um ihren Sohn zur Welt zu bringen. Der Vater, Kompaniechef, war nach seiner Verwundung vor Warschau beinamputiert, lag im Lazarett im Zoo-Bunker. Die Nachricht von der Geburt kam, in Hinterpommern rückte die Rote Armee näher, er schmuggelte sich aus dem Lazarett, fuhr mit seinem Fahrer in einem kleinen Wehrmachts-Lastwagen eben noch über die Oder, barg binnen 24 Stunden Frau und Kind und 16 weitere Personen und brachte sie über den Fluss zurück nach Westen. Die Flucht der Familie Stronk endete in Bayern, wo Detlef erst in Schliersee, dann in Lohhof bei München aufwuchs, gut zehn Kilometer entfernt vom Konzentrationslager Dachau. *Sau-Preiß* titulierten ihn die dort geborenen beiden Schwestern. Sein Werdegang ist bürgerlich zielstrebig, angepasst. 1964 machte er am Wittelsbacher Gymnasium in München Abitur. Er absolvierte den Wehrdienst in Bad Reichenhall bei den Gebirgsjägern. „Ich war ein recht begabter Klassik-Klavierspieler", erzählt Stronk heute, habe in der Stube mit zwölf Rekruten im Radio Klassik eingestellt, aber sofort gesagt bekommen: „Solch an Scheiß mög ma net." Rückblickend stellt er fest, dass die Begegnung mit dieser Lebenswirklichkeit für ihn wichtig gewesen ist. Dann Studium der Politik und der Rechtswissenschaften, er promoviert. Das *Revolte*-Jahr 1968 ist das Jahr seines Eintritts in die CDU, er kommt an die Bundesspitze des *Rings Christlich-Demokratischer Studenten*. 1976 wird er Wissenschaftlicher Mitarbeiter des Bundestagsabgeordneten Elmar Pieroth aus Bad Kreuznach, der als Kaufmann mit seinem Bruder die Direktvermarktung von Wein eingeführt hatte und zu den ideenreichen, sozial engagierten Bonner Unionspolitikern zählte. Ihn hatte von Weizsäcker gefragt, ob er als Teil seiner Mannschaft nach West-Berlin käme. Pieroth ging, und mit ihm ging Stronk: „Für mich war Berlin nach wie vor ein Vorposten der Freiheit, eine nationale Aufgabe." Die Kinder wedelten bald mit Berlin-Fähnchen durch die Wohnung in Birlinghoven bei Bonn. Am 18. Januar 1981 war der erste Tag in Berlin, Stronks ziehen nach Zehlendorf, vor allem wegen der Kinder, weil es die Familie an die Vororte der Bundeshauptstadt erinnerte. Fünf Tage später wurde der Sozialdemokrat und ehemalige Münchner Oberbürgermeister Hans-Jochen Vogel zum Regierenden gewählt. Es war die Zeit der Politiker-Importe. In der Vorstellungs-Pressekonferenz des Kandidaten für das Amt des Wirtschaftssenators wurde Pieroth gefragt, ob er denn Berliner sei, und er konnte prompt den grünen *behelfsmäßigen* Personalausweis der West-Berliner hochhalten: „Seit zehn Uhr bin ich Berliner." Nach der Wahl von Weizsäckers zum Regierenden am 11. Juni 1981 wird Pieroth Senator für Wirtschaft und Verkehr, Stronk sein *Senatsdirektor*. In der nächsten Legislaturperiode wird dieser Titel durch *Staatssekretär* abgelöst. Stronk ist 36 Jahre alt. Er ist der Mann hinter Pieroth, setzt für die Berlin-Werbung auf den Slogan *Berlin tut gut*. Im Amt erlebt Stronk von Weizsäckers Abgang, das Ringen um die Nachfolge, das der bisherige CDU-Fraktionsvorsitzende, gebürtige Pankower und kurzzeitige FU-AStA-Vorsitzende Diepgen gegen die populäre Bildungssenatorin und FU-Gründungsstudentin Hanna-Renate Laurien gewinnt. Der Anstoß kam von Pieroth, viele aus der Berliner Unionsführung sprachen sich für Stronk aus, im Gespräch sagt ihm Diepgen, er sei nicht sicher, ob er der richtige Senatskanzleichef wäre, weil er unerfahren in Berlin- und Deutschlandpolitik sei. Diepgen entscheidet sich nicht und lässt Stronk warten:

Am 26. März 1985 rief er mich nachmittags an. Er las, lauthals lachend, einen Brief des Polit-Clowns Kunzelmann an ihn vor, der auf unseren Wahlkampfslogan anspielte: „Wo Diepgen denn Berlin gefunden habe, das angeblich wieder da sei.“ Dann begann er über die Senatsbildung zu sprechen, was jetzt zu tun sei, und erteilte mir eine Reihe von Aufträgen. Nach kurzer Zeit wurde mir klar, dass dies Aufträge waren, die nur ein CdS erledigen darf.

Seinen unmittelbaren Vorgänger als *Chef der Senatskanzlei* Hansjürgen Schierbaum hatte Diepgen von von Weizsäcker übernommen. Schierbaum war aus dem innerdeutschen Ministerium gekommen, war Fachmann fürs Deutsch-Deutsche und hatte in geheimen Verhandlungen das Treffen des Regierenden mit dem Staatsratsvorsitzenden und SED-Chef arrangiert. Stronk wusste um die großen Schuhe seines Vorgängers: „Das Treffen v. Weizsäckers als ‚deutscher Politiker‘ mit Erich Honecker wurde so geschickt als politischer Erfolg vermarktet, dass die statusrechtlichen Probleme dahinter verblassten.“ Hieran knüpfte Stronk an, als es um die Vorbereitung der doppelten 750-Jahr-Feier 1987 ging. Dabei stimmte sich Stronk permanent mit Bonn ab, und zwar mit dem damaligen Chef des Bundeskanzleramts im Range eines Bundesministers und späteren Berliner Ehrenbürger Wolfgang Schäuble. Und es gibt noch eine Vorgeschichte: Unter Vogel war es in dessen kurzer Amtszeit zu „Aktivitäten auf der Schiene Bundesrepublik–Ost-Berlin über die Ständige Vertretung“ gekommen. Das sagte der ehemalige Regierende im November 1994 dem Journalisten Reinhard Appel. Vogel zum von ihm bewerkstelligten Austausch von Kulturgütern:

Es gab von meiner Seite die Rückgabe der Skulpturen von der Schloßbrücke, und im Gegenzug die Rückgabe des Archivs der Königlichen Porzellanmanufaktur. Das war schon ein bemerkenswerter Vorgang, zumal ja die Schloßbrücken-Figuren für jedermann sichtbar waren.

Der Senatskanzleichef war im Berlin des Vier-Mächte-Status zuständig für den Kontakt zu den Westalliierten, deren Verbindungsoffizieren im Rathaus er wöchentlich berichtete. Monatlich begleitete er den Regierenden bei den Treffen mit den drei Stadtkommandanten. Jährlich reiste der Regierende in die Hauptstädte der drei Schutzmächte USA, Großbritannien und Frankreich. Zentrale Aufgabe Stronks wurde neben diesen und den anderen Routinen des obersten Staatssekretärs in der Landesregierung rasch das Ausloten etwaiger Gemeinsamkeiten beider Stadthälften beim Kulturthema 750-Jahr-Feier. Im Raume stand dabei vor allem der Gedanke, dass Diepgen und Honecker gegenseitig an den Feierlichkeiten in der anderen Stadthälfte teilnehmen könnten. Über Stronks vom Vorgänger übernommenen Persönlichen Referenten Hans-Rudolf Zschernack meldete sich Manfred Stolpe. Der Konsistorialpräsident war zugleich stellvertretender Vorsitzender des Bundes der Evangelischen Kirchen der DDR, fungierte als Kirchendiplomat und betrieb in diesem Jahrzehnt den Wiederaufbau des Berliner Doms in Ost-Berlin. Diepgen, Pieroth und Stronk besuchen daraufhin Stolpe in dessen Haus in Potsdam. Die

Schräg gegenüber vom Berliner Rathaus, Molkenmarkt 1–3: Dort residierte Detlef Stronks DDR-Verhandlungspartner Kurt Löffler im Ost-Berliner Ministerium für Kultur (r.).

Gäste werden von der Staatssicherheit fotografiert. Der nachmalige Ministerpräsident von Brandenburg Stolpe fungierte als inoffizieller Mittelsmann zwischen Senat und DDR-Führung. Seine Botschaft war, dass Honecker Diepgen auf der Leipziger Messe treffen werde: „Und eine ‚Stronk'sche Verhandlungsführung' bei den Gesprächen zur 750-Jahr-Feier mit DDR-Staatssekretär Löffler werde ‚anerkannt'." Stronks Pendant Kurt Löffler war mit Bedacht ausgewählt. Der Funktionär war Diplom-Wirtschaftler, hatte das Amt eines Prorektors an der Musik-Hochschule *Franz Liszt* in Weimar bekleidet, war stellvertretender Abteilungsleiter Kultur im ZK, verfügte aber auch über Erfahrungen bei Großereignissen. 1973 leitete er die Staatliche Kommission Kultur zur Vorbereitung der *X. Weltfestspiele der Jugend und Studenten* in Ost-Berlin, und von 1980 bis 1983 war er Sekretär des *Staatlichen Martin-Luther-Komitees der DDR*. Stronk sollte versuchen, Diepgens politischen Handlungsspielraum gegenüber Bund und Alliierten zu erweitern und seine Präsenz im Ostteil zu intensivieren, um ihm dazu zu verhelfen, als Regierender Bürgermeister von ganz Berlin aufzutreten. Es schien absurd, den Mauerbauer von 1961 Honecker zur Eröffnung der Feierlichkeiten in West-Berlin zu empfangen, ihn neben die alliierten Stadtkommandanten, den Kanzler und den Bundespräsidenten ins ICC zu platzieren. Stronk sollte trotzdem versuchen, das Undenkbare Wirklichkeit werden zu lassen. Hervorzuheben ist dabei, dass nicht der Magistrat von Berlin, *Hauptstadt der DDR*, Partner des Senats war, sondern dass seitens des Ostens die Ebene darüber das Heft in der Hand hielt, die DDR-Regierung. Der Fallstrick lag darin, dass aus Westsicht dadurch nicht der *Drei-Staaten-Theorie* Vorschub geleistet werden durfte, die aus SED-Sicht West-Berlin als *selbstständige politische Einheit* behandeln wollte. Die Lösung? Es wurden für die Verhandlungspartner spezielle Titel geschaffen: „Staatssekretär Löffler vom Kulturministerium der DDR hieß ‚Stellvertreter und Sekretär des Vorsitzenden des Komitees der DDR zum 750-jährigen Bestehen Berlins' (Vorsitzender Honecker) und ich hieß ‚Stellvertretender Leiter des Arbeitskreises zur Koordinierung der 750-Jahr-Feier Berlins 1987' (Vorsitzender Diepgen)." Es beginnt ein kultur- und statuspolitischer Austausch, dessen bloße Existenz noch kurz zuvor unmöglich schien. Hans-Jochen Vogel sagte 1994, dass in seiner Amtszeit die Begegnung von Regierendem und Staatsratsvorsitzendem noch nicht an der Zeit gewesen sei. Nun scheint es rasend voranzugehen, beide Seiten sind initiativ, aber das Ergebnis ist doch wieder ein *Stillstand*. Das Protokoll von Stronks Verhandlungen mit Löffler ähnelt einem gemeinsamen kulturellen Spaziergang durch die gemeinsame Stadt.

FREITAG, 24. MAI 1985: Die Sonne scheint. Die Kontrolle am Grenzübergang Invalidenstraße ist problemlos. Hinter der Schranke wartet eine ältere Dame, Löfflers Assistentin. In der Türe des Gästehauses in Pankow der Staatssekretär, groß, etwas füllig, Mitte fünfzig, volles silbernes Haar, notiert Stronk. Löfflers Begrüßung: „Willkommen, Doktor Stronk. Jetzt wo ich Sie sehe, bin ich sicher, mit Ihnen wird es gehen." Löffler redet von gemeinsamer deutscher Geschichte, von Johann Wolfgang von Goethe, Friedrich Schiller, dass er von Erfurt aus geholfen habe, Weimar, die Wartburg zu restaurieren. Stronk hält den Hinblick auf Berlin fest. Der Wiederaufbau des Berliner Zentrums zeige die Lebendigkeit deutscher Tradition. Stronk stimmt zu, erwidert, wie störend die Mauer für die Jubiläumsfeier sei. Löffler bekräftigt, die Grenzsicherung sei DDR-Angelegenheit, deutet aber an, das *Bauwerk* störe ihn auch, es solle westlicherseits nicht *hochgespielt* werden. Nach dem Kaffee die Einladung an Stronk nach Weimar, Dresden, auf die Wartburg oder ins Konzerthaus. Stronk reagiert nicht darauf. Löffler berichtet von den Luther-Festivitäten. Stronk sagt, Löffler hätte auch gut Bischof werden können. Löffler: „Jetzt gehen Sie aber zu weit."

FREITAG, 28. JUNI 1985: Gegenbesuch im Senatsgästehaus Menzelstraße in Grunewald. West-Berlin ist bereit, das Original des Schiller-Denkmals vom Gendarmenmarkt, derzeit *Platz der Akademie*, im Tausch gegen das Humboldt-Archiv zurückzugeben. Es hatte am Lietzensee gestanden, im Westteil ist eine Kopie gefertigt worden. Im Zuge der DDR-Preußen-Besinnung war am 30. November 1980 das restaurierte Reiterstandbild Friedrichs des Zweiten, oft *der Große*, sechs Meter vom ursprünglichen Standort wieder aufgestellt worden. Nach dem offiziellen Gespräch Besuch im 1981 mit einer Schinkel-Ausstellung wiedereröffneten Martin-Gropius-Bau, ehemals Kunstgewerbemuseum. Die chinesische Kunst der Schau *Schätze aus dem verlorenen Palast* beeindruckt Löffler. Er möchte danach nicht zum Areal des benachbarten Gestapo-Sitzes: „Ich will das andere Schand-Bauwerk nicht sehen." Er meint die Mauer. Auf der Fahrt zum Übergang Invalidenstraße: „Dort ist ja der Reichstag, ach der Reichstag."

Die folgenden Treffen waren immer mit einem solchen Besuch verbunden. Stronk: „Wir wollten über die Verhandlungsrituale hinaus dem anderen etwas Kennzeichnendes für den jeweiligen Teil der Stadt näher bringen." Löffler führte den Partner durch das *Museum für deutsche Geschichte* im barocken Zeughaus Unter den Linden. In West-Berlin sollte dann im Zuge der 750-Jahr-Feier am 28. Oktober 1987 als

Schiller-Denkmal vor dem Konzerthaus am Gendarmenmarkt: Seine Bestandteile wurden dank des Abkommens vom 6. Mai 1986 aus Ost- und West-Berlin zusammengefügt, und es konnte zur 750-Jahr-Feier wieder aufgestellt werden.

Gegenstück das *Deutsche Historische Museum* zunächst im Reichstagsgebäude gegründet werden. Diese von Bundeskanzler Kohl vehement unterstützte Idee des Regierenden von Weizsäcker entstand aufgrund des großen Zuspruchs zur Ausstellung *Preußen – Versuch einer Bilanz* 1981 im Martin-Gropius-Bau. Der Mauerfall torpedierte die Planungen, zuletzt war ein Standort im Spreebogen im Gespräch, das *DHM* bezog das Zeughaus.

MONTAG, 16. MÄRZ 1986: Diepgen und Pieroth treffen auf der Leipziger Messe u. a. Honecker und dessen Wirtschaftsexperten Günter Mittag. Thema ist der „Austausch von Kulturgütern“.

MITTWOCH, 19. MÄRZ 1986: Wie zwischen Stronk und Löffler verabredet, wird das Original von Reinhold Begas' Schiller-Denkmal für den Platz der Akademie übergeben, es wird im Zuge der Feiern zum Stadtjubiläum aufgestellt. West-Berlin erhielt 29 Reliefbilder von Peter Echtler für den Teesalon des Schlösschens auf der Pfaueninsel und laut Protokoll das Original von Alexander Calandrellis Nymphenfigur. Es stellte sich heraus, dass es eine Kopie war; Stronk fand erst nach der Wende heraus, dass es gar kein Original der Arbeit des Berliner Bildhauers italienischer Herkunft mehr gegeben hatte.

FREITAG, 26. SEPTEMBER 1986: Referent Zschernack hatte schon zuvor über seine Kanäle warnende Signale empfangen. An diesem Tag wurde ihm und Stronk klar, worum es ging. Denn auf der zweiten Sitzung des Ost-Berliner Festkomitees kündigte Honecker an, international zum Eröffnungs-Festakt der 750-Jahr-Feier in seine Hauptstadt einzuladen. Zum 25. Oktober 1987 als Ehrengäste den Regierenden Bürgermeister und den Oppositionsführer einzuladen, sei eine „Selbstverständlichkeit". Mit Löffler war dagegen verabredet worden, solche Aktionen vorher abzustimmen.

MITTWOCH, 8. OKTOBER 1986: Löffler hatte in das im Gebäudekomplex Palais Schwerin und Alte Münze residierende Kulturministerium schräg gegenüber vom Berliner Rathaus geladen. Alle Hinweise darauf, dass es ein Ministerium war, wurden zuvor beseitigt, um von vornherein jedes statusrechtliche Bedenken aus dem Weg zu räumen. Löfflers Büro firmierte als Büro des stellvertretenden Vorsitzenden des Komitees für die 750-Jahr-Feier. Stronk bekam zwei Urkunden. Die Einladung des Staatsratsvorsitzenden an Diepgen zum *Staatsakt der Deutschen Demokratischen Republik aus Anlass des 750-jährigen Bestehens von Berlin* am 25. Oktober 1987, also ein gutes Jahr später. Die zweite Urkunde war eine Einladung von Oberbürgermeister Erhard Krack für den 1. bis 5. Juni 1987 zum *Treffen von Bürgermeistern aus aller Welt* in die *Hauptstadt der DDR*. Die Fußangel: West-Berlin betrachtete den Ostteil nach wie vor als Bestandteil der gemeinsamen Stadt Berlin mit alliiertem Status. Nachdem Stronk erklärt hatte, er müsse erst mit Diepgen reden, wurde klar, dass der nach Honecker zweite Mann Egon Krenz mitgehört hatte. Löffler hob das Telefon ab, nannte dreimal laut den Namen *Genosse Krenz*, um Stronk dann ultimativ zu erklären: „Sie müssen die Einladungen annehmen. Die Pressemeldung ist bereits abgegeben. Die Nachrichtenagenturen melden schon, dass die DDR den Regierenden Bürgermeister zum Staatsakt und zum Oberbürgermeister-Treffen eingeladen hat." Stronk musste entscheiden. Beide Optionen konnten unerwünschte Konsequenzen haben. Die Annahme der Einladungen fand die Billigung Diepgens und der West-Berliner Presse. Als Zeichen, dass er die angewendete Methode missbilligte, nahm Stronk die Urkunden nicht im Ministerium, sondern draußen vor dem Gebäude auf der Straße entgegen.

FREITAG, 13. FEBRUAR 1987: Löffler erschien in Erwartung von Diepgens Gegeneinladung an Honecker im Blockhaus Nikolskoe in Zehlendorf, idyllisch mit Blick auf die Havel und dahinter auf die Umgebung Potsdams im Grunewald gelegen. Stronk war ermächtigt, die Einladung zur Eröffnungsfeier am 30. April zu übergeben, doch er konnte es nicht tun. Der Grund: In der Nacht zum Vortag war um 21.05 Uhr an der Mauer im Süden Berlins geschossen worden, einer der beiden Flüchtlinge war festgenommen worden. Der zweite Mann, der 24 Jahre alte Lutz Schmidt, das wurde erst nach der Wende bekannt, war an der Mauer bei Schönefeld erschossen worden, der vorletzte Mauertote. Löffler sei weiß und rot geworden, war erregt, sagte, er sei über den Zwischenfall nicht informiert worden, erklärte, es handele sich um ein *Störmanöver*. Es gebe viele, die von dem Treffen gewusst hätten und nur Streit wollten. Bei der nachfolgenden Begegnung mit dem für den Häftlingsfreikauf zuständigen Ost-Berliner und Honecker-Emissär Anwalt Wolfgang Vogel im Senatsgästehaus wurde das Risiko benannt, dass ein Besuch des Staatsratsvorsitzenden auch kurzfristig verunmöglicht werden würde, falls an der Mauer kurz vorher geschossen wird.

SONNTAG, 22. FEBRUAR 1987: Diepgen besuchte auf kirchliche Einladung mit seiner Frau Monika und mit Stronk das im Kontext der 750-Jahr-Feier in der Gethsemanekirche in Prenzlauer Berg stattfindende Konzert. Manfred Stolpe informiert vor dem Betreten durch den Haupteingang, dass auch Ost-Berlins Oberbürgermeister Krack käme. Diepgen und Begleitung wurden linksherum auf ihre Plätze geführt. Krack kam kurz darauf, wurde rechtsherum geführt, neben Löffler platziert. Krack und Diepgen saßen rund 15 Meter auseinander. Nach dem Gottesdienst verschwand Krack durch den Seiteneingang, Löffler begrüßte die West-Berliner, bekam deswegen intern Ärger. SPD-Oppositionsführer Walter Momper warf Diepgen vor, er sei *verklemmt* gewesen, weil er Krack nicht begrüßt habe. Laut Stronk habe das kirchliche Protokoll den Händedruck verhindern müssen. Im Oktober dann ignorierte Diepgen das Protokoll, ging in der Marienkirche nahe dem Alexanderplatz auf Krack zu und erntete ein *Guten Tag*. Es war die Abschlussfeier der kirchlichen 750-Jahr-Feier. Das berichtet Diepgen in seinen 2004 unter dem Titel *Zwischen den Mächten* erschienenen Memoiren.

FREITAG, 27. FEBRUAR 1987: Konzentrierte Verhandlungen im besonders gut zum Abhören geeigneten Hotel Johannishof in der Nähe des Bahnhofs Friedrichstraße, mit Löfflers Worten „das Gästehaus des Ministerrats“. Stronk avisiert für die West-Berliner Eröffnungsveranstaltung das Spielen der Nationalhymne der Bundesrepublik. Kein Widerspruch Löfflers. Diepgen kann wegen der Gefahr einer indirekten Anerkennung der Gleichstellung mit Krack dessen Einladung zum Bürgermeistertreffen nicht annehmen. Terminschwierigkeiten werden als Begründung akzeptiert.

DIENSTAG, 10. MÄRZ 1987: Stronk übergibt Löffler in der Menzelstraße die Gegeneinladung zur Eröffnung der Feierlichkeiten am 30. April im ICC. Klar war, dass Kanzler und Präsident reden würden. Löffler fordert ein Grußwort Honeckers. Stronk hat ein Problem mit der Gleichberechtigung der Redner. Im Gegenzug, sagt Löffler, dürfe Diepgen auf dem DDR-Festakt sprechen. Stronk fordert, dass Diepgen vom Ständigen Vertreter der Bundesrepublik begleitet werden darf. Löffler akzeptiert.

MONTAG, 23. MÄRZ 1987: Fortsetzung im Gästehaus in Niederschönhausen. Alle wissen, dass sie abgehört werden. Stronk protestiert wegen Schüssen an der Mauer. Sie würden alles gefährden. Löffler

Abschlussveranstaltung der kirchlichen 750-Jahr-Feier: Der Regierende Bürgermeister Eberhard Diepgen trifft schließlich doch noch den Ost-Berliner Oberbürgermeister Erhard Krack (l.). Manfred Stolpe (M.) steht im Hintergrund.

signalisiert Verständnis, erklärt, die Änderung von Prinzipien dauere. Suche nach einem Kompromiss wegen der Reden. Stronk schlägt vor, dass im ICC Regierender und Kanzler reden, beim Eröffnungsbankett im Schloss Charlottenburg Bundespräsident und Staatsratsvorsitzender. Löffler findet das sensationell. Flaggenordnung und Hymnen bleiben knifflig. Stronk: „Eine Einigung rückt näher."

MONTAG, 13. APRIL 1987: Löffler kam erstmals zu spät, übermittelt Stronk die Absage Honeckers. Ein vertrauliches Schreiben Diepgens an die Ministerpräsidenten der Länder von 1986, also vor den gegenseitigen Einladungen, mit der Bitte, sich beim Besuch des DDR-Staatsakts zurückzuhalten, wurde in der *Berliner Morgenpost* groß aufgemacht. Dies, so Löffler, sei in Ost-Berlin von den meisten als Provokation empfunden worden, dies werde der einzige offizielle Grund sein, „zur Zeit" abzusagen. Ferner gebe es Zweifel, dass das Vierseitige Abkommen voll erfüllt werde, dass die Gleichberechtigung Honeckers und der DDR gewahrt werde, zudem sei noch die geplante Rede von US-Präsident Ronald Reagan am Brandenburger Tor dazugekommen. Die öffentliche Absage folgte. Diepgen erklärte die Einladungsfrage durch den Senatssprecher „für erledigt". Anwalt Vogel sagte Stronk am Telefon, der Staatsratsvorsitzende Erich Honecker habe ihm am Morgen kühl gesagt, die Sowjets hätten die Absage erzwungen. Oppositionsführer Walter Momper sagte ebenfalls ab. Der Sozialdemokrat erklärte nüchtern bremisch: „Man wird doch die Mauer noch Mauer nennen dürfen."

DONNERSTAG, 30. APRIL 1987: Ohne Honecker fand im ICC die Eröffnungsveranstaltung der West-Berliner Feier des Stadtjubiläums statt. Löffler berichtete Stronk später, Honecker habe die Veranstaltung live am Fernseher verfolgt. Diepgens Rede habe ihn beeindruckt. Stronk fragt sich manchmal, ob das Manöver Vorspiel für Honeckers Bonn-Besuch am 7. September 1987 gewesen war. Bezüglich der Gespräche mit West-Berlin genehmigte Honecker die Einstellung aller Kontakte. Aber dies blieb vorläufig und bediente vor allem die sowjetischen Wünsche. Stronk erreichte bei Löffler, dass die Originalurkunden mit der Ersterwähnung der mittelalterlichen Doppelstädte Berlin und Cölln von 1237 aus dem Dom zu Brandenburg in der Eingangshalle des Rathauses Schöneberg ausgestellt wurden. Löffler besuchte Stronk sogar in dessen Amtszimmer, „eine kleine Sensation" nannte das der West-Berliner Staatssekretär, und eine Sensation war erst recht der kurze Pressetermin. Fotos zeigen die beiden Verhandler vor der Vitrine mit den Urkunden im Rathaus Schöneberg. Auch das brachte Löffler zu Hause Ärger. Löffler betrat das Rathaus durch einen Seiteneingang, um nicht die Flagge der Bundesrepublik passieren zu müssen. Löffler wurde schon 1988 als Nachfolger von Klaus Gysi, Vater des SED-Wendepolitikers Gregor Gysi, zum Kirchenstaatssekretär degradiert, seine Rente wurde nach der Wende wegen *Systemnähe* gekürzt. Er verdiente als Türen-Vertreter und am Flughafen Tegel mit dem Einweisen von Bussen und Taxis dazu. Stronk und er entwickelten nach dem Fall der Mauer ein freundschaftliches Verhältnis. Honecker habe es ernst gemeint, habe das Verhältnis mit West-Berlin verbessern wollen, habe sich Löffler damals erinnert. Der Austausch von Kulturgütern sei ein verstecktes Zeichen an die UdSSR gewesen, mit der es einen ernsten Konflikt um u. a. aus den Berliner Gemäldegalerien verschleppte Kulturgüter gegeben habe. Stronk ging nach der von der CDU verlorenen Wahl von 1989 in die Wirtschaft. Eine Station seiner Karriere war das Weinunternehmen der Pieroths.

Die Regie der West-Berliner Feiern von 1987 hatten die *Berliner Festspiele* unter Leitung ihres Intendanten, des Kulturmanagers und Musikers Ulrich Eckhardt. Das Programm und die mit dem Fest verbundenen Ereignisse und Investitionen sind von unübersehbarer Fülle. Am Eröffnungstag und am 1. Mai gaben die Berliner Philharmoniker unter dem Ehrenbürger Herbert von Karajan ein Festkonzert. Auch die älteste Partnerstadt Los Angeles spendierte ein Konzert ihrer Philharmoniker. Ebenfalls am 1. Mai eröffnete die historische Ausstellung *Die Reise nach Berlin* im wieder zugänglich gemachten Hamburger Bahnhof und die Ausstellung des Deutschen Gewerkschaftsbundes über das arbeitende Berlin unter dem Titel *Das halbe Leben*. Dazu gehörte auch der Start der Magnetschwebebahn zwischen Gleisdreieck und Kemperplatz sowie der Skulpturenboulevard auf dem Kurfürstendamm. Heftig umstritten war in der Bevölkerung Wolf Vostells Skulptur *Zwei Beton-Cadillacs in Form der Nackten Maja* auf dem Rathenauplatz am Ende des Kurfürstendamms. Der Künstler betrieb damit die Entlarvung des „24-stündigen Tanzes der Autofahrer ums Goldene Kalb", und er bezog den Titel auf das berühmte Gemälde *Die nackte Maja* von Francisco José de Goya y Lucientes. Eine historische Buslinie, Berlin-Revuen standen im Programm, das in einem 352 Seiten starken Buch mit dem Titel *750 Jahre Berlin. Stadt der Gegenwart* nach ausführlichen historischen und kulturgeschichtlichen Darlegungen abgedruckt war.

In den *Thesen zur 750-Jahr Feier von Berlin* aus Ost-Berlin wurde betont, dass in Berlin die Gründung der Deutschen Demokratischen Republik vollzogen worden sei und dass das ein Wendepunkt der Geschichte „unseres Volkes und Europas“ gewesen sei: „Geprägt durch den Sozialismus [...] wurden die seither verflossenen Jahrzehnte zum wichtigsten Kapitel der 750jährigen Stadtgeschichte.“ Die Autoren des 2020 erschienenen Bandes *Das Rote Rathaus in Berlin* weisen darauf hin, dass Großprojekte wie im Wohnungsbau in Marzahn im Feierjahr eine herausgehobene Rolle spielten, dass das Rote Rathaus rechtzeitig baulich aufgefrischt wurde, dass das nahe gelegene Marx-Engels-Forum zu einer *Weihestätte* der kommunistischen Weltbewegung umgestaltet worden sei. Für die Zeit der Festveranstaltungen zwischen Juli und Oktober habe der Magistrat für ein gutes Angebot an hochwertigen Lebensmitteln und Konsumgütern gesorgt. Oberbürgermeister Krack eröffnete am 28. Oktober 1987 im Großen Saal des Rathauses mit Amtskette und unter dem Staatswappen die zentrale Festveranstaltung. Die Kette ließ sich Krack extra anfertigen; eigentlich hat in Berlin weder Oberbürgermeister noch Regierender

Gegenüber vom Berliner Rathaus auf der Karl-Liebknecht-Straße: Der Ost-Berliner Umzug zur 750-Jahr-Feier fand am 4. Juli 1987 bei Sommerwetter statt.

eine solche Insignie. Sein Rathaus und er selbst als Figur waren am 4. Juli bei Sonnenschein und blauem Himmel beim aufwendigen, fantasievollen und sehr berlinischen Festumzug durch die Innenstadt zu sehen. Volksnähe sollte das suggerieren. Krack saß an der Karl-Liebknecht-Straße auf der Tribüne neben Honecker und seiner Frau, der Volksbildungsministerin Margot Honecker. Die Lautsprecherstimme erläuterte die mit 1237 beginnende Stadtgeschichte, die der Zug in Kostümen der jeweiligen Zeit in marxistisch-leninistischer sowie *antifaschistischer* Interpretation lebensvoll und musikalisch unterlegt darstellte. Als die Darsteller der Konzentrationslager-Häftlinge das Lied von den *Moorsoldaten* anstimmten, zeigte Honecker mit erkennbar betroffenem, ernstem, bewegtem Gesichtsausdruck als Einziger auf der Tribüne stehend die Arbeiterfaust. Ähnlich persönlich reagierte er, der 1961 die Logistik des Mauerbaus gesteuert hatte, als das Brandenburger Tor auf einem Wagen vorbeirollte und die Stimme die davor stehenden vier Kampfgruppen-Angehörigen in Uniform mit Namen nannte, die schon am 13. August 1961 dabei gewesen waren. Das Videomaterial zeigt den Staatsratsvorsitzenden im Mittelpunkt, der Oberbürgermeister ist Staffage. Alle tragen eine Jubiläums-Kokarde. Honecker amüsiert sich sichtlich, nimm rote Nelken von einem kleinen Jungen entgegen, zeigt sie wedelnd hoch, küsst den Knaben, bevor er sich wieder setzt. Die Staatsspitzen instrumentalisieren das Jubiläum in Ost und in West auf ihre je eigene Weise. Berlin schaut auf beiden Seiten der Mauer zurück auf sich selbst, legitimiert sich durch die Selbstbetrachtung im Spiegel der jeweiligen historischen Selbstdarstellung.

Das Festjahr habe mit Erschöpfung, Überdruss geendet, schreibt der West-Berlin-Historiker Wilfried Rott. Er sieht die Ursache dafür in der Unsicherheit der politischen Orientierung, der Zukunft, der Rolle West-Berlins in der internationalen Kräftekonstellation. Gemäkelt und kritisiert habe man in diesem Jahr im Westen der Stadt. Das lag vielleicht an der Überforderung mit Festivitäten. Abgesehen davon, dass Erich Honecker sich, seine DDR und Ost-Berlin auf den 40. Jahrestag der Staatsgründung am 7. Oktober 1989 vorbereitete, war auch in West-Berlin nach dem Fest vor dem Fest. Die West-Stadt war für 1988 zur *Kulturhauptstadt Europas* ausgerufen. Rott resümiert, und vielleicht galt seine Feststellung sogar für die ganze Stadt:

Der rasende Stillstand, den das Jubiläumsjahr offenbarte, verselbständigte sich und begann zum Markenzeichen West-Berlins zu werden.

SCHLUSSBETRACHTUNG

Kulturstadt Berlin in den 1980er-Jahren – Was sich im *Stillstand* bewegt

Nach einem bedeutenden Gespräch,
über welches alle Teilnehmenden nachzudenken haben,
pflegt ein gewisser Stillstand einzutreten,
der einer allgemeinen Verlegenheit ähnlich sieht.

JOHANN WOLFGANG VON GOETHE,
DIE WAHLVERWANDTSCHAFTEN, 7. KAPITEL

NEBEN MENSCHLICHEN ERLEICHTERUNGEN werden Kultur, Kulturzeugnisse, Kulturgüter, deren Austausch im mehr oder weniger verhohlenen gesamtberliner Bewusstsein der Führungen beider Berliner Stadthälften mit Billigung der beiden Regierungen zur Tauschware, um wechselseitig die zerrissenen Bestände wieder zusammenzuführen. Und das nicht nur aus Altruismus und selbstlosem gesamtberliner Bewusstsein, obgleich solche Empfindungen auf beiden Seiten mehr oder weniger deutlich zum Ausdruck gebracht wurden. Auf diesem Feld wird weiter ausgelotet, was unter der Überschrift Entspannung, Realitäten, Normalisierung möglich ist. Gerade die doppelte 750-Jahr-Feier wird dafür das Experimentierfeld. Kultur wird im *Stillstand Aufstand Berlin* zum unverfänglichen Gegenstand von Bemühungen um ein behutsames Ausdehnen des Status quo. Unter Druck wollte man sich dabei nicht setzen lassen. Der West-Berliner S-Bahnstreik vom Anfang des Jahrzehnts war vermutlich in böser Erinnerung, war er doch in stillem Einvernehmen im von Hans-Ulrich Jörges als *grotesk* bezeichneten Bündnis von West und Ost im September 1980 durch die Staatssicherheit zu einem unrühmlichen Ende für die westliche Seite gebracht worden. Für alle, die im Westen davon wussten, muss der Vorgang traumatisierende Folgen gehabt haben. Auf beiden Seiten der Mauer waren immer wieder viele Widerstände zu überwinden, um zueinander und zu wenn auch nur kleinen Fortschritten zu kommen. In diesen 1980er-Jahren begann die Politik, was die

Symbolfigur der alternativen West-Berliner Kulturszene und der UFA-Fabrik der 1980er-Jahre: Hans Josef Becher alias *Juppy* 1982 beim Kinderzirkus auf dem Mariannenplatz in Kreuzberg.

Künstler spätestens in den 1970er-Jahren schon angefangen hatten. Die stets stattfindenden und technisch unvermeidlichen Kontakte auf unspektakulären niederen Arbeitsebenen wurden von West-Berlin aus intensiviert, ausgehend von der geschickt und eigenständig von Richard von Weizsäcker ins Werk gesetzten ersten Begegnung eines Regierenden Bürgermeisters mit dem Staatsratsvorsitzenden der DDR. Unter seinem Nachfolger, dem ehemaligen CDU-Fraktionsvorsitzenden Eberhard Diepgen, wird diese Linie kulminierend mit den Verhandlungen um den vom Regierenden Hans-Jochen Vogel initiierten Austausch von Kulturgütern, der von von Weizsäcker betriebenen Übergabe der in West-Berlin lagernden Bauteile des Ephraim-Palais und mit der Idee eines gegenseitigen Festbesuchs von Regierendem und Staatsratsvorsitzendem in West- und in Ost-Berlin. Detlef Stronk als Chef der Senatskanzlei betreibt dieses Geschäft mit dem DDR-Kulturstaatssekretär Kurt Löffler einige Jahre lang bis 1987. Die Besuche finden am Ende nicht statt. Doch das bloße Stattfinden solcher direkten Gespräche wäre noch bis in den Beginn der 1980er-Jahre unvorstellbar gewesen. Das Nachdenken über die Frage, was aus diesem Beginnen noch hätte entstehen können für das Gesamt-Berlin, wenn die Mauer *nicht* gefallen wäre, ist intellektuell zwar reizvoll, aber kontrafaktisch. Dass es das Feld der Kulturpolitik war, das sich als geeignet erwies, die innerstädtischen Möglichkeiten auszuloten,

Durch die Senatsverhandlungen mit der DDR indirekt vorbereitet? Bundeskanzler Helmut Kohl empfing am 7. September 1987 in Bonn den Staatsratsvorsitzenden Erich Honecker.

die der Status quo beiden deutschen Staaten bot, zeigt ihren Stellenwert. Denn Kulturelles wurde augenscheinlich so geringgeschätzt, dass ausbleibende Ergebnisse oder Scheitern nicht als allzu großes Risiko erschienen. Andererseits erweist sich die verbindende Kraft des Kulturellen im Rahmen der Diplomatie. Es war unvermeidbar, die vier alliierten Mächte miteinzubeziehen, wenn die beiden deutschen Seiten miteinander verhandelten. Wahrscheinlich ist Stronks Vermutung, dass sein Tun ein Vorspiel zum Besuch des um Anerkennung für seinen Staat buhlenden Erich Honecker in der Bundeshauptstadt Bonn gewesen ist. Insofern waren seine Berliner Bemühungen im Kleinen Testlauf für deutschlandpolitische Entwicklungen im Großen, und zwar auf dem Testfeld der Kultur, die davon gleichwohl profitiert hat.

Politik und Kabarett stehen in einem engen Wechselverhältnis. Das Kabarett ist als politische Instanz vor allem eine deutsche und damit Berliner Kulturerscheinung. Das stellt Gaston Salvatore heraus. Er schreibt, den Berliner Wolfgang Neuss vor Augen, über das von ihm als Chilenen geliebte-ungeliebte Deutschland: „Politisches Kabarett – in keinem Land außer diesem hat es das gegeben." Die Bundesrepublik insgesamt sei Neuss' *Zelt* gewesen, und Salvatore nennt das Kabarett neben dem Journalismus, der uns mit dem wiederholten Auftauchen seiner Vertreter im Zeitbild vom *Stillstand Aufstand Berlin* seine gewachsene kulturelle Rolle in diesem Jahrzehnt erwiesen hat, *Künste der Ratlosigkeit*. Salvatore hat sich, schreibt er, auf die Suche „nach kleinen, ratlosen, bundesrepublikanischen Künsten" gemacht, „nach Künsten, die unserer Nachkriegsvorkriegszeit auf den Leib geschrieben sind", und er stößt auf Neuss. Es ist Ausweis des *Stillstands* dieser 1980er-Jahre, wenn der ehemalige Mit-Revolteur Dutschkes über die Nachzeit der *Revolte* feststellt: „Wir stecken alle in ein und demselben stagnierenden Kontinuum, das die deutsche Sprache die Scheiße nennt." Wolfgang Neuss war eine Berliner Figur der 1980er-Jahre, die in diesem Dezennium noch einmal auflebte, sich einer neuen alternativen Kulturszene zugesellte, sie als neues Publikum entdeckte, das seine große durch und durch West-Berliner Vergangenheit in den 1950er- und 1960er-Jahren nicht kannte, in der er große Prominenz genossen hatte. Dieser Werdegang, dieses Aufblühen, dieses Aufwärmen eines mindestens äußerlich zerstörten Genies ist Indiz für jenen *Stillstand*, der eines der Kennzeichen dieses Zeitalters gewesen ist. Der APO-Experte Siegward Lönnendonker sieht umso mehr das Zerschellen von Neuss' Genre, seiner Lebenswelt, seines ganzen Seins an der gewandelten bundesdeutschen Wirklichkeit als Ursache von Neuss' Zerstörung:

Neuss war einer der letzten möglichen Vertreter des politischen Kabaretts, solange Politiker noch so etwas wie Scham empfanden und Angst vor Enthüllungen hatten, besonders, wenn sie lächerlich gemacht werden konnten. Das änderte sich rasch. Und sein Kabarett wurde durch die Realität überholt. Wenn Herr Kohl sagt: ‚Die Mitte ist da, wo ich sitze, das ist doch gar keine Frage', kann Kabarett nur noch als Stimmenimitation auftreten. An dieser Realität ist Neuss zugrunde gegangen.

Wahrscheinlich ist es so gewesen. Jener Helmut Kohl steht für diese Epoche. In der *Leute*-Talkshow hatte Neuss ihn als *Bundesenkel* verspottet, aber nicht als Nachkommen Konrad Adenauers, sondern: „Es ist Heinrich Lübkes Enkel!" Kohl also als Nachkömmling jenes kranken Staatsoberhaupts, das durch seine ungeschickten Sprüche lächerlich geworden war im kollektiven bundesdeutschen Gedächtnis. Den johlenden Zuschauern warf er sogleich scheinempört vor: „Sie sind ja ein boshaftes Publikum!" Auch der Lübke-Hinweis zeugt 1983 davon, dass Neuss' weiter Horizont aus einem Gestern kam, dessen Vergegenwärtigung Wissen voraussetzte, das das neue junge Publikum nicht hatte. Lübke war 1969 zehn Wochen vor dem Ende seiner Amtszeit als Bundespräsident zurückgetreten. Wer wusste um ihn, um die von der Staatssicherheit insinuierte Kampagne als angeblichem *KZ-Baumeister*, um seine Krankheit, um seine auffallende sauerländische Sprache oder seine beherzte, ihn immer wieder rettende Frau Wilhelmine noch wirklich im Jahr 1983? Das Glück und zugleich Schicksal des Genres Kabarett ist, um es zynisch zu sagen, dass die Zeiten wieder schlechter werden können, was sich im politischen Zentrum Deutschlands, in seiner traditionellen Kabarett-Hauptstadt in der Neugeburt von Kabarett anstelle politisierenden Klamauks erweisen könnte. Selbst der späte, zerstörte, unter seinem früheren Niveau agierende Neuss ist dazu ein himmelweiter Kontrast an Pointenreichtum, Witz, Überraschung, Dichte, Beobachtungsgabe. War aber seine, wenn nicht für viele *die* neue politische Hoffnung in Gestalt der West-Berliner Alternativen wirklich ein Zukunftsweg? Oder, nach Neuss' Vorbild, nur eine Daseinsweise, die in ihrer Abschließung, Zurückgezogenheit, Benebelung letztlich die Realität nicht zu ändern vermochte? Verblüffend scheint, dass die der *Revolte* nachgeborene Alternative Liste als Auswuchs, als parlamentarischer Arm, als Erstarrungsform des *Revolte Berlin* der Jahre nach 1968 zeitgleich in Amt und Würden gerät wie die Berliner CDU mit Richard von Weizsäcker an der Spitze. Beides ist Ausweis der Notwendigkeit

Die Alternativen werden staatstragend: Berlins SPD-Chef Walter Momper (r.) begrüßte am 24. Februar 1989 den AL-Politiker Hans-Christian Ströbele zu rot-grünen Koalitionsverhandlungen.

politischen und damit verbunden kulturellen Wandels. Zugleich ist es in der Linken Berlins ein Münden eines Scheiterns im *Stillstand* von Pragmatismus, Parlamentarismus, Professionalismus. Jörg Magenau ordnet die alternative *tageszeitung* deshalb so ein:

In den 80er Jahren ging das Zeitalter der Gesellschaftsutopien zu Ende. Das Zittern, das in das Beben von 1989 mündete, war schon zu spüren, auch wenn es noch nicht zu greifen war. In der taz paradierten noch einmal die verschiedenen Weltverbesserungsphantasien der Linken und der Alternativbewegungen.

Neuss hatte schon früh verstanden, dass es mit dem Weltändern vorbei war, jedenfalls mit seinen Mitteln. Die Alternativen als Bewegung wollten keine *Revolte* mehr. Sie hatten kapituliert, mindestens aus Sicht der Anhänger des Terrorismus und der RAF, die die *taz* besetzten, ihre Leute unter Druck setzten. So mühsam ihr Weg gewesen ist, sie passten sich an die Gesellschaft, die Machtmechanismen, die *taz* an die Marktmechanismen an. Zeitung und Partei haben bis ins 21. Jahrhundert überlebt, gehören in veränderter Gestalt in die Kultur Berlins und des Landes. Die AL ist eine Milieupartei alten Stils gewesen, sie war Ausdruck einer Lebensform, die sich Raum schaffen wollte, anerkannt sein wollte, die aber keine wirkliche Bedrohung des Bestehenden mehr war. Die DDR-Staatssicherheit kam damit nicht klar. Die Zeitung war für sie „antikommunistisch“, sie war ein „Hetzblatt“, hieß es 1986, es fehle „eine klare, definierbare politische Linie“. Kein Wunder, das Milieu schuf sich die eigene Zeitung, die eigene Partei, eigene Ernährungsweise, eigenes Bewusstsein, eigene Betriebe, ein eigenes Berlin. Es kam an auf das eigene, andere Leben. Neuss hatte in seinem Spott dennoch Recht. Die Stadt, die Gesellschaft, das Land verdankten dem alternativen Milieu etwas. Bereicherung der Kultur, Fortentwicklung von Lebensweisen, Bewusstsein für die Umwelt, schließlich eine Veränderung der politischen Koordinaten, auch in Berlin. Der Regierende Bürgermeister Walter Momper regiert mit der AL, als die Mauer am 9. November 1989 fällt. Im Kern hat Jörg Magenau recht. Die Alternativen entpuppen sich über die Jahrzehnte, als sie zum Landesverband von *Bündnis 90/Die Grünen* geworden sind, als Vertreter eines neuen Berliner Bürgertums, der 2023 dem Anschein nach bereit war, mit der alten Repräsentantin des Bürgertums, der CDU Berlins, in Koalitionsverhandlungen einzutreten. Magenau stellt zur kulturellen Dimension der alternativen Rolle für die Stadt diese These auf: „Die Alternativszene hat Berlin in den Jahren der Teilung kulturell am Leben gehalten und nach 1989 maßgeblich zur Wiederbelebung der Stadt beigetragen.“ Der Anfang der „Verbürgerlichung“ dieser Linken beginnt im *Stillstand* der 1980er-Jahre und für manchen Linken ist diese „Verbürgerlichung“ ihrerseits *Stillstand*. Die *taz* setzt sich in diesem Jahrzehnt durch. Sie etabliert sich als kleinste überregionale Zeitung Deutschlands, als damals einzige überregionale Zeitung West-Berlins und als eine der seltenen erfolgreichen Neugründungen einer Tageszeitung. Vielleicht wäre das in Westdeutschland gar nicht mehr möglich gewesen, sondern nur noch im stärksten deutschen Alternativmilieu, in West-Berlin. Was gelingt, ist die Fortschreibung der ehemals großen Berliner Zeitungsgeschichte. Aus Sicht des frühen 21. Jahrhunderts stellt Magenau zum gesellschaftlichen Hintergrund, für den diese Zeitung symptomatisch steht, fest:

> *Das grün-alternative Milieu ist der Beginn eines neuen, moralisch orientierten Bürgertums, das entdeckt, dass zum Linkssein auch bewahrende, konservative Elemente gehören. Das trifft für die Ökologiebewegung ebenso zu wie für die Hausbesetzer, die um den Erhalt der Stadt als eines zivilen Lebensraums kämpften.*

Dieter Kunzelmann war kein Repräsentant eines neuen Bürgertums. Aber er war ein *missing link* zu den Ursprüngen des alternativen Milieus im *Revolte Berlin*. Und er war ein übrig gebliebener und dadurch singulär gewordener Vertreter der aktionistischen politischen *Spaßguerilla*, aufs Ganze seines Tuns betrachtet allerdings mit gar nicht mehr spaßigen Hintergründen. Kunzelmann hat dem Politikbetrieb des *Stillstand Aufstand Berlin* ein absurdes Element hinzugefügt, wie es in künstlerischer Vollendung, ohne Gewalttaten und ohne die damit einhergehende Kriminalisierung Wolfgang Neuss verkörpert hat. Wir begegnen zwei Berliner *Absurdisten*, die auf ihre Weise ins Bild des West-Berlins der 1980er-Jahren gehörten. Auch Tanja Dückers hat ein Auge für die absurden Züge dieser Stadt. Sie bezeugt für die 1970er-Jahre, dass dort „besonders viele orthodoxe Achtundsechziger" lebten: „Oft waren sie extra von Westdeutschland nach Berlin gezogen, um ‚anders' zu leben." In einer Einladung von Kunzelmanns *Kommune I* vom 27. August 1967 zu einem Besuch der rot-chinesischen Botschaft in Ost-Berlin hatte es ganz konkret gestanden: „Einen gültigen westdeutschen Ausweis benötigt Ihr, Berliner gibt es unter uns sowieso nicht." Die nämlich durften mit ihrem grünen *Behelfsmäßigen Personalausweis* nicht einfach so die Sektorengrenze passieren wie die Westdeutschen mit dem grauen Personalausweis. Dückers' aus Münster und dem Rheinland stammende Eltern charakterisiert sie als zurückhaltende Revolteure aus der links-alternativen Lebenswelt, die ihren Kindern das Familiengründen nicht als Glücksinbegriff verkauften, aber: „Die Eltern gehörten dem bürgerlichen Flügel der Achtundsechziger an und wollten nicht alles, aber doch vieles anders machen." Der Anklang an den *Stillstand* Berlins findet sich bei Dückers auch bezogen auf die Gesamtheit der Stadt, doch ganz anders als bei den eher spießig erscheinenden *Polaukes* und *Krawuttkes* Jürgen Engerts in revolteurshafter, längst nicht mehr revolutionswilliger Einkleidung:

> *So konnte man mitten in Berlin, der Stadt, die im Epizentrum der bipolaren Weltordnung lag, ziemlich realitätsvergessen lesen und lümmeln, Gitarre oder Maultrommel spielen und sich, während man Revolution von den Beatles hörte, die Fingernägel hingebungsvoll in Rot und Schwarz lackieren.*

Die West-Berliner verkrochen sich in ihren Höhlen, schreibt Dückers. Sie definiert schon dieses Stadtgebilde selbst als Höhle, und die von ihr verwendete Metaphorik ähnelt dem, was der Journalist und West-Berliner Kurzzeit-Senator Günter Gaus mit seiner Deutung der Lebenswelt der DDR-Deutschen und damit auch der Ost-Berliner mit der Wortschöpfung *Nischengesellschaft* umschrieben hat. Dabei konstatiert die Autorin, dass ihr Berliner Typus „nicht gut gelaunt" sei.

Die Partei, die auch aus der Hausbesetzer-Bewegung entstand: Ladenbüro der Alternativen Liste in einem besetzten Haus in der Winterfeldtstraße in Schöneberg 1981.

Deshalb: „Berlin soll die Welthauptstadt im Motzen sein." So schien ihr in diesem West-Berlin auch *Vergangenheit* „grundsätzlich nichts Gutes zu bedeuten." Dazu noch die anscheinend immerwährende Präsenz der Mauer: „Berlin, Mauer, das waren alles zusammengehörige Begriffe. Berlin – ohne Mauer?" Die Beendigung des mauerstarren Zustands, der sich immer seltener verbal äußernde Wunsch, die Mauer solle weg, war zum Wunschtraum geworden, utopisch, irreal, pure Science-Fiction. Es ist ein das *Stillstand Aufstand Berlin* konstituierender Widerspruch. Die absurde Ortsbestimmung der Stadt auf den ersten Seiten des Romans erwächst aus der Schilderung eines die Ich-Erzählerin aus ihrer Müdigkeit aufstörenden Hagelschauers:

Es klang, als ob aus dem metallfarbenen Himmel Nägel fielen – in einer Zeit, als die Welt wieder eine Scheibe zu sein schien, oben und unten, West und Ost, Gold oder Blech, Schein oder Sein, Lüge und Wahrheit, oder umgekehrt, die Scheibe drehte sich, drehte sich, flirrend, blitzend generierte sie neue Gegensatzpaare, das meiste davon Lug und Trug. Und irgendwo dazwischen, auf der Kippe, auf der Kante, am Rande, also an der Front, und doch in der Mitte, im Zentrum, im ruhigen Auge des stillen Sturms, der den Kalten Krieg über die meiste Zeit herrschte: Berlin, West und Ost, regennass, hüben wie drüben.

Die mit der Teilung des Kalten Kriegs entstandenen Paradoxien hatten sich zu einem Absurdistan ausgewachsen. Dückers' West-Berlin der 1980er-Jahre ist eine untergehende Halbstadt, die von ihrem bevorstehenden Ende noch nichts wusste, obwohl dieser Untergang doch in der Konsequenz der zumindest beteuerten Vereinigungswünsche zur Ganzheit der neu-alten Stadt inbegriffen sein musste. Dückers betont im Juni 2016 im Vorwort ihres kaleidoskopischen Skizzenbuchs *Mein altes West-Berlin* mit dem Hinweis auf die auch in ihrem Berlin tiefgreifenden Veränderungen: „Nach der Wende ist viel über Ost-Berlin geschrieben worden und doch vergleichsweise wenig über West-Berlin – wenn man von Sven Regners tragikomischem, auf Kreuzberg beschränkten *Herrn Lehmann* und wenigen anderen Titeln absieht." Ihr Band und ebenso ihr Berlin-Roman *Hausers Zimmer*, der auf dem frühen Leben der Autorin im Westen der Stadt basiert, literarisieren eine Berliner Identität, die mit dem Fall der Mauer ihrem Ende geweiht war, sind Apotheosen dieses West-Berlins, das mit dem Ableben der dort sozialisierten Menschen ebenso zur Erinnerung verblassen wird wie die andere Berliner Identität, die aus dem Alltag der Bürger im Osten der Stadt und der DDR erwachsen ist und deren Missachtung im Vereinigungsprozess vehement und mit Recht beredt angeklagt wurde. Das West-Berlin, als dessen Abgesang Dückers' Arbeiten wie *Hausers Zimmer*, wie *Spielzone* gelesen werden können, ist bei ihr geschildert im Präteritum. Notwendig ist für diesen Blick das Betreten der nächsten Epoche Berliner Geschichte. Dückers beschreibt ihr gewesenes West-Berlin des Jahres 1982 im Wissen um das *Abbruch Aufbruch Berlin*, als eine vergehende Vergangenheit, in der das *Stillstand Aufstand Berlin* längst begonnen hat, überwunden zu werden. Diese Überwindung der Teilungsgeschichte und ihrer Regelhaftigkeiten, die sich niederschlägt in durchgreifendem Wandel, dem fundamentalen Infragestellen aller Verlässlichkeiten, öffnet den Blick auf die sich verlierende Identität. Und dieser Vorgang erfasst wiederum die ganze Stadt. Auch das Beklagen des Verlustes ihrer Identität durch die Berliner im Ostteil setzt den Blick aus der neuen Epoche neu-, nicht bloß wiedergewonnener Einheit der Stadt voraus. In Ost-Berlin herrschte auf andere Weise der *Stillstand*. Die Julika in Tanja Dückers' Berlin-Roman stellt dort fest: „Überhaupt hatte ich das Gefühl, als sei hier die Zeit stehen geblieben."

Den West-Berlin und das Berlin-Bild der 1980er-Jahre betreffenden Showdown von *Hausers Zimmer* inszeniert Dückers als Besuch von *Oma Helene*. Sie ist die Mutter von Wiebke, der Mutter der Ich-Erzählerin, die in Berlin gelebt hatte und dann in den Westen gegangen war. Das Fremdbild West-Berlins der *Westdeutschen*, also der Bürger der Bundesrepublik, eröffnet den identitären Konflikt vor allem mit den Repräsentanten des kulturell definierten alternativen Milieus. „Ihr lebt in einer sterbenden Stadt", sagt die Oma und setzt provokant noch einen drauf: „Ich fand Berlin nicht mal '45 trauriger als jetzt." Klaus reagiert mit Entsetzen und verweist auf die „unglaublich lebendige Kulturszene", zählt Nationalgalerie, Kupferstichkabinett, Kunstgewerbe-, Brückemuseum, Deutsche Oper, auch das Grips-Theater auf. Oma Helene bestreitet die Einzigartigkeit dieser Kunstsammlungen und betont, der Staat, sie meint die Bonner Bundesregierung, könne sich das nicht mehr lange leisten: „Diese Berlin-Zulage, das alles. Diese isolierte Stadt – das ist doch ein absurdes Konstrukt." So sehr dieses alternative neue Kulturbürgertum die Lebensmöglichkeit seiner Weststadt durch die kulturellen Errungenschaften auch herausstellt, der Zweifel nagt, den Oma Helene ins Wort bringt: „Diese Stadt hat keine Perspektive, ihr werdet sehen." Gedächtnisschwund wirft sie den Bewohnern der Inselstadt vor, die vergessen, was *die Russen* ihr angetan hätten, denn sonst würden sie nicht in so großer Zahl DKP wählen – gemeint hat Dückers den West-Berliner SED-Ableger SEW, nicht die westdeutsche SED-Filiale. Die Staatspartei firmierte gemäß ihrer Drei-Staaten-Theorie in Deutschland unter drei Adressen. Die SEW-Wähler sind für die alte Dame keine Berliner, jedenfalls keine echten: „Wer so denkt, soll rübergehen und nicht uns auf der Tasche liegen.“ Oma Helene polemisiert, zielt damit auf Tochter und Schwiegersohn in ihrer Kulturbeflissenheit, gegen den „Berlinpatriotismus der Zugezogenen“, denen die Halbstadt „in erster Linie eine Nische zur Befriedigung ihrer narzisstischen Bedürfnisse ist [...].“ Schonungslos kritisiert die Oma deren angebliche Liebe zu Berlin:

Eine ignorante, kenntnislose, oberflächliche Liebe ist das. Ich liebe Berlin nicht so abgöttisch wie du, die Stadt ist einfach Teil von mir, und ich sage dir, die Stadt war, abgesehen vom Krieg, noch nie in einem so desolaten Zustand wie jetzt!

Wim Wenders sagt Roger Willemsen, als Kind habe er sich die Hölle vorgestellt wie das Berlin des Bunkers. Er meint den Bunker Adolf Hitlers, er meint das *Monster Berlin*. Auch darum kann nur diese Stadt das rätselhaft vater- und vergangenheitslose Nachkriegsland erklären, indem er diese Stadt erzählt, in ihr ihre Geschichte aufsucht, die Geschichte der Nation ist, nur deren Sprache ihm *Heimat* ist. Die Trapezartistin *Marion* sagt es mit der vom Engel Cassiel wahrgenommenen Gedankenstimme, und es spricht durch sie der Regisseur:

Ich könnte nicht sagen, wer ich bin. Ich hab' nicht die geringste Ahnung von mir. Ich bin jemand ohne Herkunft, ...
ohne Land, und darauf bestehe ich! Ich bin da, bin frei, ich kann mir alles vorstellen, alles ist möglich. Ich brauche nur aufzuschauen, und schon werde ich die Welt. Jetzt auf diesem Platz, ein Gefühl von Glück, das ich immer behalten könnte.

Es ist der Platz, die Brache vor den *Berliner Brandmauern* an der Friedrichstraße. Der Zirkus ist gerade weggefahren, die Französin, sie bleibt in Berlin. Der Film *Der Himmel über Berlin* von 1987 ist für die Kulturgeschichte der Stadt bedeutsamer, als es der Film für Wenders' Œuvre ist, das sich danach und bis heute weiter und mächtiger noch und technisch innovativer entfaltet hat. Ahnte es die Stadt, als sie ihm 2015 ihren Verdienstorden aushändigte? Wenders sagt es in seinem

TV-Interview für 3sat: Er und sein Team hatten 1987 Glück und Zufall auf ihrer Seite. Denn die Stadt, die der Film abbildet, wird zwei Jahre später beginnen zu verschwinden, die Weststadt genauso wie die Oststadt, beide Teile. Das besonders betont der Filmemacher. *Der Himmel über Berlin* gewinnt durch den Ablauf der Geschichte zwei Jahre später eine neue, zusätzliche, dokumentarische Bedeutung. Das war unvorhersehbar. Dieser Film ist tatsächlich wie ein Gedicht zu lesen, weil er von dem von Rilke inspirierten Regisseur poetisch eben wie ein Gedicht angelegt ist. Welchem Berlin-Film ähnelt er dann? Romantische Züge bis ins Triviale, melancholische Stimmungen, Zerfall, Ruhe bis zur Langsamkeit – solche charakteristischen Elemente des *Stillstands* der Stadt bringt Wenders cineastisch formuliert auf die Leinwand. Dieser Film erzählt eigentlich keine Geschichte, sondern spricht in Bildern, welche von Menschen, von Engeln, von der Stadt erzählen, in Bildern, die kunstvoll zu einem Ganzen komponiert sind und damit anders unsagbare und überzeitliche Aussagen treffen. Dann ist Wenders' Film mehr, als es auf den ersten Blick scheint, Walter Ruttmanns *Berlin – Die Sinfonie der Großstadt* verwandt. Dieser Film von 1927 kommt ebenso ohne Geschichte aus, stellt seinen Spannungsbogen her im Tageslauf der als neu, revolutionär, technisiert dargestellten Metropole, die ihr einzigartiges Tempo auszeichnet, charakterisiert, sie darin zugleich bedrohlich erscheinen lässt. Beide Filme zeugen auf künstlerisch großartige, neuartige, verschiedenartige Weise von einem Berlin vergangener Tage. Sie lassen uns das Lebensgefühl des jeweiligen verschwundenen Berlins nachempfinden. Sie kon-

Seiner Ära in den 1980er-Jahren wird der Niedergang der Staatlichen Schauspielbühnen in West-Berlin zugeschrieben: Der Hamburger Boy Gobert war von 1980 bis 1985 Generalintendant.

servieren das nicht zu Wort zu Bringende, das nur ein gedichthafter Film wie der von Wenders auszudrücken vermag. Ruttmanns Gedicht ist ein unsanftes, hartes, gewaltsames, im Stakkato des rasenden Ungetüms Stadt. Ruttmanns Film weist über das individuelle Berlin hinaus, das sich in der boomenden Metropole der 1920er-Jahre als *Vulkan Berlin* entborgen hat und molochhaftes Symbol der Zukunft aller Städte im damals begonnenen 20. Jahrhundert geworden ist. Dieses Berlin hat seine Darstellung in filmischen, literarischen, theatralischen, musikalischen Kunstwelten gefunden, die uns bis heute eben im Medium der Kunst zugänglich sind. Ruttmanns Film war unwiederholbar. Wer es versuchte – und es wurde versucht –, erreicht das einzigartige Niveau niemals mehr. Ebenso ist Wenders' Projekt nicht wiederholbar. Anfang des 21. Jahrhunderts weiß er:

Eine neue Stadt breitet sich jetzt unter einem Himmel aus. Ich glaube nicht, dass irgendein Dokumentarfilm diesem Berlin der Achtziger Jahre hätte so gerecht werden können wie unser Filmgedicht, das zwar randvoll mit Geschichten war, aber doch ohne eine solche gedreht.

Wenders' Blick auf das Berlin der 1980er-Jahre ist der sanfte, naive, liebevolle Blick der Engel, die in Wenders' Denken dem Kinde in jedem von uns ähneln, das wir vergessen im Erwachsenwerden, das uns aber bleibt in unseren Tiefen. Dieser Blick ähnelt dem der Julika Zürn, der Blick von Tanja Dückers und ein Kinderblick ist. Es scheint, als lasse sich das West-Berlin seiner *Stillstands*-Zeit so am besten betrachten, weil es zu solcher Kontemplation, zur distanzierten Innenbeschau, zudem mit historischer Reflektion verbunden, einlädt, die scheinbar selbstzufrieden nur noch sich selber will und kein Über-sich-Hinaus mehr denken möchte.

Wenders bediente sich in Berlin mit Otto Sander und Bruno Ganz zweier bedeutender Schauspieler der Schaubühne, die damals als Avantgarde des Theaters auch international galt. Es war die richtige Besetzung, denn es gelingt ihnen, das vom Menschsein so vollkommen unterschiedene Engelsein kunstvoll zu verkörpern. Denn Wenders' Film ist Kunstwerk, kein Streifen, der einen Abend lang unterhält, ein Film, der also Schauspielkunst wie die an der Schaubühne gepflegte verlangte. Die Staatlichen Schauspielbühnen waren, ausgelöst vom Scheitern ihres Generalintendanten Boy Gobert, in eine so tiefe Krise geraten, dass sie sich davon letztlich nie mehr erholen sollten. Es begann die Zeit ihrer allmählichen Erstarrung als

Vorstufe ihres Untergangs. *Stillstand* eigener Art herrschte die 1980er-Jahre über dagegen an den Theatern in Ost-Berlin. Dieter Mann, das Arbeiterkind, das dem DDR-Staat gutschrieb im Rückblick, dass er ohne die Förderungen nicht zu sich selbst, zu seinem einzigen Talent als Schauspieler gefunden hätte, ist als Intendant des über die Zeiten und Regierungen hinweg bedeutenden, vielleicht bedeutendsten Berliner Theaters gezwungen, die Grenzen des Möglichen immer wieder, beinahe Tag für Tag, auszuloten. Ausnahmen sind die wenigen Inszenierungen zeitgenössischer Stücke, die die Regeln der Stagnation bestätigen, an die sich der Kulturapparat in wachsender Ratlosigkeit klammert. Die Kulturschaffenden sind nach wie vor im über Jahrzehnte gewachsenen kulturpolitischen Konsens mit der Partei. Ihr gemeinsames Ziel ist der Sozialismus, nur soll er anders, besser werden. Auch Mann, die meisten am Deutschen Theater sind SED-Mitglieder. Das bedeutet längst nicht mehr, dass sie schweigende Lämmer sind, wenn es je gegolten hat in den 40 Jahren DDR, an diesem Haus, dem einzigartigen, inzwischen ein Jahrhundert alten Deutschen Theater schon sowieso nicht. Aber der Konsens setzt zugleich die Grenzen der Möglichkeiten. Und doch überschreitet Mann sie, denn er glaubt im Innersten eben doch an eine grenzenlose Kunst, der alles möglich sein muss. Da holt er Frank Castorfs brutale Inszenierung von Henrik Ibsens *Ein Volksfeind* aus Karl-Marx-Stadt, heute heißt Stefan Heyms Heimatstadt schon lange wieder Chemnitz, und das Deutsche Theater ist voll, ohne Werbung, ohne Plakate, die Menschen klettern durch Toilettenfenster ins Haus, nur um zu sehen, zu hören, dabei zu sein. Mann auf dem Heimweg nach dem grundstürzenden Abend, parkt den *Wartburg* am Straßenrand, fragt sich, ob das gut fürs Theater gewesen sei. Er erkennt, dass das Neue mit Lärm kommt, dass Theater immer wieder seine Ästhetik ändert:

Uns ist so viel verboten worden, uns war so viel vorenthalten worden, uns ist die Welt so eingemauert gewesen. Frischer Wind im Tempel, was konnte uns Besseres widerfahren?

Als habe er an Jesus gedacht, der gewaltsam und in Rage die Geldwechsler aus dem Tempel warf. Mann: „Ich hieb mit den Fäusten immer wieder gegen das Lenkrad […].“ Auf dem Heimweg nach Mahlsdorf begreift er, so schildert er es uns, dass es freie Meinungsäußerung gewesen war, der er in seinem eigenen Theater teilhaftig geworden war:

Spiel auf der Bühne ist freie Meinungsäußerung, ergriffenes Schweigen im Saal ist freie Meinungsäußerung, freudiges Bravo auch, aber empörtes Aufstehen und Türenknallen ist auch nichts weiter als freie Meinungsäußerungen.

Das ist die Empirie, die deutlicher als alle Theatergeschichte belegt, was Aufgabe des Theaters ist, das in der griechischen Antike während der attischen Demokratie kreiert worden ist und dessen Wurzeln in West-Berlin seit den 1970er-Jahren der Berliner Peter Stein an seiner Schaubühne wieder freizulegen begonnen hatte. Theater hat seine freiheitliche Potenz von Neuem entfaltet in dem geteilten Berlin, mit grundstürzender Wirkung in dessen unfreier Hälfte, die von Neuem legitimiert hat in diesen Tagen, wenn sich die ganze Stadt immer wieder vollmundig als *Stadt der Freiheit* lobt. In diesem Herbst 1989 organisierte Mann die Tage in seinem Theater, fürs Reflektieren hatte er keine Zeit mehr, flüssig war die Situation in Ost-Berlin geworden, alles stand infrage, umgreifend im Kulturellen zum Wort unter Kollegen gebracht die Ratlosigkeit der Oberen, der Westen schaute zu. Verstanden sie dort, was geschah? Mann sagt, sie hätten mit ihrem Theater die Menschen ermuntert zum Weg auf die Straße. Und die Theaterleute begriffen schon damals, dass Freiheit Konkurrenz war, überleben müssen war die Aufgabe, die anstand für die 470 Angestellten des Deutschen Theaters. Das Publikum habe den Weg auf die Straße gefunden, aber es sei nicht mehr zurückgekehrt ins Theater, denn die Menschen hatten fortan andere Sorgen, auch andere Freuden. „Skurrile Wahrheit", sagt Mann, war: „Unser leeres Haus als Zeichen einer Befreiung." Das Theater in Ost-Berlin hatte seine große, seine ureigentliche Rolle im Drama der Geschichte der Stadt und des Landes, des Kontinents und der Welt eben noch gespielt, aber dann kam der Verlust. Das Theater habe anders *gerochen*, sagt Mann. Er erinnert, was die Schauspielerin Jutta Wachowiak gesagt hatte:

Wenn ich jetzt auf unserer Bühne stehe, komme ich mir vor, als sei ich auf einem Gastspiel. Das ist ein fremdes Publikum, das nicht mehr mitatmet und Anspielungen, unsere Tonfälle nicht mehr versteht.

Das Theater, wie es in der DDR gewesen war, funktionierte nicht mehr. Es hatte sein Provokationspotenzial verloren. Es galt nicht mehr, das Mögliche auszutarieren, denn möglich war neuerdings alles – im Rahmen der Möglichkeiten, die nunmehr der gesamtstädtische Senat setzte, nicht mehr Minister und Politbüro. Das war die Essenz des Geschehens, das in der Theaterstadt Berlin Kennzeichen der 1990er-Jahre, des letzten Jahrzehnts des 20. Jahrhunderts wurde.

Der große, beiden Teilen Berlins verhaftete Götz Friedrich bringt dagegen Felsensteins Opernkonzeption in den gewandelten Zeitläuften angepasster Weise von Ost- nach West-Berlin, erhält das Konzept damit am Leben. Doch im Ansatz ist das keine neue Konzeption. Friedrich ist kein neuer Felsenstein, er ist ein anderer Felsenstein. Friedrich ist in der Kulturgeschichte der geteilten Stadt ein Ausnahmefall und bleibt es für zwei lange Jahrzehnte. Friedrich ist eine West-Berliner Errungenschaft der 1980er-Jahre. Als Weltmann bringt er West-Berlin das dringend gesuchte Flair von Internationalität. Wo hat er nicht überall schon gearbeitet? Athen, Barcelona, Bayreuth, Bonn, Bregenz, Bremen, Genf, Gent, am Ende des Alphabets Zürich. Er holt die großen gesanglichen Namen, wie es Julia Varady und ihr Ehemann sind, der Berliner Dietrich Fischer-Dieskau, seit 2000 Ehrenbürger, zudem mit zeitlich unbefristetem Ehrengrab, erst recht Luciano Pavarotti. Geschickt hat Friedrich Industrielle wie den Bürgermeistersohn und Mercedes-Vorstandsvorsitzenden Edzard Reuter in den neuen Förderkreis geholt. Friedrich schaut voraus auch nach der Wende in die Zukunft der Drei-Opern-Stadt. Er mokiert sich, dass seine Ansätze zur Zusammenarbeit der drei Häuser unbeachtet bleiben, wie er sie 1992 für die Schwetzinger Festspiele zustande bringt, wo eine Koproduktion von seinen beiden Häusern stattfindet, also von Deutscher Oper und Komischer Oper. Seine Biografin mutmaßt, dass sein jugendlicher Geschäftsführender Direktor, der Jurist und Friedrichs Intendanzverweser an der Bismarckstraße, André Schmitz, wohl die Aktennotizen seines Chefs gelesen haben musste, als er anfangs des 21. Jahrhunderts in der Berliner Operndebatte im *Tagesspiegel* vorschlug, die drei Opern der Stadt in einer GmbH zu fusionieren, allerdings mit dem Anspruch, dass die drei Häuser dabei ihre jeweiligen Profile pflegen müssten. So geht die Überlebensmöglichkeit der drei Opern Berlins im neuen Jahrhundert im Kern auf Götz Friedrichs Weitsicht zurück. Schmitz war zunächst Senatskanzleichef des Regierenden Bürgermeisters Klaus Wowereit und dann von 2006 bis zu seiner Versetzung in den Einstweiligen Ruhestand am 18. Februar 2014 wegen Anschuldigungen in einer Steuerangelegenheit dessen angesehener und erfolgreicher Staatssekretär für Kultur.

Friedrichs große künstlerische Leistung in Berlin ist eine Ringerzählung Richard Wagners, die den geschichtlichen Raum verlässt.

Götz Friedrich holte prominente Sänger an die Deutsche Oper: Berlins Ehrenbürger, der Bariton Dietrich Fischer-Dieskau, 1990 mit seiner vierten Ehefrau Julia Varady.

Das geschieht in einer Stadt, die reicher an Geschichte ist als die meisten Städte nicht nur in Deutschland. Womöglich ist dieser inszenatorische Kunstgriff im West-Berlin der 1980er-Jahre möglich, weil die ehemalige Metropole ihrerseits im Gerinnen des Status quo vermeint, ans Ende ihrer Geschichte gekommen zu sein. Friedrich beendet die Debatte, in welcher historischen Epoche der Ring anzusiedeln sei. Vielmehr: „Der Zeit-Tunnel heißt: immer und nie, nirgendwo und überall." Friedrich spricht in der Selbstdeutung des Berliner Rings vom Himmel: „In dieser Welt, um die es geht, gibt es keinen Himmel mehr, die Menschen sind alle in einem Zeit-Tunnel, und der Himmel, der versagt sich der Geschichte." Die Kreisbewegung des Rings findet ihren Anfang: „Die Erkenntnis aus Berlin: Das einzig Positive oder Utopische ist, dass ich diesem ‚Ring' gestatte: Jedes Ende ist ein neuer Anfang." Es ist, als werde die ewige Bewegung in ihrem Ring zum ewigen *Stillstand*. Drei Inszenierungen dieser Dichtung hat er verantwortet. Wagners Ring ist für Friedrich das *Epos der Deutschen*, „der größte Roman in diesem Jahrhundert", weil die deutsche Literatur, anders als andere europäische Literaturen, den großen Roman des 19. Jahrhunderts nicht aufzuweisen habe. Friedrich variiert, entwickelt, ändert vieles, aber nicht, dass Siegfried beim Trauermarsch allein auf dem Bühnenboden liegt, der die Welt bedeutet:

Dieses Ecce-Homo, diese Faust des Trauermarsches möchte ich schon haben, denn es ist nicht eine Trauer über Siegfried, sondern die Trauer über uns, über die verlorenen Illusionen, die wir haben, weil wir Helden nicht verkraften können – und Helden auch etwas Unzeitgemäßes geworden sind. Aber the lost illusions, die verlorenen Illusionen, die verdienen Trauer.

Ist das der Mythos der 1980er-Jahre? Von dieser Zeit auf der anderen Seite der Stadt zeugt die musikalische Kunst der Tamara Danz. In ihrer biografischen Zwischenbilanz mit der Überschrift *Ein Höchstmaß an Freiheit*, die sich mit dem Jahr 1989 befasst, spricht sie davon, dass sie sich mit dem Studienabbruch auf den Weg gemacht habe,

Tamara Danz auf dem Weg zur ostdeutschen Ikone: Silly auf dem Konzert *Gewalt ohne mich* am 30. Oktober 1992 in Berlin-Weißensee, das sich gegen Ausländerhass richtete.

das größtmögliche Maß an Freiheit innerhalb der DDR-Gesellschaft zu suchen, deren Kind sie war, aus der sie kam und in der sie sozialisiert war. Musikerin zu werden, sich „kopfüber in den Sumpf des Rock 'n' Roll" zu stürzen und damit „der letzte Abschaum" zu werden, war ihr Weg. Denn das Land habe sie nie verlassen wollen. Sie weiß von denen, die gegangen sind, dass sich ihre Erwartungen im Westen auch nicht erfüllt haben. Denn dort, im Osten, sei sie gebraucht worden: „Nur daß später ein Stillstand einsetzte, der unsere Kreativität bedrohte." Das ist eine Wahrnehmung, die dem Empfinden Götz Friedrichs ähnelt, der aber dem Wandel 1989 nur zuschauen konnte aus West-Berlin. Und dieser Stillstand ist in den Liedern von Silly anwesend. Im Song *Berliner Frühling* vom Album *Liebeswalzer* von 1985 heißt der Schlussrefrain ironisch „Und der alte Fritz von Preußen / Reitet auf der Stelle los", und wir haben das schwarz-eherne, unbewegliche Reiterstandbild Friedrichs II. Unter den Linden vor Augen. Tamara Danz war, anders als Götz Friedrich, mittendrin, und sie wurde mit der Resolution der Rockmusiker vom 18. September 1989 eine treibende Kraft der *Wende*. Danz: „Als dann 89 losging, waren die Lebensgeister geweckt." Tamara Danz ist eines der Gesichter dessen, was unter *Ost-Rock* gehandelt wird. Was sie und den Zusammenhalt dieser Szene angeht, wird viel schöngefärbt, denn sie kannten sich zwar gut, aber natürlich waren sie alle Konkurrenten, *Karat*, die *Puhdys*, *Pankow*, *City*, *Stern Meißen*. Danz und *Silly* haben ihre Entsprechung zu Rockformationen im Westen. Ohne den Kommune-Gedanken zu proklamieren, war auch Silly mit Danz im Zentrum eine Lebensgemeinschaft draußen am Rand von Ost-Berlin in Münchehofe, und die Eltern Danz gehörten dazu. Auch Rio Reiser hatte in den 1970er-Jahren in steter Berührung mit seinen Eltern das Zentrum einer Lebensgemeinschaft gebildet. Es ist ein nicht nur denkwürdiger deutsch-deutscher Musikmoment, sondern ein historischer Augenblick Berliner Kulturgeschichte, als es 1992 auf dem Konzert *Gewalt ohne mich*, der Reaktion auf gegen Ausländer gerichtete Gewaltexzesse erst in Eberswalde, dann in Hoyerswerda und Rostock, den gemeinsamen Auftritt gab, bei dem die Berlinerin Tamara Danz den geborenen Berliner Rio Reiser zum Lied *Durch die Wüste* ansagte. Sie nannte den zur SED-Nachfolgepartei gehörenden Reiser einen, „dem man hundertprozentig glauben kann, was er sagt und was er singt ... was heutzutage nicht mehr so angesagt ist." Reiser kommt auf die Bühne, und Silly begleitet ihn. Am 22. Juli 1996 stirbt Danz, Reiser vier Wochen später, am 20. August 1996.

Im Vergleich mit Bärbel Bohley, die aus einer Familie stammt, die niemals systemnah gewesen ist, lässt sich erkennen, wie sehr

Danz eben doch privilegiert gewesen zu sein scheint, selbst wenn sie ostentativ ihren gesellschaftlichen Ausstieg betreibt, der aber gleichwohl innerhalb der vom System gesetzten Regeln bleibt. Zugespitzt könnte man sagen, Silly dosiere die Kritik der jungen Leute an den evidenten Missständen, artikuliere ihr Missbehagen, allerdings in kontrollierter Weise, schaffe die Suggestion von Freiheit, Öffentlichkeit, trage zur psychischen Entlastung der Zuhörer bei, was wiederum das System stabilisiert habe. Danz und Bohley gemeinsam ist, dass sie in ihrer Kunst ihre Möglichkeit sehen, in ihrer eigenen Freiheit zu leben. Am Ende finden sie 1989 zusammen als diejenigen, die den *Stillstand* beenden, mindestens beenden wollen. Die Kunsthistorikerin Angela Lammert registriert in den letzten Werken Bohleys vorm Ausstieg aus dem Kunstschaffen, dass schrifthafte Bestandteile in die Kompositionen von lebhafter Unruhe integriert werden, gedruckt, geschrieben, collagenhaft eingeklebt: „Zeitungsausschnitte über Schrift geklebt, mit roter Farbe zugedeckt und als Brennpunkt des Ineinandergreifens gezeichnet." Bärbel Bohley hat durchlitten, was die Diktatur ihr abforderte. Sie wollte nicht resignieren. Sie wollte Freiheit. Sie wollte sie für sich. Sie konnte sie nur haben, wenn auch die anderen sie bekamen. Sie hat gewagt, was nur jeder Einzelne von sich und für sich hat fordern können. Wie befremdlich muss für sie, für die, die wie sie gelebt und gewagt haben, das Bemühen der Politiker gewirkt haben, zur Festigung des Status quo unter Einschluss des Hinnehmens der Unfreiheit und Unterdrückung der Menschen in Ost-Berlin und der DDR, miteinander auszuhandeln, was immer wieder auf Kosten dieser Menschen gehen musste? Doch Bohley ist eine, die wesentlich dafür sorgte, dass der *Stillstand* auch in Ost-Berlin aufgebrochen ist, dafür steht sie. Aber als Künstlerin, so scheint es, herrschte für sie alsbald von Neuem der *Stillstand*. Für den Ausstellungskatalog *Ostara. Künstlerinnen aus dem anderen Berlin* für das Frauenmuseum Bonn aus dem Frühjahr 1990 formulierte Bohley:

Mein Geschichtsblatt – mein deutsches Blatt –
drei Blätter wirbeln im Wind – 1989 – im Mai –
von mir eine Erinnerung.
Am Anfang am Ende angekommen sein,
am Ende anfangen können.
Zum Ende anfangen können,
am Ende angekommen sein.

Sie drehte sich im Kreis, so scheint es. Ausweglos. Ein Ring. Sie hatte zurück in die DDR gewollt, weil sie eine andere DDR wollte. Sie sagt es Holde-Barbara Ulrich beim Gespräch in der Fehrbelliner Straße 91 nach der Wende. Sie wolle kein kapitalistisches Deutschland, keine Profitgesellschaft: „Ich will eine total veränderte DDR, wo jeder Mensch mündig ist.“ Mündigkeit hatte sie wörtlich gemeint. Denn es lohne sich um nichts in der Welt zu schweigen. Wir erinnern uns an ihr Bild, dem sie den Titel *Schweigen* gegeben hatte. Sie wollte eine „wahrhaft demokratische, humanistische Erneuerung unserer Gesellschaft“, also der DDR-Gesellschaft, ein ganz anderes Ost-Berlin. Bärbel Bohley ist in dieser Hinsicht gescheitert. Der *Abbruch* des vermeintlich besseren Deutschland ist historisch gelungen, aber der *Aufbruch* in das tatsächlich bessere Deutschland schlug fehl.

Das Stadtbild in beiden Teilen Berlins war in den 1980er-Jahren im Wesentlichen konsolidiert. Natürlich wurde in beiden Stadthälften weitergebaut, insbesondere der Wohnungsbau wurde im Ostteil weiter vorangetrieben. Wir haben uns jedoch auf die Darstellung der Genese des das Stadtbild West-Berlins prägenden ICC und seiner Architekten konzentriert. Dabei fanden mit dem Bierpinsel und den farbenfroh gestalteten U-Bahnhöfen weitere Projekte von Ralf und Ursulina Schüler-Witte Erwähnung. ICC und Palast der Republik auf dem Areal des gesprengten Stadtschlosses müssen ebenso als aufeinander bezogene Gebäude wie die gesamte Innenstadtgestaltung aus diesem Konkurrenzverhältnis heraus betrachtet werden. Es war ein stadtbildnerisch revolutionärer Schritt des Ost-Berliner *Chefarchitekten* Hermann Henselmann, einen Fernmeldeturm, also einen technischen Bau, als *Bildzeichen* für die Mitte der Stadt auszuwählen. Das ICC ähnelt der Turmkugel nicht nur mit seiner an die Zeppeline erinnernden silbrigen Außenhaut, sondern auch darin, dass die Modernität des Fernsehturms am Alexanderplatz genauso wie die des Kongressbaus in Aufbau, Struktur, Gestaltung die Technik des Baues erkennbar bleiben lässt. Das ICC hat ebenso wie der Fernsehturm die Funktion einer Landmarke. Der Koloss war seit Beginn der 1980er-Jahre das Zeichen der Rückkehr, des Ankommens, des Zu-Hause-Seins für die in die Stadt einfahrenden West-Berliner. Den Erfolg des ICC, basierend auf regelmäßigen Zuschüssen, wie sie von vorneherein eingeplant und keineswegs verhehlt worden waren, gehört ins Bild, wenn von den 1980er-Jahren gesprochen wird. Erwähnt werden muss allerdings auch das Schicksal des älteren West-Berliner Veranstaltungsbaus, nämlich der Einsturz der amerikanisch finanzierten Kongresshalle im Tiergarten im Mai 1980, der vielfach als Ausdruck der ebenso wie der Spannbeton ihre Spannkraft einbüßenden Beziehungen zur Schutzmacht USA verstanden wurde.

Richard von Weizsäcker hat ein reiches, keineswegs nur auf Rosen gebettetes Vorleben, als er ins höchste Amt West-Berlins gelangt. Wir rekapitulieren seine Prägungen in Stichwörtern: die Familie, das Bildungsbürgertum, Süddeutschland, Dänemark, die Schweiz, England, Frankreich, Militär und Preußentum, sieben Jahre Soldat im Zweiten Weltkrieg, Persönlichkeit und Lebensgang des Vaters, dessen Prozess, die Wirtschaft, die evangelische Laienbewegung, das, was Norbert Kaczmarek seine *gesamtdeutsche* Lebensweise nennt, schließlich Berlin. Als von Weizsäcker nach 33 Monaten als Kandidat endlich Regierender Bürgermeister wird, ist er 61 Jahre alt – er ist sieben Jahre jünger als der berühmte Vorgänger Willy Brandt, sechs Jahre älter als sein Vor-Vorgänger Klaus Schütz. Schon von Weizsäckers Distanz gebietendes Lebensalter, ausgewiesen durch sein graues Haar, ist für sein Renommee bei den Berlinern erklärend. Fähigkeit zu höflicher Kühle im Umgang, zu einer Schärfe, die er sich nur im inneren Zirkel erlaubte, bescheinigt ihm sein enger Mitarbeiter Kaczmarek. Als Wahlkämpfer ist von Weizsäcker professionell genug, im Anschein von Nahbarkeit die Nähe der Menschen zu suchen, doch er blieb im Empfinden der Bürger distanziert, unnahbar, mehr bei sich als bei den Leuten. Als Bundespräsident verlegte er den ersten Amtssitz ins Schloss Bellevue ins vereinte Berlin. Ändert es sein Ansehen in der Stadt? Seine Wahrnehmung des Verhältnisses der Berliner zu ihm nach dem Amtsantritt als Staatsoberhaupt beschreibt er so: „Daß ich auch danach einer der ihren geblieben bin, haben die Berliner später stets empfunden, auch die zunächst enttäuschten.“ Er bekannte sich immer wieder zu Berlin. Erreichte er damit die Herzen der Berliner? Wahrscheinlich wollte von Weizsäcker gar nicht so geliebt werden, wie Ernst Reuter oder Willy Brandt ungefragt von den Menschen erinnert, geliebt, verehrt wurden und mindestens unter den Lebensälteren noch immer werden. Wir denken an den Abend nach dem überraschenden Tod Reuters am 29. September 1953, von dem Brandt noch im Nachhinein tief bewegt erzählt, wie die Berliner schweigend vor dem Rathaus Schöneberg zusammenkamen und wie sie Kerzen in die Fenster stellten. Mit dem Richard-von-Weizsäcker-Platz anstelle des Kaiser-Wilhelm-Platzes in Schöneberg würdigt das durch Verregelung zu gedenkpolitischer Spontaneität unfähig gewordene Gesamt-Berlin mehr noch das Staats- als das Stadtoberhaupt erst 2022, sieben Jahre nach dessen Tod. Doch bereits im Juni 1990 wird er erster gesamtberliner Ehrenbürger. Zu kurz war von Weizsäckers Zeit im Rathaus Schöneberg. Und von Weizsäcker hat die Stadt durch

Teileinsturz der von den USA finanzierten Kongresshalle am 21. Mai 1980: Das Ereignis wurde als Symbol für die angeblich nachlassende Nähe West-Berlins zur amerikanischen Schutzmacht in den 1980er-Jahren gedeutet.

keine ihrer existenziellen Notsituationen wie Blockade oder Mauerbau geführt. Dennoch gehört er zu den großen Bürgermeistern, und nicht nur weil er als Einziger unter ihnen an die Staatsspitze gelangte. Rund zehn Prozent der knapp 500 Seiten starken Memoiren widmet von Weizsäcker seiner Zeit als Regierender Bürgermeister, die er retrospektiv als die fürs höchste Staatsamt erforderliche Lehrzeit in operativer Regierungspolitik ansieht. Sechs der Berliner Seiten widmet er der Kultur der Stadt. Sie bieten einen, auch selbstkritischen, zusammenfassenden Prospekt der kulturellen Situation des West-Berlins der 1980er-Jahre; wir erinnern uns an seine schon zitierte Schilderung der Fehlbesetzung der Boy-Gobert-Nachfolge bei den Staatlichen Schauspielbühnen. Ulrich Eckhardt nennt von Weizsäcker den „bis heute ingeniösen Leiter der Berliner Festspiele", der „uns Jahr für Jahr mit den Theaterwochen die besten Inszenierungen anderer Bühnen in die Stadt" gebracht habe. Götz Friedrich habe im selben Jahr wie von Weizsäcker das Schöneberger Rathaus die Deutsche Oper übernommen, wo „ich hinreißende, aufregende und oft auch kontroverse Abende erlebt" habe, so von Weizsäcker. Die Philharmoniker stünden im „Mittelpunkt der Berliner Musik". Wenn er sie erlebt habe, „dann fühlte ich mich oft in der Mitte der Welt, oder, was auf dasselbe hinausläuft, ganz weltvergessen." Der ehemalige Regierende vermerkt dabei auch den Konflikt um die vom Orchester ungewollte, wohl aber von Herbert von Karajan gewünschte Klarinettistin Sabine Meyer, weswegen der Chefdirigent dem Regierenden quasi als Arbeitgeber des Maestro gezürnt habe „wie ein griechischer Gott". Erwähnung finden die Filmfestspiele ebenso wie die Sammlungen der bildenden Kunst, insbesondere das in von Weizsäckers Amtszeit von Karl Bröhan gestiftete einzigartige Museum für Jugendstil, Art déco und Funktionalismus. Und von Weizsäcker berichtet von seinem Einsatz für das damals aufsehenerregende Bemühen, das nach Auffassung des angesehenen Berliner Kunsthistorikers Otto von Simson vielleicht „schönste und wichtigste Gemälde, das das achtzehnte Jahrhundert hervorgebracht habe", in Berlin zu behalten, das das Haus Hohenzollern verkaufen wollte. Es ging dabei um Jean-Antoine Watteaus Gemälde *Embarquement pour Cythère*, die Einschiffung nach Kythera, und um einen Kaufpreis in Höhe von 15 Millionen DM. Überdies enthalten aber von Weizsäckers Erinnerungen auch ein tiefgründiges, ganz eigenes Kapitel mit der Überschrift *Kultur, Zusammenleben, Kunst*. Eine zentrale Rolle habe die Kultur für sein Amt als Bundespräsident gespielt, schreibt von Weizsäcker, und zwar Kultur in einem umfassenden Begriffsverständnis:

Wie wir wissen, bedeutet sie in ihrem Wortstamme nach pflegen und anbauen, mit der Natur und den Menschen sensibel umgehen. Kultur zielt auf Zusammenleben. [Und einen Absatz weiter:] *Gewiß gehören zur Kultur Werke der Kunst und Wissenschaft, die nur dem Urteil von Experten zugänglich sind. Kultur hat aber mit dem Ganzen zu tun und ist nicht nur den Eingeweihten vorbehalten. Sie zielt auf unser aller Lebensweise. Sie hilft uns, human miteinander zu existieren – dem Volk mit seinen Nachbarn, dem einen Wettbewerber mit dem anderen, dem Einheimischen mit dem Fremden. Ohne Angst verschieden zu sein und daher Frieden zu halten, das kann sie uns lehren. Deshalb gehört sie auch zur politischen Orientierung.*

Dieses Credo beschreibt gewiss den Stellenwert von Kultur für Richard von Weizsäckers gesamtes politisches Schaffen. Dieser Bildungsbürger im Rathaus Schöneberg ist zweifellos der kultivierteste, kulturkundigste, kulturbeflissenste Amtsinhaber des höchsten Amtes der Stadt gewesen. Das gilt ungeachtet der Tatsache, dass Klaus Wowereit als erster neuer Regierender Bürgermeister des 21. Jahrhunderts nebenbei die Amtsgeschäfte eines Senators für Kultur persönlich wahrgenommen hat. Als ehemaliger Bundespräsident war

Richard von Weizsäcker am 15. März 2008 bei den *Neuhardenberger Gesprächen* aus seinem Wissensfundus heraus intellektuell befähigt, mit dem Berliner und Theatergranden Peter Stein von gleich zu gleich ein höchst anspruchsvolles Gespräch zum Thema „Das Theater und die Macht" zu führen, das der Moderator mit dem Hinweis einleitete, von Weizsäcker habe schon mit zwölf Jahren in Schillers *Wilhelm Tell* mitgespielt. Beredt ist manches, was von Weizsäcker in seinen Memoiren nicht erwähnt. Aber das *Vulkan Berlin* der 1920er-Jahre wahrzunehmen, war er zu jung: „Die außerordentliche kulturelle Kreativität des zu einer europäischen Metropole herangewachsenen Berlin überstieg zu dieser Zeit meiner ersten sieben Schuljahre meinen Horizont bei weitem." Immerhin erwähnt er, dass er seine Jugendidole, den Schauspieler Heinz Rühmann und den Boxer Max Schmeling, 1990 im Schloss Bellevue zu Gast hatte. Eine großartige Versöhnungstat der Berliner Kulturgeschichte war es, den beinahe zum Berliner gewordenen, aus Rumänien stammenden Maestro Sergiu Celibidache, der die Philharmoniker in der Zeit von Wilhelm Furtwänglers durch seine NS-Vergangenheit bedingte Abwesenheit nach 1945 geführt hatte und der 1952 bei der Wahl durch das Orchester nicht zum Zuge gekommen war, „nach achtunddreißig grollenden Jahren" wieder für zwei Dirigate in Berlin zu gewinnen. Welcher auch noch so sehr Kunst und Kultur zugetane ehemalige Regierende Bürgermeister kann eine Episode wie die folgende mit dem 1992 in seinem 50. Lebensjahr zum Generalmusikdirektor und Künstlerischen Leiter der Staatsoper Unter den Linden berufenen und Anfang 2023 aus gesundheitlichen Gründen ausgeschiedenen Daniel Barenboim berichten? Richard von Weizsäcker:

Einmal habe ich bei Barenboim auch selbst mitmusiziert. Zu seinem fünfzigsten Geburtstag durfte ich in einem winzigen Chor unter der Leitung von Zubin Mehta mitsingen. Es war eine neue Komposition, vom Blatt zu singen, und mein einziger Baritonkollege, ein Opernweltstar, sang zwar ungleich schöner als ich, verpaßte aber zweimal den richtigen Einsatz nur dank meiner stillen Püffe nicht.

Stadtpolitisch hat von Weizsäcker einen neuen Anfang gesetzt. Er hat die politische Krise überwunden, indem er eine Periode bürgerlicher Senate einleitete. Er hat Hans-Jochen Vogels Faden der *Berliner Linie* im Umgang mit den überbordenden Hausbesetzungen aufgenommen, den Rechtsfrieden wiederhergestellt, indem er anerkannte, dass hinter den Protesten ein legitimes Anliegen zu erblicken war, das auf das Versagen der Politik im Städtebau und beim ewigen Berliner Thema Wohnungsbau zurückzuführen war. Vor allem aber hat er das von Klaus Schütz entworfene und von Dietrich Stobbe übernommene Selbstbild West-Berlins als einer angeblich normalen Stadt überwunden, indem er als Fortsetzer Brandt'scher Entspannungspolitik ihrer gesamtberliner und gesamtdeutschen Funktion neue Geltung verschafft und die Existenz West-Berlins damit von Neuem legitimiert hat. Dass im *Stillstand* manches möglich war, bewies er, indem er als erster Regierender Bürgermeister den Generalsekretär der SED Erich Honecker getroffen hat, und zwar in Ost-Berlin, das für von Weizsäcker ganz selbstverständlich zum Gesamt-Berlin gehörte. Diese Aufgabenzuweisung für die Stadt, ihr Seinsgrund, ihre in ihrer vorgefundenen Existenz enthaltene Mission lag in der Überwindung des *Stillstands* durch die paradox erscheinende Anerkennung des Status quo ganz im Sinne des sozialdemokratischen Vordenkers Egon Bahr. Dieser Gedanke kristallisiert in dem von ihm oft gebrauchten und im öffentlichen Bewusstsein Richard von Weizsäcker zugeschriebenen Wort von jener Deutschen Frage, die so lange offen sei, wie das Brandenburger Tor, das Wahrzeichen Berlins und zugleich des ganzen Landes, geschlossen sei. In Wahrheit entstammt es der nächtlichen Abgeordnetenhausdebatte vom 6. Dezember 1984, wurde von der noch anwesenden Rathauskorrespondentin des *Tagesspiegel*, Brigitte Grunert, notiert und verbreitet. Es war eine spontane Eingebung des konservativen CDU-Flügelmanns Heinrich Lummer. Diese Formulierung spiegelte sich in der Berliner Rede Ronald Reagans aus Anlass der 750-Jahr-Feier der Stadt, der Richard von Weizsäcker als Bundespräsident beiwohnte. Reagan schlug als praktische Maßnahmen vor, die Stadt wieder zu einem Zentrum des Luftverkehrs zu machen und in Berlin verstärkt internationale Konferenzen abzuhalten. Das waren Ideen, die der Senat nur begrüßen konnte. Der Vorschlag, in beiden Teilen Berlins gemeinsam Olympische Spiele abzuhalten, sollte gut zwei Jahre später zu den ersten Projekten gehören, die sich beide Stadtregierungen im Prozess der Herstellung der Einheit der Verwaltung auf ihre Fahnen schrieben. Der Amerikaner wandte sich ausdrücklich an die Ost-Berliner und betonte, seine Worte richteten sich auch an sie, obwohl er nicht bei ihnen sein könne, und er bekannte sich zur Zusammengehörigkeit beider Stadthälften: „Ich stehe genauso zu Ihnen wie zu Ihren Landsleuten im Westen in dem festen, unerschütterlichen Glauben: Es gibt nur ein Berlin." Der amerikanische Präsident sagte am 12. Juni 1987 vor schusssicheren Scheiben, die ihn im Rücken gen Osten abschirmten, gewandt an sein sowjetisches Pendant Michail S. Gorbatschow, den Generalsekretär des Zentralkomitees der Kommunistischen Partei der Sowjetunion:

Es gibt ein Zeichen, das die Sowjets machen können, das unmissverständlich wäre, das die Sache der Freiheit und des Friedens dramatisch voranbringen würde. Generalsekretär Gorbatschow, wenn Sie Frieden suchen, wenn Sie Wohlstand für die Sowjetunion und Osteuropa suchen, wenn Sie Liberalisierung suchen: Kommen Sie hierher zu diesem Tor! Herr Gorbatschow, öffnen Sie dieses Tor! Herr Gorbatschow, reißen Sie diese Mauer ein!

Brandenburger Tor, 12. Juni 1987: Ronald Reagan fordert Kremlchef Michail S. Gorbatschow auf, das Tor zu öffnen; Bundeskanzler Helmut Kohl steht r. neben dem US-Präsidenten, l. Bundestagspräsident Philipp Jenninger.

28
DDR
Militärparad
UNGSFREIHEIT
Zugang
ationen
SED
Nee!
Vir wollen nicht
das Töten lernen!
Ziviler Wehrersatz-
dienst

EPILOG

Aufstand der Ost-Berliner Kulturleute – Der 4. November 1989 auf dem Alexanderplatz

Berlin, Alexanderplatz, 4. November 1989: Fünf Tage vor der Öffnung der Mauer hatten vor allem Theaterleute die angeblich mit 500 000 Teilnehmern größte Demonstration organisiert, die Ost-Berlin jemals erlebt hat.

DER ANGRIFF AUF DEN STATUS QUO geht nicht vom lethargischen West-Berlin aus, dessen Bevölkerung sich im subventionierten Wohlstandsdasein des Entspannungszustands und im Teilungsdasein im Schatten der Mauer eingerichtet hatte. Die kulturellen Errungenschaften gehörten zum Letzten, was West-Berlin noch auszumachen schien. Die Kultur gab dieser Stadthälfte in ihrem *Stillstand* in verbreitetem Verständnis ihre Daseinsberechtigung, ihre Legitimität, einen Sinn. Der Auslöser zur Erschütterung des Status quo kommt aus dem Ostteil der Stadt, und zwar mindestens symbolhaft aus der Kulturszene. Im kulturgeschichtlichen Zugriff auf die Stadtgeschichte des ganzen Berlins erscheint die Demonstration des 4. November 1989 mit Recht als Schlüsselgeschehen, obwohl es keine welthistorische Wirkung entfaltet hat, anders als der 9. November 1989, der Tag, an dessen Abend die Berliner Mauer aufging. Die Demonstration fünf Tage zuvor auf dem Alexanderplatz aber ist zu Unrecht geringgeschätzt. Sie ist zugleich Höhepunkt der Kulturgeschichte Ost-Berlins als *Hauptstadt der DDR* und Anfang vom Ende dieses Teils gesamtberliner Kulturgeschichte. Und diese Demonstration trägt in ihrem Wollen in Relation zu ihrer Wirkung erneut einen dieser so oft in den 1980er-Jahren festzustellenden absurden Züge. Diese Demonstration steht kulturgeschichtlich in Verbindung mit dem unterdrückten schmerzlichen Leiden von kommunistischen Berliner Künstlern wie Johannes R. Becher oder Bertolt Brecht an dem von ihnen mitgetragenen und als dem besseren deutschen Staat angesehenen SED-Staatswesen mit seinen gewalttätigen, menschenverachtenden, stalinistischen angeblich bloßen *Entartungen* in den 1940er- und 1950er-Jahren, mit dem andauernden stillen Grollen vieler Kulturleute in Ost-Berlin, von denen immer mehr gegangen waren, und dem lauten Grollen derer, die blieben, mit den enttäuschten Hoffnungen nach dem Mauerbau, die beispielsweise Christa Wolf auf dem Plenum von 1965 ausgesprochen hatte, mit dem zaghaften Protest von 1976 gegen die Ausbürgerung von Wolf Biermann, den der Freund Erich Honeckers, Stephan

Hermlin, angestoßen hatte. All diesen und anderen Geschehnissen lag zugrunde, dass deren Protagonisten eine bessere DDR gewollt hatten, keine Vereinigung mit der parlamentarisch-demokratisch organisierten Marktwirtschaft der Bundesrepublik. Das war der Tenor der Demonstration auf dem Alexanderplatz, bei der Künstler und auch Staatsrepräsentanten sprachen, wie sie es in 40 Jahren DDR in Alltag und Krise auch immer untereinander getan hatten. Die Berliner Kulturgeschichte kennt eben auch dieses befremdlich anmutende Gespräch nach der Biermann-Ausbürgerung 1976 in Manfred Krugs Wohnhaus zwischen den protestierenden Künstlern und dem kulturzuständigen Politbüromitglied Werner Lamberz, das getragen war vom halb freiwilligen, halb gezwungenen Bemühen um ein Auskommen im Miteinander zugunsten des angeblich besseren eigenen Deutschlands in Gestalt der DDR. So kam es, dass auf dem Alexanderplatz der aus kulturell bedeutender kommunistischer Familie stammende und nun scheinbar zum bloßen Literaten mutierte ehemalige Chef der Auslandsspionage des Ministeriums für Staatssicherheit, Markus *Mischa* Wolf, ebenso sprechen durfte wie der Journalist, Berliner SED-Chef mit Sitz im Politbüro der SED Günter Schabowski. Auch Tamara Danz und ihre Musiker waren an jenem 4. November 1989 auf dem Alexanderplatz. Und Bärbel Bohley traf auf Christa Wolf. Zwischen 200 000 und 400 000 Menschen nahmen teil. Diese Angabe verzeichnet der 2021 erschienene Sammelband *Die Straße ist die Tribüne des Volkes*, der *Ansichten zum 4. November 1989 in Ost-Berlin* zusammenführt. Guillaume Mouralis vermerkt in seinem Aufsatz *Der 4. November als politisches Experiment*, es sei eine Rekordbeteiligung, „die in Ost-Berlin seit der Revolte im Juni 1953 nicht mehr zu verzeichnen war.“ Schon dieser zahlenmäßige Vergleich unterstreicht die historische Bedeutung. Sie liegt eigentlich schon nicht mehr nur im stadtgeschichtlichen Kontext, sondern bereits im nationalen. Aber das vereinte Land verstand auch den 70. Jahrestag des in der alten Bundesrepublik arbeitsfreien 17. Juni als damaligen *Tag der Deutschen Einheit* 2023 nur in den routinierten Bahnen des erinnerungsliturgischen Gedenkens abzuhalten.

Der Verband der Theaterschaffenden war Träger der Verhandlungen im Vorfeld des 4. November 1989. Es gab eine weitgehend friedliche Demonstration „gegen Gewalt und für verfassungsmäßige Rechte“. Auf der Kundgebung, einem drei Stunden dauernden *Meeting*, sprachen 25 Redner jeweils einige Minuten in einer „mehr oder weniger vorbereiteten Reihenfolge“. Es gab drei musikalische Pausen. Moderator war der Bühnenbildner Henning Schaller, der damals am Maxim-Gorki-Theater arbeitete. Das DDR-Fernsehen, der *DFF*, übertrug live. Die Zahlen belegen, dass es Kulturschaffende sind, vorrangig aus Ost-Berlin, die die Kundgebung als Redner dominieren. 16 der 25 Sprecher gehören in den Bereich Kunst oder Literatur, zehn davon sind am Theater.

Berlins Ostteil ist der Ort, an dem sich dieses Ereignis vollzieht. Wiewohl das Geschehen fünf Tage später vom Fall der Mauer am 9. November 1989 sozusagen überholt wird und sich die Ausgangsbedingungen damit vollkommen verändern, behält es seine fortan retardierende Wirkung für den auf die Einigung der Stadt und das Land zulaufenden Prozess. Das *Meeting* auf dem Alexanderplatz wollte Stadt und Land reformieren, aber den Sozialismus nicht beseitigen. Guillaume Mouralis zieht dieses Fazit: „Letztendlich kann der 4. November als ein gemeinsamer Versuch der Bürgerrechtsbewegung und der reformorientierten Teile des SED-Regimes interpretiert werden, einen Raum für die Diskussion über die Zukunft des Landes zu schaffen.“ Dieser Ansatz aber hatte mit dem 9. November, das wissen wir aus der Rückschau, keine Perspektive mehr. Aber dennoch ist die Demonstration der Hunderttausenden, angeführt von den Kulturschaffenden Ost-Berlins, für sich genommen ein unwidersprechliches Zeichen der Delegitimierung der bisherigen inneren Ordnung von Staat und Partei im Ostteil Berlins und in der DDR gewesen.

Im Dazwischen der beiden Staatswesen lag das geteilte und doch ganze Berlin mit seiner komplizierten kulturellen Befindlichkeit. Zugleich war diese Stadt immer potenzielles Zentrum der welthistorischen Entwicklung geblieben. Die Politiker der Stadt sollten in den 1990er-Jahren von der *Werkstatt der Einheit* sprechen. Die seelische Ausgangslage hat die West-Berlinerin Tanja Dückers in *Hausers Zimmer* beschrieben. So hat sie die Grundkonstellation von 1982 charakterisiert, die sich im Jahrzehnt vor dem Mauerfall kaum mehr verändern sollte, und sie tut es in einer Weise, die für die gesamte Stadt Geltung beanspruchen darf:

> *Unvorstellbar, dass die Welt, wie ich sie damals kannte, ganze sieben Jahre später auf den Kopf gestellt werden sollte. Berlin sollte eine andere Stadt werden, anders aussehen, riechen, klingen, eine andere Geschwindigkeit und andere Grenzen haben und ich plötzlich ein „Wessi“ sein, der ich nie gewesen war. Zwischen „dem Westen“ und uns schien damals ein Meer zu liegen. Zwischen „dem Osten“ und uns nur eine schmale Mauer, die auf geheimnisvolle Weise nicht nur trennte, sondern auch verband. Von einer Insel aus geht es in alle Himmelsrichtungen weiter.*

LITERATURVERZEICHNIS

Die Alternative Liste Berlin. Entstehung, Entwicklung, Positionen, hrsg. von Michael Bühnemann, Michael Wendt und Jürgen Wituschek. Berlin 1984.

Aktenkundig (mit Beiträgen von Wolf Biermann, Jürgen Fuchs, Joachim Gauck, Lutz Rathenow, Vera Wollenberger u. a.), hrsg. von Hans Joachim Schädlich. Berlin 1992.

Reinhard Appel: Die Regierenden von Berlin seit 1945. Die Nachkriegsgeschichte der Stadt im Spiegel ihrer Bürgermeister. Berlin 1996.

Wolf Biermann. Liedermacher und Sozialist, hrsg. von Thomas Rothschild. Reinbek bei Hamburg 1976.

Jens Bisky: Berlin. Biografie einer großen Stadt. Berlin 2019.

Bärbel Bohley. Galerie im Alten Museum, Staatlicher Kunsthandel der DDR [Ausstellungspublikation]. Berlin o. J. [1981].

Bärbel Bohley – die Künstlerin. Grafik und Zeichnung, hrsg. von Annette Tietz, Galerie Pankow für das Bezirksamt Pankow von Berlin [Ausstellungspublikation]. Berlin [2021].

Bärbel Bohley/Ehrhart Neubert: Wir mischen uns ein. Ideen für eine gemeinsame Zukunft. Freiburg/Basel/Wien 1998.

Bärbel Bohley/Gerald Praschl/Rüdiger Rosenthal: Mut. Frauen in der DDR. München 2005.

Peter Buchka: Augen kann man nicht kaufen. Wim Wenders und seine Filme. Frankfurt am Main 1985.

Thomas Flemming/Gernot Schaulinski/Bernd Ulrich: Das Rote Rathaus in Berlin. Eine politische Geschichte. Berlin 2020.

Götz Friedrich: Walter Felsenstein. Weg und Werk. Berlin 1961.

Hermann Glaser: Kleine deutsche Kulturgeschichte. Eine west-östliche Erzählung vom Kriegsende bis heute. Frankfurt am Main 2007.

Hans Höller: Peter Handke. Reinbek bei Hamburg 2007.

Hans Höller: Eine ungewöhnliche Klassik nach 1945. Das Werk Peter Handkes. Frankfurt am Main 2013.

750 Jahre Berlin. Stadt der Gegenwart, Lese- und Programmbuch zum Stadtjubiläum, hrsg. von Ulrich Eckhardt. Berlin 1986.

Norbert Kaczmarek: „... statt immer nur herumzudenken". Richard von Weizsäcker und Berlin 1978–1984. Berlin 2012.

Boris Kehrmann: Vom Expressionismus zum verordneten „Realistischen Musiktheater". Walter Felsenstein – Eine dokumentarische Biographie 1901 bis 1951 (Dissertation; Dresdner Schriften zur Musik, Band 3, Teil 1 und 2, hrsg, von Matthias Herrmann). Marburg 2015.

Wolfgang Kiebert: Die Berliner S-Bahn 1924 bis heute. Geschichte, Technik, Hintergründe. Stuttgart 2004.

Kontinuität im Wandel. Begegnungen mit dem Filmemacher Wim Wenders, hrsg. von Jörn Glasenapp. München 2021.

Alexander Kulpok: SFB mon amour. Die Geschichte des Senders Freies Berlin. Berlin 2019/20.

Jörg Magenau: Christa Wolf. Eine Biographie. Berlin 2002.

Jörg Magenau: Die taz. Eine Zeitung als Lebensform. München 2007.

Wolfgang Martin: Paradiesvögel fängt man nicht ein. Hommage an Tamara Danz. Berlin 2021.

Kai-Uwe Merz: Eiszeit Berlin. Eine Kulturgeschichte des Kalten Kriegs. Berlin 2022.

Kai-Uwe Merz: Monster Berlin. Eine Kulturgeschichte der nationalsozialistischen Zeit. Berlin 2021.

Kai-Uwe Merz: Revolte Berlin. Eine Kulturgeschichte von 1968 bis 1980. Berlin 2023.

Kai-Uwe Merz: Vulkan Berlin. Eine Kulturgeschichte der 1920er-Jahre. Berlin 2020.

Kai-Uwe Merz: Wüste Berlin. Eine Kulturgeschichte der Nachkriegszeit. Berlin 2021.

Kai-Uwe Merz: Zement Berlin. Eine Kulturgeschichte der frühen 1960er-Jahre. Berlin 2022.

Der totale Neuss. Gesammelte Werke, hrsg. von Volker Kühn. Hamburg 2003.

Alexander Osang: Tamara Danz. Legenden. Berlin 1997.

Ingrid Poss/Peter Warnecke: Der ungeteilte Himmel. Schauspieler aus der DDR erzählen, hrsg. vom Filmmuseum Potsdam. Berlin 2009.

Aribert Reimann: Dieter Kunzelmann. Avantgardist, Protestler, Radikaler. Göttingen 2009.

Marianne Reißinger: Götz Friedrich. Künstler wider Willen. München 2000.

Wilfried Rott: Die Insel. Eine Geschichte West-Berlins 1948–1990. München 2009.

Gaston Salvatore: Wolfgang Neuss – ein faltenreiches Kind. Biographie. Hamburg 1995.

Roswitha Schieb: Peter Stein, ein Portrait. Berlin 2005.

Ursulina Schüler-Witte: Ralf Schüler und Ursulina Schüler-Witte. Eine werkorientierte Biographie der Architekten des ICC. Berlin 2015.

Die Straße ist die Tribüne des Volkes. Ansichten zum 4. November 1989 in Ost-Berlin, hrsg. von Caroline Moine, Guillaume Mouralis und Laure de Verdalle. Berlin 2021.

Detlef Stronk: Berlin in den achtziger Jahren. Im Brennpunkt der deutsch-deutschen Geschichte. Berlin 2009.

Sven Thomas: Die informelle Koalition. Richard von Weizsäcker und die Berliner CDU-Regierung (1981–1983). Wiesbaden 2005.

Holde-Barbara Ulrich: Schmerzgrenze. 11 Porträts im Gespräch. Berlin 1991.

Wim Wenders: A Sense of Place. Texte und Interviews, hrsg. von Daniel Beckmann. Frankfurt am Main 2005.

BILDNACHWEIS / IMPRESSUM

akg-images: 2 (Pansegrau), 41, 50 (Gert Schütz), 52, 58 (Peter Hebler), 64 (Peter Hebler), 73 (Elsengold Verlag/Jürgen Grothe), 76 (Susanne Schleyer), 83 (Günter Schneider), 85 (Hans W. Mende), 97 (Michael Foedrowitz), 115 (brandstaetter images/Nora Schuster), 131 (Bildarchiv Monheim/Schütze), 138 (Binder), 143 (Horst Maack), 164 (Ute Krause), 172 (AP), 174 (Dieter E. Hoppe), 177 (Konrad Giehr), 181 (TT News Agency/SVT), 185 (Allan Hailstone), 214 (Peter Hebler), 223 (Marion Kalter) – **bpk Bildagentur:** 20 (Bundesstiftung Aufarbeitung/Klaus Mehner), 30 (US Army), 157 (Bundesstiftung Aufarbeitung/Klaus Mehner), 167 (Bundesstiftung Aufarbeitung/Klaus Mehner) – **picture-alliance:** 4 (dpa), 11 (dpa/Chris Hoffmann), 15 (dpa/Konrad Giehr), 17 (dpa/Erwin Elsner), 23 (dpa), 24 (dpa/Martin Athenstädt), 27 (dpa/Chris Hoffmann), 32 (ZB/Paul Glaser), 34/35 (ZB/Paul Glaser), 38 (Chris Hoffmann), 42 (United Archives/Siegfried Pilz), 46 (dpa), 49 (ullstein Bild/Atelier Binder), 55 (dpa/Roland Witschel), 67 (ZB/Paul Glaser), 68 (ZB/Paul Glaser), 75 (Chris Hoffmann), 80 (Konrad Giehr), 87 (AP/Edwin Reichert), 89 (ZB/Reinhard Kaufhold), 90 (ZB/Werner Schulze), 94 (ZB/Klaus Winkler), 98 (ZB/ddrbildarchiv.de), 101 (ZB/DDR Museum Pirna), 104 (ZB/Klaus Morgenstern), 107 (dpa-Zentralbild), 108 (Everett Collection), 112 (United Archives/Heinz Browers), 119 (dpa/Roland Holschneider), 120 (Everett Collection), 125 (United Archives/kpa Publicity), 126, 129 (dpa/ADN), 132 (brand-staetter images/Austrian Archives), 137 (ZB/Jürgen Sindermann), 144 (United Archives/Frank Hempel), 146 (ZB/Manfred Krause), 149 (ZB/Günter Gueffroy), 152 (ZB/Peter Endig), 158 (dpa), 160 (ZB/Peter Zimmermann), 170 (dpa), 182 (Caro/Muhs), 186 (dpa/Konrad Giehr), 189 (dpa/Jens Kalaene), 190 (AP/Elke Bruhn-Hoffmann), 192 (ullstein bild/Calle Hesslefors), 195 (dpa/Bratke), 198 (robertharding/G&M Therin-Weise), 201 (dpa), 204 (ZB/Reinhard Kaufhold), 206 (dpa-Zentralbild/Paul Glaser), 208 (dpa), 211 (Fotoreport/DB), 218 (dpa/DB), 224 (ZB/Klaus Winkler), 229 (dpa/Konrad Giehr), 233 (AP/Ira Schwartz), 234 (Lehtikuva/Martti Kainulainen) – **taz:** 53 – **ullstein bild:** 12 (AP) – **Wikimedia Commons:** 79 (Bodo Kubrak) – **Monique Wüstenhagen:** Autorenfoto Umschlagklappe

Bibliografische Information der Deutschen Nationalbibliothek
Die Deutsche Nationalbibliothek verzeichnet diese Publikation in der Deutschen Nationalbibliografie; detaillierte bibliografische Daten sind im Internet über http://dnb.d-nb.de abrufbar.

Der Elsengold Verlag ist ein Imprint des BeBra Verlags.

Asternplatz 3, 12203 Berlin
post@bebraverlag.de
Lektorat: Tanja Krajzewicz, Berlin
Umschlag: Goscha Nowak, Berlin (Foto: picture-alliance/dpa-Zentralbild/Paul Glaser)
Satz: Goscha Nowak, Berlin
Schrift: Korolev, Stone Serif ITC Pro, Trade Gothic Next
Druck und Bindung: Finidr, Český Těšín
ISBN 978-3-96201-133-8

www.elsengold.de

MIX
Papier aus verantwortungsvollen Quellen
FSC® C014138

Titelbild:
Kultur der Hausbesetzer-Szene im West-Berlin der 1980er-Jahre: Tanz auf dem Straßenfest in der Cuvrystraße in Kreuzberg im Sommer 1982.

Abbildung auf S. 2:
Dem DDR-Regime waren solche Proteste unangenehm: Diese Mutter fordert 1988 an der Mauer die Ausreise ihres Sohnes mit Familie nach West-Berlin.